AF390842

LES

Travailleurs du Livre

ET DU JOURNAL

PAR

G. RENARD

———

Tome II

———

PARIS
LIBRAIRIE OCTAVE DOIN
GASTON DOIN, ÉDITEUR
—
1925
Tous droits réservés

Gaston DOIN, Éditeur, 8, place de l'Odéon, Paris, 6e

BIBLIOTHÈQUE SOCIALE
DES MÉTIERS

PUBLIÉE SOUS LA DIRECTION

DE

Georges RENARD

Professeur d'Histoire du Travail au Collège de France

Dans une époque où le monde du travail est en pleine transformation, où le relèvement de la prospérité matérielle de la France exige la concentration et l'harmonie de toutes les forces nationales, il nous paraît d'une importance extrême de mettre à la portée du public et des travailleurs eux-mêmes des livres qui leur fourniront des notions exactes sur les métiers exercés en notre pays.

Il ne s'agit pas de faire concurrence aux ouvrages purement techniques qui existent déjà; les procédés de chaque métier, qu'il est indispensable aux spécialistes de connaître, ont peu d'intérêt pour la masse des lecteurs; ils ne doivent occuper ici qu'une place restreinte.

En revanche, une attention particulière sera donnée à l'historique sommaire, mais précis, de la profession; à l'organisation et à l'administration des entreprises; aux rapports des employeurs avec les différentes catégories de leurs employés (salaires, durée de la journée, contrats collectifs, règlements d'ateliers, participation aux bénéfices, etc.) ; à la question de l'apprentissage; aux maladies professionnelles; à la vie et aux revendications des ouvriers; aux améliorations désirables et possibles.

Nous ferons en sorte que chaque volume soit composé par un spécialiste, qui, ayant, comme on dit, mis la main à la pâte, aura vu de près les choses et les gens dont il parlera.

Les volumes sont publiés dans le format in-16; ils comprendront chacun de 250 à 600 pages, avec ou sans figures dans le texte. Chaque volume se vendra séparément.

Bibliothèque Sociale des Métiers

TABLE DES VOLUMES
ET LISTE DES COLLABORATEURS

Les volumes publiés sont indiqués par un ∗

LES INDUSTRIES MÈRES :

Les produits chimiques. MATAGRIN *(Sous presse)*.
∗ Les travailleurs du livre et du journal. 3 volumes,
Georges RENARD *(Sous-presse)*.

LE VÊTEMENT :

La lingerie. Jeanne BOUVIER.
Fleurs, plumes et modes. Marguerite BOURAT.
Fourrure et pelleterie. Mme Claude RÉAL et RUL-
LIÈRE *(Sous presse)*.
Les travailleurs de l'habillement. RINGENBACH et
RULLIÈRE.
La grande couture. MARTSCHOUCK.
La dentelle. Mathilde PARAF.
L'ouvrier en soie. LEROUDIER.
Les industries du coton. X...

Gaston DOIN, éditeur, 8, place de l'Odéon, Paris, 6°   v

ALIMENTATION

* Meunerie, boulangerie, pâtisserie. A. SAVOIE.
L'épicerie. Marcel LAURENT.
Bouchers et charcutiers. DU MAROUSSEM.
Cuisiniers, garçons de café, de restaurant, de marchand de vin. DIDARET.
Les industries du sucre. ANTOURVILLE.
La tonnellerie. Edmond POTIER.
L'industrie hôtelière. Mᵐᵉ Claude RÉAL et GRATE-ROLLE.
Les gens de maison. Mᵐᵉ MOLL-WEISS *(Sous presse)*.
La pêche. BRAUT.

SOINS DU CORPS :

La parfumerie. X...
La Savonnerie. MATAGRIN.
Les coiffeurs. DESPLANQUES.

AGRICULTURE :

* L'Ouvrier agricole. P. RÉGNIER.
Les jardiniers. Alph. HODÉE.
Les bûcherons. Emile DUMAS.

TRANSPORTS :

Les employés et ouvriers des chemins de fer. BIDEGARAY
Fiacres et taxis. GUINCHARD.
* La batellerie. Louis LOUIS.
Les dockers. BRAUT.

COMMERCE

Les employés de commerce. Eugène GRENIER.
Les employés de banque. Lucien VOL.
Les sténo-dactylographes. Mlle PIERROT.
Les forains. Charles MALATO *(Sous presse)*.

SPECTACLES :

* **Les métiers du théâtre.** Pierre PARAF.
Le cinéma. DELPEUCH.
Les instruments de musique. Pierre PARAF.

*(Cette liste sera complétée au fur et à mesure que la collection
paraîtra)*

BIBLIOTHÈQUE SOCIALE DES MÉTIERS

PUBLIÉE SOUS LA DIRECTION DE

Georges RENARD

Professeur d'Histoire du Travail au Collège de France

Les Travailleurs du Livre et du Journal

II

INTRODUCTION

Quatre grands faits dominent et résument l'histoire de l'imprimerie et des métiers connexes en France depuis 1789 jusqu'à nos jours, quatre grands faits qui s'enchaînent et, pour ainsi dire, s'engrènent l'un dans l'autre.

Le premier est d'ordre politique : c'est la Révolution française qui amène en France et en beaucoup d'autres Etats l'avènement du régime parlementaire, un commencement de démocratie, le développement intense de la presse périodique, des écoles et de la lecture.

Le second est d'ordre technique ; c'est, pour répondre à une demande centuplée, la révolution industrielle qui, avec l'aide de la mécanique et de la chimie, de la vapeur et de la photographie, multiplie les produits et transforme les procédés.

Le troisième est d'ordre économique ; c'est le bon marché rendu nécessaire par l'expansion démocratique et possible par l'emploi des machines, c'est le régime de la grande industrie, avec ses avantages et ses tares, avec ses gros capitaux et son recours à la publicité, modifiant profondément la *vente du livre et surtout la nature de la presse périodique.*

Le quatrième et dernier, répercussion des trois autres, est d'ordre social ; c'est, sous des formes nouvelles, le réveil de l'esprit d'association parmi les travailleurs manuels et intellectuels qui coopèrent à la fabrication, à la diffusion, à la conservation des imprimés de toute espèce.

Ces quatre faits tracent le plan des deux volumes, où nous les passerons tour à tour en revue. Dans celui-ci, nous n'examinerons que les trois premiers.

LES TRAVAILLEURS
DU LIVRE ET DU JOURNAL

PREMIÈRE PARTIE

CHAPITRE PREMIER

L'EFFORT VERS LA LIBERTÉ

Au premier coup d'œil qu'on jette sur l'évolution du livre et de la presse depuis 1789 jusqu'à nos jours, on s'aperçoit qu'elle aboutit à leur émancipation presque totale des puissances religieuses et civiles. Mais il s'en faut que le mouvement ait été continu et toujours dans le même sens ; il a été maintes fois interrompu par des haltes, voire par des régressions. Qui voudrait le suivre dans sa marche onduleuse et marquer tous ses pas en avant et en arrière devrait faire l'histoire intellectuelle et politique de ces cent cinquante ans et s'exposerait à des redites interminables.

Je ne puis et ne veux ici qu'indiquer les dates

essentielles qui sont des points de repère dans cette évolution ; et, au lieu de m'astreindre à l'ordre chronologique, j'entends grouper ensemble les faits qui se répètent et faire saillir les causes, toujours les mêmes, qui les déterminent.

Le point de départ du mouvement se trouve dans la *Déclaration des Droits de l'homme et du citoyen*. Il est dit à l'article XI : « La libre communication des pensées et des opinions est un des droits les plus précieux de l'homme, tout citoyen peut donc parler, écrire, imprimer librement, sauf à répondre de l'abus de cette liberté dans les cas déterminés par la loi. »

On peut remarquer qu'il ne s'agit pas là de liberté absolue. C'est que l'absolu n'est point de ce monde. C'est que, dans le domaine social, toute liberté se heurte à une liberté voisine. C'est qu'elle rencontre une limite dans le droit de vivre qui appartient soit aux individus, soit à la société dont ils sont membres. La sécurité des particuliers qui ne peuvent être impunément insultés, traînés dans la boue, calomniés, la protection des enfants contre certaines excitations ou exhibitions malsaines, l'obligation de défendre l'indépendance ou l'existence même de la patrie, la nécessité d'obéir à des lois qui proscrivent le vol, le pillage, l'incendie, le meurtre, ont forcé, dans les temps et dans les pays les plus libéraux, à fixer des limites au droit théorique reconnu à tout homme d'exprimer sa pensée par la parole ou par la plume.

Assurément la limitation est malaisée. En matière politique, le point délicat est de saisir l'instant précis où l'expression d'une opinion se transforme en une provocation directe à commettre un acte qualifié par la loi délit ou crime et pouvant passer pour une rupture du pacte social. En matière de morale, le difficile est de distinguer un outrage à la pudeur et un danger pour les bonnes mœurs de ce qui peut être une hardie, mais innocente, fantaisie d'artiste. En matière de protection individuelle, c'est une tâche ardue de ne pas confondre une franchise rude et honnête avec les venimeux mensonges par lesquels on essaie de tuer l'honneur d'un adversaire : suivant qu'il s'est agi en pareil cas de simples particuliers ou de fonctionnaires détenant une parcelle d'autorité, la solution a été très variable ; et nul n'ignore que, sur la question si grave et si complexe de la borne que ne doit pas franchir la liberté de l'écrivain, des débats passionnés ont rempli tout le XIXe siècle et ne sont pas encore, ne seront peut-être jamais terminés.

On doit noter des vagues successives de compression et de libéralisme. Ce va-et-vient incessant dont l'amplitude décroît, mais qui subsiste toujours, semble avoir obéi à une sorte de rythme régulier.

Les lendemains de révolution sont les époques de liberté presque plénière. En 1789, en 1830, en 1848, en 1870, le livre, et plus encore le journal, s'arrogent leurs coudées franches. Puis par l'âpreté des querelles que la presse suscite, par la réaction des autorités contre ses violences, par la fatigue du public qui se perd dans le tohu-bohu des polémiques, ses franchises se resserrent, diminuent, disparaissent sous une compression qui devient ou tâche de devenir despotique. Pas plus sous la Terreur que sous la Commune de 1871, la liberté d'écrire n'a pu s'épanouir. Dans les périodes plus calmes, il suffit d'un attentat sanglant pour qu'elle soit à son tour victime. La machine infernale dirigée contre Bonaparte premier Consul est le signal d'une Saint-Barthélemy de journalistes, emprisonnés, déportés. Le meurtre du duc de Berry par Louvel, sous la Restauration, amène une orgie de répression dont pâtissent les écrivains. Les balles destinées par Fieschi à Louis-Philippe et qui frappent son entourage ont pour répercussion immédiate les lois de septembre 1835 qui essaient de museler les faiseurs d'articles à l'emporte-pièce et de théories audacieuses. Les journées de juin 1848 sont suivies de mesures qui feront dire à Lamennais : « Silence aux pauvres ! » Après la défaite de la Commune, en mai 1871, les journaux seront malmenés comme responsables de l'insurrection. Sous la troisième République, quand les bombes lancées par Ravachol, Vaillant, Henry, auront jeté l'émoi dans la Chambre et dans la population parisienne, quand l'italien Caserio aura poignardé Sadi Carnot, coupable uniquement d'être président de la République, une première loi en 1893, une seconde plus dure et qualifiée par ses adversaires de loi scélérate en 1894 seront votées contre les menées anarchistes. Ces représailles sont ordinaires et frappent souvent d'autres personnes que les coupables.

Ces sévérités légales, presque toujours entachées d'arbitraire, dégénèrent aisément en violences tyranniques. C'est le cas, quand un homme ou un parti prépare ou accomplit un coup d'Etat à son profit. Les journaux sont les premiers visés, comme étant les gardiens des libertés publiques. Le 18 Brumaire, qui étrangle notre première République, fut précédé et suivi de mesures draconiennes contre la pensée indépendante. Il en fut de même quand Louis-Napoléon, au 2 décembre 1851, imitant et parodiant son oncle, se haussa au rôle de César. Et, lors du 16 mai 1877, quand Mac-Mahon sommé de se soumettre ou de se démettre, fut poussé par ses ministres de Broglie et Fourtou à tenter une aventure du même genre contre la représentation nationale, il n'y eut pas moins en dix-huit mois de 2.700 condamnations pour délits de presse et le directeur de *L'Echo du Nord,* Verly, s'écriait : « C'est à casser sa plume de rage et de désespoir ! [1]. »

Les plus étouffantes de ces époques de compression sont celles où le gros de la nation, las d'une

---

[1] DE MARCÈRE : *Histoire de la 3ᵉ République* (1876-79). — 2ᵉ partie : *Le Seize Mai.*

longue agitation révolutionnaire ou atteint de ce qu'on a nommé la peur rouge, abdique provisoirement entre les mains d'un sauveur armé d'un grand sabre. Il faut que les journalistes et les écrivains qui ont célébré Napoléon, à propos du centenaire de sa mort, aient une merveilleuse faculté d'oubli ou une âme évangélique résolue au pardon des offenses : car jamais ils ne furent maltraités, opprimés, supprimés avec un sans-gêne plus parfait que sous son règne, si ce n'est sous celui de son malheureux émule, Napoléon III. Militarisme et liberté sont choses peu conciliables.

C'est pourquoi les époques de guerre, surtout quand la patrie est en danger, voient naître ou renaître une censure, qui a sa raison d'être, mais qui passe aisément des opérations militaires aux manœuvres gouvernementales. La Convention, défendant la France contre la coalition européenne, n'était pas tendre pour qui se mêlait de critiquer ses actes et ses chefs : un article menait vite son auteur à l'échafaud [1]. En 1870, Ernest Picard, membre du Gouvernement de la Défense nationale, aurait voulu supprimer tous les journaux. La guerre civile n'est pas plus favorable à l'épanouissement de la liberté. La Commune, luttant contre Versailles, tout en proclamant sa volonté de maintenir la liberté de la presse, en

---

[1] Voir la revue *La Révolution française* (Mars 1893). — M. TOURNEUX : *Le Régime de la Presse de 1789 à l'An VIII.*

venait vite à une hécatombe des feuilles qui l'attaquaient [1]. Pendant la dernière guerre (1914-1918), on sait que la censure a refleuri, cultivée par des bâillonneurs qui portaient parfois des noms illustres.

Outre ces époques de crise où la vie régulière est comme désorbitée, il existe des moments plus calmes où l'alliance de l'Eglise et de l'Etat fait peser sur les esprits un double joug. Les débuts du règne de Napoléon III, le régime du Seize-Mai ont vu cette conjonction d'efforts des deux puissances. Ce n'est pas sans motif que Gambetta poussa son cri d'alarme : « Le cléricalisme, voilà l'ennemi ! » Mais l'époque par excellence où les fidèles du trône et de l'autel, presque toujours unis pour combattre les hardiesses de la pensée moderne, eurent en mains le pouvoir nécessaire pour brimer leurs adversaires, fut la Restauration. L'Eglise est alors l'instigatrice des restrictions et rigueurs de l'autorité séculière.

Toutefois, quand la compression devient trop brutale, un véritable duel s'engage entre ceux qui l'exercent et ceux qui en souffrent. Un réveil libéral se produit. La résistance devient de plus en plus vive, de plus en plus ouverte, et elle aboutit à une explosion, comme celle qui, en 1830, emporta la dynastie des Bourbons et du même coup les

---

[1] Les formes du *Soir* et de l'*Opinion Nationale* sont brisées et un membre dit qu'en temps de guerre l'*Officiel* seul devrait paraître. (Séance du 21 avril 1871.)

espérances de ce qu'on appelait alors la Congré-
gation.

Châteaubriand a écrit à ce propos : [1]

« La presse est un élément jadis ignoré, une
force autrefois inconnue, introduite maintenant
dans le monde. C'est la parole à l'état de foudre ;
c'est l'électricité sociale... Plus vous prétendrez la
comprimer, plus l'explosion sera violente. »

En somme, c'est seulement quand un régime se
sent ou se croit solidement assis que se desserrent
les liens par lesquels on s'efforce d'entraver les
audaces et les ébats de la pensée. La liberté tempérée, disciplinée est ce qu'il y a de plus rare. Les
deux dates, où l'on réussit à établir un équilibre
instable entre les franchises du livre et de la presse
et les légitimes précautions que réclame l'ordre
social, sont 1819 et 1881, sous la Restauration,
quand la monarchie s'efforça de réaliser la Charte,
qui était une sorte de contrat entre elle et la nation,
sous la Troisième République, quand, victorieuse
des attaques incessantes dont elle était l'objet, elle
put mettre en pratique ce qui était un article essentiel de son programme.

---

[1] *Mémoires d'Outre-Tombe* (IX, p. 185).

CHAPITRE II

L'ÉMANCIPATION PROGRESSIVE DU LIVRE

Cela dit sur les péripéties qu'a traversées la matière imprimée, il est nécessaire de distinguer le livre et la presse périodique, et il convient de commencer par le livre.

Il a été le premier émancipé, parce qu'il est plus grave, plus compact, plus long à lire et coûte plus cher que le journal ; parce qu'il agit, plus profondément peut-être, mais moins vite sur les lecteurs ; parce qu'il représente une somme de travail plus considérable et inspire quelque respect même à ceux dont il contrecarre les idées.

Ce n'est pas à dire qu'il ait échappé aux coups. Dans les paroxysmes de passion, qui sont le propre des périodes révolutionnaires, il n'est pas au premier rang ; il est dépassé, remplacé par le quotidien, tout frémissant des colères ou des espoirs du moment. Il doit attendre une accalmie pour regagner une partie du terrain perdu. Il reparaît alors et retrouve des auteurs et des lecteurs. C'est ainsi que, sous le Directoire et le Consulat, naissent des ouvrages qui prouvent que la verve inventive n'est pas tarie chez les savants et les écrivains ; à condition qu'ils se maintiennent dans les régions sereines de la science et de la littérature, qu'ils soient des œuvres de pure imagination, qu'ils ne touchent pas aux événements de la veille ou du jour, ils peuvent courir leur chance à peu près sans encombre. Mais que d'obstacles devant ceux qui n'agréent pas au maître entre les mains duquel la France a remis ses destinées [1]. L'abbé Delille publie son poème sur *La Pitié*. Mais il s'apitoie sur les monarchistes victimes de la Révolution. Le poème est saisi. Saisies de même *Les considérations sur la France*, de Joseph de Maistre. De quoi se mêle cet étranger, ce Savoyard ? Une brochure annonce ce titre : *Le Sacre et le Couronnement de Louis XVI*. Il n'est pas bon de réveiller le souvenir de Louis XVI. La brochure s'intitulera par ordre : *Recherches sur le sacre et le couronnement des rois de France depuis Clovis, avec un journal historique de ce qui s'est passé à Rheims au sacre du 11 juin 1779*. Delisle de Sales, membre de l'Institut, s'est permis de critiquer la Constitution de l'an VIII ; Bonaparte veut le faire chasser de l'Institut et, faute de mieux, on interdit la vente d'un volume qu'il vient de terminer : *La Correspon-*

---

[1] L'arrêté du 4 Vendémiaire, an XII, défend de mettre un livre en vente, sinon sept jours après en avoir remis un exemplaire au grand juge. Il est curieux de noter que le Premier Consul se vante de n'avoir pas rétabli la censure, ce qui n'empêche pas ESMÉNARD, LACRETELLE jeune, LEMONTEY, etc., de fonctionner comme censeurs.

dance de Louis XVI. Au temps où le premier Consul ne sait pas encore s'il sera Cromwell, Monk ou Washington, l'abbé Guillon de Montbon est emprisonné et restera captif de 1901 à 1914, à Mantoue et à Milan, pour avoir été trop bon prophète, pour avoir annoncé prématurément que la France marchait droit à l'Empire. Il est vrai qu'une autre brochure, qui fait l'éloge de Cromwell et de César, a meilleur sort un peu plus tard ; elle est même envoyée à tous les préfets ; seulement elle est signée de Lucien Bonaparte. Napoléon, brutal avec les femmes, a surtout horreur de celles qui écrivent. Mme de Genlis voit saisir un de ses romans dont Mlle de Lavallière est l'héroïne. Mme de Staël, qui lui a demandé un jour quelle femme il estime le plus, s'est attiré cette réponse tout à fait digne d'un chef d'armée : « Celle qui a le plus d'enfants. » Napoléon la redoute et la poursuit : il l'exile et l'interne à Coppet. Mais aussi pourquoi s'occupe-t-elle d'histoire et de politique ? [1]

L'Empereur renchérit sur le premier Consul. Le livre se débat alors, pris entre l'enclume et le marteau, je veux dire la police et la direction de la librairie, deux administrations rivales et sans cesse en querelle, mais toujours d'accord contre lui. La Direction de la librairie, qui a plus de

---

[1] Voir GAFFAREL : *L'Opposition littéraire sous le Consulat* (*La Révolution française* (Avril 1889), et A. AULARD : *Les Rapports de la Préfecture de police sous le Consulat* (Ibidem, Déc. 1901).

80 employés, doit garantir le peuple contre les idéologues et les philosophes et, pour cela, fournir chaque semaine un bulletin contenant la liste des ouvrages examinés, les décisions prises à leur égard, et, à chaque page, qui sera paraphée, l'indication des passages à couper ou à corriger. Elle propose de taxer chaque écrit imprimé à un centime par feuille, ce qui était un excellent moyen de réduire la production littéraire. La police, prise d'une belle émulation, fait saisir les ouvrages, même visés par les censeurs, réclame le droit de se faire remettre tous les manuscrits avant qu'ils n'aillent à l'imprimerie.

Longue est la liste des livres arrêtés par la censure impériale. Ce sont d'abord tous ceux qui gênent la politique de l'Empereur. Proscrits tout éloge de l'Angleterre ou de la constitution anglaise, tout souvenir de la monarchie des Bourbons [1], jusqu'aux Mémoires de Sully. Saisi tout ouvrage qui met l'autorité du pape au-dessus de celle du Souverain, avec 330 tabatières portant le portrait de Pie VII. Quand on ne prohibe pas, on corrige. On change le titre. *L'histoire de Bonaparte* devient *Mémoires pour servir à l'histoire des campagnes de Napoléon le Grand*. On insère des cartons : ainsi des sermons de l'évêque Fléchier et du pasteur Saurin, on efface les passages où il est dit du mal

---

[1] *Les Tombeaux du XVIIIe Siècle, Les Mémoires d'une famille émigrée, Le Testament de Louis XVI*, etc.

de la guerre et des conquérants. On découvre, dans
un autre auteur, une phrase où il est question d'un
homme fatal, d'une sorte de fléau de Dieu qui
désole le monde ; on rature cette phrase inconve-
nante et l'on découvre, un pèu tard, qu'elle est de
Balzac, le Balzac du XVIIe siècle, qui vraiment n'a
pu penser à Napoléon [1].

C'est surtout l'histoire qui a le don d'inquiéter
le maître de l'Europe. Sous prétexte qu'il se considère comme un empereur romain, comme l'héritier des Césars, il déteste Tacite qui les a peints
en laid. Tacite devient pour lui un ennemi personnel, qu'il traite de pamphlétaire, de calomniateur,
et il entend quelqu'un dire à demi-voix : « Esprit
de corps, Sire, esprit de corps. » Naturellement
Tacite est le nom qu'on lui jette à la tête, quand
on veut le piquer. Marie-Joseph Chénier écrit :

> Tacite en traits de flamme accuse nos Séjans
> Et son nom prononcé fait pâlir les tyrans.

Aussitôt ordre de l'arrêter : on se contente pourtant de lui enlever la modeste place dont il vit jusqu'à ce qu'il ait demandé pardon. Chateaubriand,
qui a d'abord été *persona grata* pour avoir dédié
Le génie du Christianisme au Premier Consul, res-
taurateur du culte catholique, devient subitement

---

[1] Voir WELSCHINGER : *La Censure sous le Premier Empire* (in-8°, Paris, 1882), et, du même auteur : *Napoléon et
Tacite* : Discours à la séance des cinq Académies, 1913.

la bête noire de l'Empereur, pour avoir mentionné Tacite et déclaré que les sciences peuvent fleurir sous un régime despotique, mais que les lettres ne peuvent se passer de la liberté. Aussitôt le poème en prose *des Martyrs* est censuré, raturé, blâmé, parodié par ordre. *L'itinéraire de Paris à Jérusalem* est corrigé, parce qu'il contient des déclamations contre l'esprit des cours et les courtisans.

Plus significative encore est la destinée de Mme de Staël. Son livre sur l'*Allemagne* est réglementairement soumis à la censure par son éditeur qui est Mame. La police voudrait qu'on le saisît immédiatement. La direction de la librairie veut qu'on commence par l'examiner. Les censeurs reprochent à l'auteur de croire à la résurrection de la Pologne et de développer des idées littéraires dangereuses ; ils trouvent que l'ouvrage n'a ni profondeur, ni clarté, ni logique ; mais ils ôpinent qu'il peut paraître avec suppression de dix passages et modification d'un onzième ainsi conçu : « Un homme peut faire marcher ensemble des éléments opposés : mais à sa mort ils se séparent. » Evidemment il ne faut pas prévoir le déchirement du manteau d'Arlequin qu'est l'Empire français ! Mme de Staël consent à ces mutilations, corrige, le 28 septembre 1812, les dernières épreuves. Le 29, ces épreuves sont saisies. Savary, ministre de la police, lui écrit : « Votre dernier ouvrage n'est pas français. C'est moi qui en ai arrêté l'impression. » Ordre à l'auteur, qui est à Blois, de partir dans les vingt-quatre heures pour les Etats-Unis ou pour la Suisse. Quant à l'ouvrage, il est mis d'abord sous scellés, puis au pilon ; les formes sont brisées et la chasse est faite aux exemplaires qui pouvaient avoir échappé. L'éditeur Mame et le libraire Nicole supportent une perte considérable. Mais l'Empire est sauvé des allusions et des idées libérales que le public aurait pu trouver dans le livre.

Si des écrivains connus, illustres, sont ainsi traités, ceux qui sont de moindre envergure ne peuvent espérer beaucoup d'indulgence. C'est par dizaines qu'ils sont emprisonnés. On en rencontre dans une foule de geôles, au Temple, à Bicêtre, à la Force, à Sainte-Pélagie, aux Madelonnettes, aux châteaux de Bouillon, de Corte, d'Embrun, de Fenestrelle, d'If, de Ham, etc., etc. La Bastille démolie se survit : elle a fait des petits. Aussi comprend-on ce jugement de Villemain : « Il est d'une exactitude littérale de dire que toute émission de la pensée écrite, toute mention historique, même la plus lointaine et la plus étrangère, devint une chose aventureuse et suspecte. » Et l'on peut rapprocher de ces paroles le cri de réprobation que pousse Lamartine [1] : « Rien ne peut peindre, à ceux qui ne l'ont pas suivie, l'orgueilleuse stérilité de cette époque... Tout était organisé contre la résurrection du sentiment moral et poétique... Le

---

[1] *Des destinées de la Poésie* (Paris, 1834).

chiffre seul était permis, honoré, protégé, payé. Comme le chiffre ne raisonne pas, comme c'est un merveilleux instrument de tyrannie qui ne demande jamais à quoi on l'emploie, qui n'examine nullement si on le fait servir à l'oppression du genre humain ou à sa délivrance, au meurtre de l'esprit ou à son émancipation, le chef militaire de cette époque ne voulait pas d'autre missionnaire, pas d'autre séide, et ce séide le servait bien. Il n'y avait pas une idée en Europe qui ne fût foulée sous son talon, pas une bouche qui ne fût bâillonnée par sa main de plomb. »

Et pourtant impuissance de l'homme de bronze à étouffer le pamphlet qui s'imprime à l'étranger, qui circule en Europe et pénètre même en France. Napoléon, comme Louis XIV jadis, n'arrivera pas à faire taire ces chroniques scandaleuses, ces libelles qui sont les derniers soupirs de la pensée agonisante.

Quand on passe de l'Empire à la Restauration, on songe à ce mot de Napoléon à Mme de Rémusat : « Savez-vous ce qu'on dira, quand je ne serai plus là ? On dira : Ouf ! » L'intelligence recouvre ses droits. La librairie, à demi-morte, entre dans une ère d'activité intense, de fécondité remarquable. La Revue, intermédiaire entre le livre et le journal, moins substantielle que l'un, moins superficielle que l'autre, prend son essor au cours de ces années-là. La grande querelle littéraire entre classiques et romantiques passionne les gens, atteint les propor-

tions d'une affaire d'Etat, groupe les écrivains et
devient si bruyante qu'à certains moments elle
couvre presque le fracas de la grande querelle
politique, cependant si violente. La bataille d'Hernani retient l'attention la veille même des journées
de juillet 1830 : il faut le grondement du canon
et les barricades pour distraire les esprits du combat intellectuel.

Il s'en faut toutefois que le livre jouisse alors
d'une large immunité. Il est poursuivi au nom de
la religion, au nom de l'orthodoxie monarchiste,
au nom des bonnes mœurs [1]. M. de Clermont-
Tonnerre, en 1820, dit à la Chambre : « Un bon
père ne permet à ses enfants que des lectures
exemptes de danger ; il en doit être de même
d'un bon gouvernement. »

Pour défendre le catholicisme, redevenu religion d'Etat, on saisit une brochure de Naigeon,
membre de l'Institut, sur Diderot ; l'*Abrégé de l'origine de tous les cultes* ; l'*Incrédule ou les deux
Tartuffes,* par Raban ; *l'Histoire abrégée du sacri-
lège.* On condamne les chansons de Béranger,
irrévérencieuses pour le dogme, le clergé, les capucins et les jésuites. On condamne le livre de
La Mennais : *De la religion considérée dans ses
rapports avec l'ordre politique et civil,* parce qu'il
y demande la séparation de l'Eglise et de l'Etat.

---

[1] Consulter à ce sujet, aux Archives Nationales, la correspondance de la division criminelle (BB. 18, 1.086 à 1.315).

On condamne les *Nouvelles lettres provinciales* de d'Herbigny, *Thérèse philosophe* et d'autres ouvrages suspects de libre pensée.

Pour défendre la monarchie, on traduit Paul-Louis Courier devant les tribunaux et on condamne son *Simple discours* à propos de la souscription lancée pour offrir Chambord au duc de Bordeaux, l'enfant du miracle, aussi bien que sa *Pétition pour des villageois que l'on empêche de danser*. Mignet, futur académicien, est puni de deux ans de prison et de 2.000 francs d'amende pour avoir publié un récit des obsèques de Manuel [1]. On cherche des moyens d'entraver l'édition complète des *Mémoires du duc de Saint-Simon*, parce qu'on craint qu'ils ne nuisent au prestige de Louis XIV. On interdit, pour une cause analogue, les *Mémoires de Christine, reine de Suède*, la fantasque et cruelle souveraine qui fut la Madame Sans-Gêne du XVIIe siècle. Il va de soi que le poème de Barthélemy intitulé : *Le fils de l'homme ou Souvenirs de Vienne*, n'est pas épargné ; on ne peut laisser passer ce rappel de l'Aiglon et l'on profite de l'occasion pour opérer une razzia de mouchoirs, pipes et gravures portant l'effigie de l'Ogre de Corse. Je passe sur quantité de brochures [2] qui sont supprimées avec plus de désin-

---

[1] Pierre JACOMET: *Le Palais sous la Restauration* (Paris, Plon, 1922).

[2] *La Liberté et l'ancien Régime — Coblentz, Rome et les Chambres.*

volture encore que les livres, attendu, comme dit Paul-Louis, que du poison dilué en un gros volume est moins dangereux que concentré en quinze ou seize pages. « Tout le mal est dans ce peu. Seize pages, vous êtes pamphlétaire, et gare Sainte-Pélagie. Faites-en seize cents, vous serez présenté au roi. » Il est vrai que les écrits prohibés en France s'impriment en Belgique et passent la frontière, roulés en feuilles autour de chiens dressés à cette contrebande.

Pour défendre les bonnes mœurs, on interdit la réimpression des *Aventures du Chevalier de Faublas*, on saisit des romans de Pigault Lebrun ; la Cour de Paris ordonne la destruction de divers ouvrages qui offensent, non pas seulement la morale tout court, mais la morale religieuse qu'on a fait figurer sans la définir dans les lois de restriction.

Le livre fut surtout menacé par le projet de loi draconien qui fut déposé en décembre 1826. L'ironie populaire le baptisa : Loi de justice et d'amour. Chateaubriand le qualifia de loi vandale. Casimir-Périer proposa de le résumer en un seul article : « L'imprimerie est supprimée en France au profit de la Belgique. » L'Académie française, non sans hésitations et précautions, pria humblement le roi d'épargner ce coup mortel à la littérature. L'Académie des sciences de Lyon suivit cet exemple. Royer Collard, à la Chambre, demanda si l'on voulait ramener l'humanité à l'heureuse innocence des brutes. La loi y fut votée quand même ; mais le déchaînement fut tel à Paris et en province, où une association bretonne parla de refuser le paiement de l'impôt pour protester contre cette violation de la Charte, que le ministère effrayé crut devoir retirer son malencontreux projet (mars 1927). Ce fut l'occasion d'une joie intense : Paris illumina ; des cortèges d'ouvriers imprimeurs parcoururent les rues en chantant ; en province des charivaris furent organisés contre les députés qui avaient voté cette loi de haine.

Que contenait-elle donc ? Voici les principales dispositions qui concernaient le livre et la brochure :

Tout imprimeur, avant de mettre sous presse, devait, sur le vu du manuscrit, indiquer combien de feuilles et de lignes il contiendrait ; et, s'il se trompait dans ses calculs, tout ce qui dépasserait le chiffre annoncé serait impitoyablement retranché, et l'imprimeur serait mis à l'amende pour fausse évaluation.

Tout écrit composé de vingt feuilles ou restant au-dessous de ce chiffre ne pouvait être publié que cinq jours après le dépôt au parquet qui devait l'examiner. S'il y avait plus de vingt feuilles, le délai prescrit était porté à dix jours. Toute publication faite avant l'expiration du délai était passible d'une amende de 3.000 francs et l'édition devait être détruite.

Etait de plus considéré comme constituant la

publication tout transport hors de l'imprimerie d'une partie de l'édition, si bien que les feuilles ne pouvaient être ni reliées ni même brochées avant la fin du délai fixé, ce qui retardait d'autant la mise en vente.

En outre, tout écrit de cinq feuilles et au-dessous était frappé d'un droit de timbre, qui était de 1 franc pour la première feuille et de 10 centimes pour chacune des suivantes, et chaque fragment de feuilles devait être compté comme feuille entière. (On espérait de la sorte tuer le pamphlet, tel que l'avait défini Paul-Louis Courier.)

Ce résumé suffit à montrer quel danger avaient couru imprimerie et librairie. Ce fut contre le livre la plus cruelle tentative qu'ait connue le XIXᵉ siècle.

Après la Révolution de 1830, l'Eglise n'a plus à son service le bras séculier ; il s'appesantit même sur les sermons des curés ; il menace (1838) une brochure intitulée : *Les gémissmements et les espérances de la religion catholique en France*, par Tharin, ancien évêque de Strasbourg. Mais c'est de Rome, et non plus de Paris que vient la condamnation qui frappe les *Paroles d'un croyant*, par Lamennais.

Les défiances du pouvoir s'exercent dans d'autres directions. Brochures légitimistes, bonapartistes, républicaines, socialistes, voilà ce qui l'inquiète.

Donc, on poursuit, dès octobre 1830, une brochure carliste intitulée : *Réclamations d'un Français ;* une autre (janvier 1832), qui s'appelle :

Les cancans ; une chanson séditieuse : *Le vin de Bordeaux* qui est une allusion au duc du même nom ; l'*Almanach du jeune Henri pour 1834.*

Les *Idées Napoléoniennes,* écrites par le futur Empereur des Français, passent, comme on dit, entre les gouttes, parce qu'elles sont datées de Londres. La grêle ne tombe que sur les comparses du bonapartisme.

En revanche, les écrivains qui aspirent à la République sont rigoureusement surveillés. Saisie à Metz du *Véritable catéchisme du Peuple ;* dénonciation par le procureur du Roi d'un projet de publication qui doit avoir lieu à Lyon et qui a pour objet une *Histoire du prolétaire au XIXe siècle par des prolétaires ;* saisie de l'*Almanach démocratique,* de l'*Almanach populaire de la France ;* de la brochure de Lamennais : *Le pays et le gouvernement.*

Puis, surtout de 1840 à 1848, poursuite contre ces nouveaux réfractaires qui se nomment socialistes : Saint-Simon, un des ancêtres du socialisme, avait dès 1820 fait connaissance avec la cour d'assises, lorsque dans son opuscule *L'Organisateur,* il avait lancé sa fameuse parabole : Supposez que la France perde tous les princes de la famille royale, les ministres, les maréchaux, les cardinaux, les préfets, les juges et les 10.000 propriétaires les plus riches ; le dommage sera mince et facilement réparé ; mais si, au lieu de ces 30.000 personnes, elle perdait 3.000 hommes, pris parmi ses meilleurs savants, écrivains et artistes, parmi ses plus habiles mécaniciens, banquiers, cultivateurs, ouvriers, elle serait comme un corps sans âme. Saint-Simon avait été acquitté ; de pareilles théories paraissaient si loin de la réalité qu'elles en devenaient inoffensives. Mais, à mesure qu'on approche de 1848, la bourgeoisie régnante et le roi qui la représente s'effarent des attaques de plus en plus précises et violentes qui sont dirigées contre le régime existant. En 1840, le mémoire de Proudhon intitulé : *Qu'est-ce que la propriété ?* et qui répond par le mot de Brissot : « La propriété, c'est le vol », est sur le point de mener l'auteur devant les tribunaux : les poursuites sont arrêtées par l'intervention d'Adolphe Blanqui, le frère d'Auguste, l'Abel du Caïn révolutionnaire. Mais, en 1842, l'*Avertissement aux propriétaires*, du même Proudhon, le fait comparaître devant la cour d'assises de Besançon, où il est d'ailleurs acquitté.

Malgré les lois de septembre 1835, menaçant de la déportation, comme disait Musset, « les pâles rêveurs » d'un monde meilleur, les sévérités intermittentes du pouvoir se révélaient fort inefficaces et elles n'enrayaient nullement l'exubérance cérébrale, la fièvre de nouveautés sociales dont la France donnait alors l'exemple. Les œuvres de Cabet, de Fourier, de Considerant, de Louis Blanc, de Pierre Leroux, de George Sand, se riaient des barrières qu'on essayait de leur opposer.

Comme c'est l'ordinaire dans les époques troublées, le livre, durant notre éphémère Deuxième République, descend au second plan. Il y a, au contraire, profusion de journaux et de brochures. Celles-ci ont un sort très différent, selon qu'elles sont lancées par le parti de l'ordre ou par ceux qu'on appelait les rouges.

Celles de la rue de Poitiers sont encouragées par le gouvernement qui représente la grande réaction bourgeoise du XIXᵉ siècle et elles sont distribuées par centaines de milliers d'exemplaires. Elles combattent le « monstre », le socialisme qui a fait son apparition dans la rue, au grand jour. Citons seulement : *Les Partageux*, par Jean Wallon, *La vérité aux ouvriers, paysans et soldats*, par Th. Muret, *Socialisme et sens commun*, par le maréchal Bugeaud. On peut classer dans la même catégorie le livre de Thiers sur la *Propriété*, le roman de Louis Reybaud : *Jérôme Paturot à la recherche de la meilleure des Républiques*, et lorsqu'approcha le coup d'Etat bonapartiste, *L'Ere des Césars et le Spectre rouge* de Romieu [1].

Les républicains et les socialistes opposent bien au bloc réactionnaire des écrits nombreux : *Le républicain des campagnes et le berger de Kravan*, par Eugène Sue, les *Lettres de Jacques Souffrant*, par Louis Ulbach, *Le socialisme expliqué aux enfants du peuple*, par le Dr Guépin, l'*Evangile*

---

[1] Voir *La République de 1848*, par Georges RENARD, Tome IX de l'*Histoire socialiste*.

républicain, par l'instituteur Malardier, les romans
et les pamphlets de *Louis Tillier,* etc. Interdictions,
poursuites, proscriptions pleuvent sur ces écrits
que parfois les colporteurs apprennent par cœur
pour les répandre dans les campagnes. Les chansons de Pierre Dupont partagent ces mauvais trai-
tements. Un professeur, Emile Deschanel, ayant,
dans un article de revue : *Catholicisme ou socialisme,* accepté le dilemme auquel Montalembert
acculait ses adversaires, mais s'étant prononcé pour
la nouvelle doctrine contre l'ancienne, était immédiatement destitué.

Le livre avait encore de durs moments à passer
sous le règne de Napoléon III. Il attire fréquemment les foudres impériales. Tantôt protégé et pro-
tecteur de l'Eglise, tantôt son adversaire au moment
de la guerre d'Italie, l'Empereur interdit, suivant
les circonstances, l'*Histoire politique des papes,*
par Lanfrey, ou bien une brochure de l'évêque de
Nîmes, ou encore *Le Christ et César,* par un abbé.
Toujours inquiet pour son trône, il a peur d'un
réveil royaliste ou républicain. Il proscrit donc *Les
anciens partis,* de Prévost-Paradol, les *Lettres sur
l'histoire de France,* par Dumineray, un libraire
auquel il est question d'enlever son brevet ; un
Dialogue de Montesquieu et de Machiavel ; et,
d'autre part, il fait poursuivre un volume de Tridon
sur les *Hébertistes,* les *Evangiles* de Proudhon, une
brochure de Héligon, sur *L'Organisation du travail.* En 1860, un tribunal correctionnel prononce

contre Vacherot, qui, étant directeur des études à l'Ecole Normale Supérieure, a refusé le serment et publié un livre de haute spéculation politique intitulé *La Démocratie*, une condamnation qui revient aux procès de tendance si communs sous la Restauration : « Attendu, dit en effet l'arrêt, que, bien que l'écrivain ait affecté de renfermer sa proposition dans les termes généraux, il est impossible de se méprendre sur l'application qu'il veut en faire », l'auteur était privé de ses droits politiques. Plus tard, le professeur Rogeard, ayant répondu par *Les propos de Labiénus* à la *Vie de César* qui était l'enfant favori et mal bâti du soi-disant héritier des Césars, récoltait cinq ans de prison qu'il n'évitait qu'en se réfugiant à Bruxelles. C'était, de la part du souverain, un acte de défense personnelle, de même que l'interdiction qui atteignait *La grande Bohême,* où Rochefort préludait à son fameux brûlot, *La Lanterne !*

Il ne faut pas oublier les œuvres des proscrits arrêtées à la frontière. Ainsi Victor Hugo qui, sur son rocher de Guernesey soutenait, sans autre arme que sa plume, un duel héroïque avec l'Empereur, armé de toutes ses forces de police, pouvait bien faire entrer en France son roman *Les Misérables* et ses poèmes de *La Légende des siècles ;* mais il ne pouvait pas, sauf dans les dernières années, faire jouer ses pièces et, quant à ses pamphlets : *Napoléon le Petit* et *Les Châtiments,* c'est sur papier pelure, cachés dans des ballots de marchandises, qu'ils pénétraient en France et circulaient parmi la jeunesse.

La troisième République n'a pas non plus renoncé tout de suite à l'illusoire proscription des livres qui sont en désaccord avec l'opinion régnant provisoirement en haut lieu. Les récits que les exilés de la Commune publient à l'étranger (*La troisième défaite du prolétariat français*, par Benoît Malon, l'*Histoire de la Commune*, par Lefrançais), sont interdits sur le territoire français et défense est faite d'en parler, d'en citer des morceaux. Plus tard encore, même après l'orgie autoritaire du 16 mai, on rencontre des saisies de brochures ou de volumes coupables d'hétérodoxie politique ou religieuse. Je nommerai seulement : *Coup d'œil prophétique sur l'année 1880, contenant le secret divin des questions politiques et religieuses dévoilées ;* une *Bibliothèque socialiste,* publiée par Achille Leroy ; la *Bible-Farce,* par Pierre Malvesin ; une brochure intitulée : *Napoléon n'est pas mort,* etc.

Mais la loi de 1881 a mis un terme à ces poursuites. Elle a vraiment libéré le livre. Si depuis lors il y a eu, au nom de l'armée, des levées de boucliers contre des romans comme *Les Sous-Off* de Descaves ou *Le Càvalier Miserey* d'Abel Hermant, elles n'ont point abouti. Si la loi de 1894 contre les menées anarchistes a de nouveau fait craindre des inquisitions fouillant la conscience des écrivains qui émettent des théories hardies, si elle a fait rentrer dans notre arsenal législatif l'équivoque provocation *indirecte* à des actes coupables, la tolérance pour les ouvrages, même les plus hostiles à la société actuelle, a pénétré de plus en plus dans les mœurs. Si la guerre a fait renaître une censure, qui fut souvent tracassière et malavisée, on n'ose plus en temps de paix invoquer le péril social pour mettre en quarantaine, mutiler ou supprimer un livre. On en est arrivé à admettre que, suivant l'expression de Musset,

.... le pire
Est toujours un esprit qui pense et qui respire.

Il n'est plus guère que deux genres de délits qui puissent amener l'auteur d'un livre devant le tribunal correctionnel ou la cour d'assises : l'un est la diffamation d'une personne vivante ou parfois d'un mort récent dont les descendants veulent défendre la mémoire ; l'autre est l'outrage aux bonnes mœurs. Encore sur ce dernier point la marge des indulgences légales s'est-elle singulièrement élargie. Sous le second Empire, les *Fleurs du Mal* de Baudelaire, *Madame Bovary* de Flaubert, sont frappées de sentences qui nous paraissent aujourd'hui fort excessives. Sous la troisième République, la *Chanson des Gueux* de Richepin, et les romans très pimentés de Mme Marc de Montifaud ont encouru pareille réprobation. Mais l'usage semble s'introduire de ne plus mettre en branle, dans des cas semblables, le formidable appareil de la justice, de s'en remettre à l'opinion publique ou au jugement soit des pairs de l'écrivain, soit des compagnies dont il est membre[1]. Quant à l'Eglise, elle ne tente même plus d'appeler l'Etat laïque à son secours et elle se contente de fulminer des anathèmes qui font sur les indifférents ou les incroyants l'effet de poudres mouillées, qui parfois même recommandent à leur sympathie les œuvres mises à l'index, surtout quand elles sont signées V. Hugo, Renan, Zola ou Anatole France.

[1] Cependant, l'article 28 de la loi de 1881 renvoie devant la Cour d'assises l'auteur et les vendeurs du livre prévenu de ce délit. Mais la prescription est acquise au bout d'un an. — Voir *Le Code de la Presse* (Librairie Dalloz, Paris, 1914).

CHAPITRE III

LA PRESSE PÉRIODIQUE
ET LES POUVOIRS PUBLICS

Qu'on multiplie par dix, par vingt, par cent, les obstacles qu'a rencontrés le livre, on aura une idée de ceux auxquels la presse périodique s'est heurtée pour conquérir sa liberté [1].

Presque tous les gouvernements promettaient de lui laisser libre carrière ; tous l'ont combattue.

§ 1. — LES MESURES DICTATORIALES

Souvent les moyens employés pour la combattre ont été dictatoriaux ; on a usé contre elle de la manière forte et même brutale ; on l'a mise en quelque sorte hors la loi ; c'est à coups de suppressions sans phrase pour les journaux, d'emprisonnements et de déportations pour les journalistes que les autorités du moment ont cru réduire au silence cette bouche toujours ouverte.

---

[1] Voir HATIN : *Histoire de la Presse* (8 volumes in 8°, Paris, 1859) et *Bibliographie de la Presse.*

Il en est ainsi pendant les périodes de crise sociale. Lors de la Révolution, c'est d'abord une éruption de feuilles périodiques qui naissent par milliers comme les feuilles d'arbres au printemps. C'est un tumulte assourdissant de voix qui se querellent. De loi, de règlements il n'est plus question. Liberté quasi illimitée. En vain la municipalité de Paris, l'Assemblée nationale essaient d'endiguer le flot d'articles qui, venant de droite ou de gauche, coule comme un torrent. Les journalistes se rient de ces faibles barrières. Ce sont alors les particuliers qui se chargent de mettre un frein à leurs incartades. Le duc de Crillon, appelé citoyen douteux par Camille Desmoulins, réclame 100.000 livres de dommages et intérêts et Camille se rétracte. Samson, le bourreau, accusé d'être aristocrate, force le même Camille et Prodhomme de lui accorder réparation. Le public s'habitue à faire sa police lui-même. Chaque soir, dans un café ou dans un autre, on brûle des exemplaires du journal adverse. Le club des Jacobins chasse de son sein les journalistes, y compris Marat. En mainte occasion des imprimeries, celle de Gorsas, celle de Fiévée, sont dévastées. Des égoûts sont appelés des noms des publicistes qu'on déteste. Cette liberté anarchique, tempérée par les colères de la foule, subit une éclipse déjà grave lors du 10 août 1792 : ce jour-là, Suleau, rédacteur d'un journal royaliste, est massacré sur la terrasse des Feuillants ; Durozoy, directeur d'un organe de même couleur, est arrêté, condamé à mort. A partir de ce moment la presse monarchiste, voire la presse constitutionnelle, sont mises hors de combat. Les journaux qui en faisaient partie sont supprimés, leurs presses sont confisquées, distribuées à des imprimeurs qui travaillent pour les partis avancés.

Théoriquement reconnue par la Constitution de 1793, la liberté de la presse n'existe plus de fait dans la lutte effroyable des Girondins et des Montagnards, des Jacobins et des Cordeliers, de la Convention et de la Commune. Chaque article est alors un acte qui peut conduire à l'échafaud. Presque tous les publicistes du temps, de Condorcet à André Chénier, de Gorsas à Mercandier, de Camille Desmoulins à Hébert, un de ceux qui utilisèrent pour leurs polémiques le type populaire du *Père Duchesne*[1], ont fini par la guillotine ou le suicide, quand ils n'ont pas, comme Marat, péri d'un coup de poignard, ou comme Lepeletier de Saint-Fargeau, d'un coup de sabre.

Puis quand, après le 9 thermidor, se déroule la période descendante de la Révolution, quand s'opèrent le reflux, le recul, le mouvement en sens inverse, la presse ne bénéficie guère de l'apaisement : disette de papier, discrédit où est tombé le journalisme, sévérités, tantôt légales et tantôt

---

[1] Voir à ce sujet *La Révolution française* (Octobre et Novembre 1904) et BRAESCH : *Le Père Duchesne d'Hébert* (Paris, Rieder, 1922).

arbitraires des gouvernements lui font la vie dure. Les électeurs parisiens adoptent cette proposition de l'un des leurs, que tout homme ayant été journaliste est par là même disqualifié comme candidat. Le titre d'un journal créé à cette époque témoigne de la mésestime que rencontrent ceux qu'on appelle les folliculaires ; il s'appelle : *Le Menteur*. Dans les assemblées du temps, des orateurs les traitent d'êtres immondes, d'assassins de la patrie ; et les mesures restrictives suivent ces philippiques. Des décrets, frappant tantôt d'un côté, tantôt de l'autre, suivant que le Directoire est menacé de droite ou de gauche, suppriment des journaux, condamnent leurs rédacteurs à la déportation. Les uns et les autres ne s'en portent pas plus mal, parce que les décrets ne sont pas exécutés ; mais de même qu'avant Thermidor des bandes de jeunes jacobins font main basse chez le libraire Gattey sur les exemplaires du journal royaliste : *Les Actes des Apôtres*, les jettent au feu, brûlent ensuite du sucre et menacent de faire prendre aux aristocrates un bain patriotique dans le bassin du Palais ci-devant Royal, de même, après Thermidor, une bande de jeunes muscadins, surprenant au Luxembourg Poncelin, rédacteur d'un journal républicain, s'empare de lui et le fouette publiquement. Au lendemain du 18 fructidor an V (4 septembre 1797), 31 journaux royalistes sont supprimés, 54 rédacteurs, réduits par grâce à 42, sont condamnés à partir pour la Guyane. Les journaux qui subsistent sont mis sous la surveillance de la police et brimés de diverses façons. Le 29 frimaire an VI, nouvelle suppression de 15 journaux; le 20 messidor de la même année, nouvelle hécatombe de 15 autres ; puis, après le second coup d'Etat de Fructidor (en l'an VII-1799), qui est dirigé cette fois, non plus contre les monarchistes, mais contre les républicains, encore une Saint-Barthélemy de journaux et de journalistes ; 68 directeurs et rédacteurs sont condamnés à la déportation et leurs biens sont séquestrés. Il est vrai que la plupart échappent, que les presses mises sous scellés fonctionnent, que les journaux tués reparaissent sous un autre titre.

Mais il est avéré aussi que les journaux sont regardés dès lors comme taillables et même tuables à volonté. On le voit clairement dès que Bonaparte, au 18 brumaire, fut devenu le maître de la France. Il dit alors : « Si je lâche la bride à la presse, je ne resterai pas trois mois au pouvoir » ; et il est du même avis que son conseiller Fiévée, à savoir que la liberté de la presse est incompatible avec le gouvernement dont il est le chef et qu'il est impossible de la réduire en loi. Aussi, quand une machine infernale, d'ailleurs préparée par les Chouans, a failli l'atteindre, l'occasion lui paraît bonne pour se débarrasser de ces mouches importunes qui bourdonnent à ses oreilles et le harcèlent de leurs piqûres.

Le 27 nivôse an VIII, après un terrible réquisitoire prononcé contre la presse, par un simple arrêté, 72 journaux sont supprimés sans autre forme de procès. Il ne subsistera que 13 journaux politiques pour le département de la Seine. On n'en pourra créer d'autres sans autorisation. Les directeurs, qui devront être citoyens français et dont la moralité et le patriotisme seront certifiés par la police, promettront fidélité à la Constitution. Ils sont avertis que leurs feuilles seront supprimées, si elles insèrent des articles contraires à cette Constitution, à la souveraineté du peuple, à la gloire des armées et aux gouvernements alliés de la France. Je laisse de côté des mesures contre les rédacteurs, les vendeurs, les colporteurs, mesures qui devaient n'être en vigueur que pour la durée de la guerre ; mais l'arrêté ne fut jamais rapporté. Il faut en retenir la date et la teneur, car cet arrêté du 27 nivôse an VIII a servi de modèle à tous les gouvernements désireux d'asservir la presse.

L'arrêté fut appliqué avec rigueur. Les journaux conservés ne peuvent donner une nouvelle politique qu'en l'empruntant au *Moniteur* qui est le journal officiel. Même pour les faits divers, ils sont contraints à d'étranges précautions. Le 23 frimaire an XI, une lettre du grand juge Régnier, adressée au préfet de police, l'invite à défendre aux journaux de parler des suicides. Le 6 vendémiaire an XIII, il est interdit d'insérer aucun article relatif à la cherté des vivres et aux agissements de la police. On en arrive à fournir aux directeurs des informations qu'ils n'ont plus qu'à insérer.

Malgré leur soumission, les journaux épargnés ne sont pas sûrs de leur existence. *L'Ami des Lois* est supprimé (9 prairial an VIII). *Le Citoyen français* devient le *Courrier Français* : le mot *citoyen* a quelque chose de séditieux. *Le Journal des Défenseurs de la Patrie* a le tort de rappeler les volontaires de Quatre-vingt-douze ; il s'appellera : *Bulletin politique et littéraire*. La province écoppe comme Paris. *La Vedette de Rouen* a cité Télémaque demandant qu'on ne l'accable plus de louanges, à propos d'une députation qui est allée féliciter le Premier Consul pour la signature de la paix. Elle est supprimée. Le *Journal du Département de l'Aube* a le même sort, pour avoir rendu compte de crime et de délits, ce qui peut inquiéter la population. Il faut parler bas, comme dans une chambre de malade. Aussi comprend-on que Napoléon se fasse lire les journaux étrangers. Quant aux journaux français : « Passez, passez, dit-il à son lecteur. Ils ne disent que ce que je veux. »

J'ai insisté sur l'effet des crises révolutionnaires et des réactions qu'elles provoquent, parce qu'il se reproduit dans toutes les circonstances analogues.

La loi semble alors impuissante : on se précipite dans l'arbitraire. On proclame l'état de siège, et les journaux sont les premières victimes des gouvernements apeurés. Preuve en soit ce qui se passe au lendemain de la grande insurrection prolétarienne de juin 1848. Le Général Cavaignac a été investi de la dictature : aussitôt succédant à la politique libérale du Gouvernement provisoire qui avait fait insérer au *Moniteur* ces lignes : *La pensée doit être affranchie radicalement,* c'est le régime du bon plaisir appliqué aux journaux, *ces pelés, ces galeux d'où nous vient tout le mal.* Onze d'entre eux sont supprimés dès le 27 juin, et Girardin, directeur du journal *La Presse,* est arrêté et tenu au secret pendant quarante-deux jours. Relâché enfin, il écrivait : « L'autorité du chef du pouvoir n'a plus de bornes. La liberté de la presse a cessé d'exister en France. »

Même désinvolture militaire du général Vinoy, nommé gouverneur de Paris après le siège de 1870-71. Il inaugure son pouvoir en supprimant, de sa seule autorité, le 11 mars, 17 journaux républicains. Et la Commune, à son tour, « considérant qu'il est impossible de tolérer dans Paris assiégé des journaux qui prêchent ouvertement la guerre civile, donnent des renseignements militaires à l'ennemi et propagent la calomnie contre les défenseurs de la République », suspend ou supprime, en l'espace de quelques semaines, 36 feuilles, qui d'ailleurs reparaissent à Versailles et sont criées dans les rues mêmes de la capitale. Rochefort, devenu suspect, renonce à publier *Le Mot d'ordre* et défense est faite de créer de nouveaux périodiques. Enfin, un arrêté du Comité de Salut public (19 mai 1871, article IV) est ainsi conçu : « Les attaques contre la République et la Commune seront déférées à la Cour martiale. » On sent là les derniers soubresauts d'une cause désespérée.

Si la presse est ainsi malmenée dans les moments où toutes les garanties légales disparaissent devant les passions surexcitées, elle n'est pas plus heureuse quand la loi est remplacée par la volonté autocratique d'un maître. Les deux Napoléon, qui ont régné sur la France, l'ont prouvé surabondamment.

Comme disait un contemporain : « Ce que le Premier Consul apprécie avant tout, c'est le silence [1]. » Il a encore au début quelques scrupules. Un rapport de Portalis [2], juriste et conseiller d'Etat, enseigne comment un gouvernement habile peut utiliser la presse. Il faut accréditer l'idée que les journaux sont libres, tout en les dirigeant d'une manière secrète et invisible ; leur indiquer les matières à traiter et le sens dans lequel elles doivent être traitées ; les inviter à modérer l'éloge, car le chef de l'Etat est au-dessus de tout éloge, et abandonner quelques objets secondaires à la discussion, parce que les petites choses peuvent détourner des grandes ; s'en servir comme de ballons d'essai, en lançant, au besoin, quelque nouvelle fausse ; glisser dans toute rédaction un

---

[1] Article de GAFFAREL, dans *La Révolution française* (Mai 1889, p. 431).

[2] *La Révolution française* (Janvier 1897, p. 66).

homme de choix qui reçoive tous les huit jours le mot du gouvernement et qui reste inconnu même de ses camarades ; organiser quelque controverse sur la musique, le théâtre et distribuer à propos quelques petites sommes d'argent qui aideront à guider les esprits dans la bonne voie.

Telle est la théorie. Voici la pratique. Le nombre et le tirage de journaux politiques diminuent de jour en jour :

Mars 1800	19 quotidiens à Paris. . .	49.313 abonnés
	21 périodiques consacrés aux lettres, sciences, arts, modes	4.365 abonnés
	Total. . .	53.678 abonnés
Mai 1801	16 quotidiens à Paris. . .	33.931 abonnés
	38 périodiques, non politiques.	7.070 abonnés
	Total. . .	41.001 abonnés

Deux ans plus tard, le chiffre des abonnés est descendu au-dessous de 40.000. En réalité le journalisme politique n'existe plus. La consigne est de se taire. C'est ce que fait Suard, quand on lui demande de faire l'apologie de l'exécution du duc d'Enghien, et c'est un acte de courage. On essaie d'escroquer l'approbation de Fontanes pour ce meurtre ; dans un article du *Moniteur,* il a parlé avec éloges des lois dont la France est redevable au Premier Consul ; mais le Bureau de la presse, auquel l'article a été soumis, remplace le mot *lois* par le mot *mesures,* qui implique l'assentiment au drame accompli dans les fossés de Vincennes, et Fontanes exige un erratum.

On lui passa cette preuve d'indépendance. Mais Dessorgues, coupable d'avoir écrit une chanson dont le refrain est :

> Oui, le grand Napoléon
> Est un grand caméléon,

coupable d'avoir dit dans un café où on lui propose du citron : « Non, je n'aime pas l'écorce (les Corses) », paye cher ces épigrammes. Il est enfermé à Charenton, où, peut-être par la contagion du milieu, il ne tarde pas à mourir fou. Le journaliste Ferragus passe onze ans au bagne dans la Guyane. Le royaliste Michaud, arrêté et emprisonné au Temple, ne recouvre sa liberté qu'à la condition de ne plus s'occuper de politique. La politique devient un terrain de chasse réservé.

L'Empereur devait pourtant pratiquer un despotisme plus cru [1]. Le 22 avril 1805, il écrit à Fouché, ministre de la police : « Faites comprendre aux rédacteurs des *Débats* et du *Publiciste* que le temps n'est pas éloigné, où, m'apercevant qu'ils

---

[1] Voir Gustave LE POITTEVIN : *La Liberté de la Presse depuis la Révolution* (Paris, 1901. Bibl. Nation., L ɪᴄ 74) et H. WELSCHINGER (ouvrages cités). — TARLÉ, *La presse en France sous le règne de Napoléon Iᵉʳ* (Pétrograd, 1922). Le prince Saken écrit (*Journal,* 1810) : « Rien n'est aussi bien organisé en Europe que la rédaction des journaux en France et l'ordonnance des parades en Russie. »

ne sont pas utiles, je les supprimerai avec tous les autres journaux et n'en conserverai qu'un seul. »
En attendant, il veut les réduire de 14 à 7, tout en insérant au *Moniteur* (22 janvier 1806) cette phrase audacieuse : « La liberté de la presse est la première conquête du siècle. L'Empereur entend qu'elle soit conservée. »

Le fait est qu'elle est soumise à la surveillance de la police et que le bureau qui la surveille porte ce titre admirable : *Bureau de la liberté de la presse.* De plus le Sénat a dans son sein une Commission qui porte la même enseigne et qui peut proposer une motion ainsi conçue : « Il y a de fortes présomptions que la liberté de la presse a été violée. » Seulement Commission et Sénat ne firent jamais mine de protester et d'ailleurs les périodiques furent mis hors de leur compétence.

Aussi point de scrupules avec ces feuilles. Le *Journal des Débats,* qui est la plus importante, est l'objet favori des vexations administratives. Les frères Bertin, qui en sont les propriétaires, sont invités à en changer le titre. *Débats,* cela peut faire penser aux assemblées de la Révolution. Mieux vaut dire : *Journal de l'Empire.* Ce changement opéré, les propriétaires sont avertis de présenter quatre rédacteurs *sûrs,* parmi lesquels le Ministre de la Police choisira le rédacteur en chef. Ils sont encore avertis d'apporter des propositions pour la « *réduction* » des autres journaux. Cela voulait dire pour la fusion, le rachat, l'absorption des dits journaux. A cet effet, le produit du *Journal de l'Empire* est divisé en douzièmes. Deux sont à la disposition de l'Empereur pour l'opération financière ci-dessus mentionnée ; un est réservé à Fiévée, nommé rédacteur en chef ; le reste est abandonné aux propriétaires pour payer le personnel et les imprimeurs.

Cet arrangement paraît si commode qu'on le généralise. Sur tous les journaux, il sera prélevé trois douzièmes, qui serviront à pensionner les gens de lettres nécessiteux. Lacretelle aîné, désigné comme rédacteur en chef du *Publiciste,* aura pour lui deux douzièmes ; Esménard, mauvais poète et bon censeur, mis à la tête de la *Gazette de France, Legouvé,* préposé au *Mercure,* auront mêmes avantages. Les profits que le gouvernement fait ainsi aux dépens des journaux ne sont pas méprisables ; ils s'élèvent, à Paris seulement, pour l'année 1809 à 166.737 fr. 37, et pour le premier semestre de 1810 à 98.436 fr. 25.

Ajoutons que le champ d'action de chaque périodique lui est impérieusement fixé : le *Mercure* est confiné dans la littérature française ; les *Archives Littéraires* ont pour domaine les littératures étrangères ; le *Magasin Encyclopédique* est consacré aux sciences exactes ; le *Journal des Modes* ne doit pas sortir des questions de toilette.

Il ne faudrait pas croire que les rédacteurs en chef, nommés par le Ministre de la Police avec l'agrément de l'empereur, eussent après cela le droit de s'émanciper. Ils sont surveillés par Fouché, qui est surveillé par l'Empereur. On les réprimande comme de petits garçons pour la moindre incartade ou négligence. Ils sont mis aux arrêts, comme des soldats qui n'ont pas observé la consigne. Ils sont punis par des retenues sur leur traitement, et, si cela ne suffit pas, révoqués, destitués, cassés aux gages. Fiévée, au *Journal de l'Empire*, est remplacé par Etienne, lequel est privé des deux tiers de ses appointements pour avoir inséré trop tard des vers en l'honneur du second mariage de Napoléon.

Ce qui subsiste de la presse est caporalisé. Ordre de taire certaines choses, de ne point parler de la conscription, des démêlés avec le pape, des affaires d'Espagne, du prix des grains et des incendies de meules, de l'Empereur, sinon en citant *Le Moniteur*, des fonctionnaires, des princes de Bourbon, de Henri IV, des hommes et des choses de la Révolution, des sujets prêtant à une controverse religieuse ou philosophique, des livres qui, pour une raison ou pour une autre, n'ont pas l'heur de plaire au souverain. En revanche, il faut insérer des articles sur certains ouvrages dont on indique les passages à louer, à citer ou à blâmer, des notes sur l'impatience avec laquelle leurs Majestés sont attendues, des invectives souvent rédigées par l'Empereur lui-même et dirigées tantôt contre la Prusse, tantôt contre l'Angleterre, parfois aussi des chansons destinées à célébrer la grandeur impériale.

Plusieurs journaux de province furent supprimés pour avoir reproduit des articles de journaux parisiens ou simplement pour s'être permis de donner des nouvelles qui ne figuraient pas au *Moniteur*. Le Ministre de la Police disait qu'il suffirait d'avoir un journal par division militaire (28 pour la France) et il envisageait ainsi la suppression, par un trait de plume, de 104 feuilles provinciales. Encore Esménard voulait-il réduire celles qui seraient épargnées à ne publier que des annonces.

Comme si la presse n'eût pas été assez avilie et domestiquée, on trouva mieux pour l'achever. En 1810, il subsistait dans l'Empire français 176 journaux, dont 101 politiques et judiciaires, 48 purement judiciaires, 12 consacrés à l'agriculture, aux sciences et aux arts, 9 administratifs, 6 administratifs, politiques et judiciaires. Mais c'est à peine s'il y en avait quatre ou cinq ayant quelque importance.

Or cette année-là, le 5 février 1810, l'Empereur se décida à jeter le masque transparent qui cachait mal son désir de tenir la pensée captive. La censure, qui existait de fait, fut instituée officiellement. Elle devait non seulement surveiller livres et journaux, mais fournir des rapports journaliers sur les séances de l'Institut, sur les sermons, sur les cours des professeurs, sur les théâtres, sur les audiences des tribunaux, sur les conversations tenues dans les cafés et autres lieux publics, etc. Cette écrasante besogne d'espionnage était, nous l'avons dit plus haut, partagée entre le Ministère de la police et la Direction de la librairie.

Les journaux eurent de nouveau à en pâtir. En 1811, il ne restait plus que 7 journaux politiques à Paris. Cela parut excessif. Sur le rapport du censeur Esménard, on s'occupa de réorganiser la presse. Il parut que quatre suffiraient : *Le Moniteur, Le Journal de l'Empire, La Gazette de France, Le Journal de Paris*. On y ajouta par grâce *Le Mercure*, fondu avec *Les Décades* et parqué dans la littérature. Les autres journaux furent exécutés, fusionnés de force avec ceux qui désormais devaient seuls représenter toute la presse parisienne.

L'opération se fit avec une brutalité singulière. Ainsi, par décret, la propriété du *Journal de l'Empire* fut enlevée aux frères Bertin, réunie au domaine public, c'est-à-dire bel et bien confisquée. Le capital du journal fut divisé en vingt-quatre parts, dont huit furent réservées à l'Empereur et les seize autres réparties entre des gens de lettres et des courtisans. On saisit — sans la moindre gêne — la caisse du journal, les meubles, les papiers en magasin. Ce fut une spoliation complète. Et, comme le même système fut appliqué à plusieurs autres journaux, un certain nombre de favoris du maître se partagèrent les lambeaux de cette curée. Talleyrand, qui fut mêlé à cette opération, en fut honteux plus tard, eut soin de faire brûler les pièces relatives à la main-mise sur les actions du *Journal de Paris*.

Il était difficile d'aller plus loin dans la voie de la compression ; et pourtant, en 1812, après la conspiration du général Mallet, qui faillit détrôner Napoléon alors en Russie, il y eut une recrudescence de sévérité. Il fut naturellement défendu de parler de cette hardie tentative, et Napoléon disait alors à Beugnot[1] : « Tant que cette épée pendra à mon côté, vous n'aurez aucune des libertés après lesquelles vous soupirez. »

Deux ans plus tard, il était forcé d'abdiquer et le Sénat, dans l'acte de déchéance, en donnait entre autres motifs, celui-ci : « Considérant que la liberté de la presse, établie et consacrée comme l'un des droits de la nation, a été constamment soumise à la censure arbitraire de la police et qu'en même temps il (Napoléon) s'est toujours servi de la presse pour remplir la France et l'Europe de faits controuvés, de maximes fausses, de doctrines favorables au despotisme et d'outrages contre les souverains étrangers... » Protestation juste à coup sûr, mais qui eût été plus courageuse, si elle s'était produite quelques années plus tôt !

Il faut sauter jusqu'à Napoléon III pour retrouver une pareille débauche d'arbitraire à l'égard des journaux. Déjà la grande réaction bourgeoise qui

---

[1] Voir dans les *Lundis* de SAINTE-BEUVE les articles consacrés à FIÉVÉE, à BEUGNOT, etc.

suivit les journées de juin avait multiplié les poursuites. Du 10 décembre 1848 à la fin de 1851, le tableau dressé pour les vingt-quatre cours de justice en accuse 355. Paris vient en tête avec 86 ; mais la province n'est guère en reste ; la seule cour de Bastia, sans doute parce que la Corse était un foyer ardent de bonapartisme, ne contribua pas à ce total. Mais, au moment du Coup d'Etat du 2 décembre 1851, il ne s'agit plus de poursuites judiciaires ; on met sans façon une muselière à la presse. A Paris, dans la nuit du 1er au 2 décembre, les imprimeries et les bureaux des journaux sont occupés par la force armée, exception fait pour *La Patrie* et *Le Constitutionnel*, les deux feuilles favorables au guet-apens qu'on prémédite. En même temps les clochers sont gardés pour qu'on ne puisse sonner le toscin ; les tambours de la garde nationale sont crevés, pour qu'on ne puisse battre le rappel. A l'Imprimerie nationale, le colonel de Béville, officier d'ordonnance du Président, a dans la journée averti le directeur, M. de Saint-Georges, qu'un travail urgent et secret doit être exécuté la nuit même ; et à minuit le colonel, avec une compagnie de gendarmerie mobile, envahit l'établissement. Les ouvriers, séquestrés, impriment par ordre quatorze décrets ou proclamations qui sont affichés dès six heures du matin dans les rues de Paris. Cette occupation militaire se prolongera plusieurs jours et pendant que fonctionne cette imprimerie,

« précieuse au gouvernement », comme a écrit l'un de ses historiens [1], les représentants du peuple qui essaient de résister, Baudin, Victor Hugo, Eugène Sue, Schœlcher, sont obligés de faire le métier d'imprimeurs sur les presses qu'ils ont pu découvrir, oubliées par les organisateurs de l'attentat [2]. Ils tirent à la brosse quelques proclamations qu'ils ne peuvent même pas répandre. Vaine résistance ! Les journaux ont été comme les chiens de garde d'un troupeau attaqué par des loups, les premières victimes des assaillants, et la République succombe avec eux.

Le Coup d'Etat consommé, ils sont, en quelque sorte, hors la loi. Ils sont suspendus, supprimés au gré du Président nommé à vie et bientôt proclamé empereur. Une ombre de réglementation légale leur sera seulement acordée par le décret du 17 février 1852. Ils ne seront pas soustraits au bon plaisir du gouvernement, mais ils sauront du moins à quoi ils sont astreints et exposés.

Voici les principales dispositions de ce décret : Au premier article qui choque les dirigeants, avertissement ; et trois avertissements entraînent la suppression du journal. Les délits de presse sont déférés à la police correctionnelle et il est défendu de rendre compte des débats. Deux simples contraventions aux règlements de police imposés à la

---

[1] DUPRAT.
[2] Victor HUGO : *Histoire d'un Crime.*

presse donnent droit à l'autorité de *suspendre* ou même de *supprimer* le journal coupable. Il suffit, dans le premier cas, d'une décision ministérielle et le journal cesse de paraître durant deux mois. Dans le second cas, il faut un décret du chef de l'Etat, décret qui est inséré au *Bulletin des Lois,* attendu que la volonté du prince a force de loi.

Le Ministre de l'Intérieur désigne, sur la présentation des propriétaires, celui qui aura le dangereux honneur d'être rédacteur en chef, et, comme il l'a désigné, il peut aussi le destituer.

Il faut une autorisation ministérielle pour être gérant, administrateur et même propriétaire d'une feuille périodique.

La distribution des annonces judiciaires est remise aux mains des préfets, qui les réservent naturellement aux feuilles soumises.

Ministres et préfets peuvent envoyer des communiqués, souvent fort longs, que les journaux sont obligés d'insérer *in extenso.*

Enfin le cautionnement et les droits de timbre sont augmentés considérablement, de façon à ne permettre la fondation d'un journal qu'à ceux qui ont beaucoup d'argent [1].

Le but poursuivi est, comme au temps du Premier Empire, de laisser seulement un ou deux organes à chaque grand parti et encore à les tenir

---

[1] Taxile DELORD : *Histoire du Second Empire* (8 vol. in-8°, Paris).

sous une surveillance rigoureuse, aggravée par ce fait que la presse étrangère ne peut circuler en France qu'avec l'autorisation du gouvernement.

Aussi voyez les résultats. Du 22 janvier 1852 au 10 juin 1853, sous la direction d'un Ministère de la police, qui est encore une réminiscence du Premier Empire, on trouve pour ces quinze mois neuf avertissements et trois suspensions de deux mois. Sous le ministère de Persigny, qui va ensuite jusqu'en juin 1854, c'est-à-dire en un an, on compte 32 avertissements ; et sous celui de Billaut qui lui succède, 57 [1].

Les journaux frappés sont ceux qui montrent quelque velléité d'indépendance. *Le Siècle,* vaguement républicain, dont le directeur est Havin, un Normand souple et madré, a reçu de Morny cet avis sévère [2] : « Vous êtes vaincus ; nous sommes vainqueurs. Nous avons pris sur nous la responsabilité de la suppression de la liberté de la presse, du rétablissement de la censure. Nous voulons avoir le bénéfice de cet état de choses... Si vous continuez à montrer le même esprit, de manière à neutraliser notre action, nous vous suspendrons. »

Les Débats, L'Union, La Gazette sont tour à tour avertis ; les journaux amis sont eux-mêmes atteints, par exemple *La Patrie* et *Le Pays.* Il est curieux de noter les motifs pour lesquels ils sont

---

1 Archives Nationales : Correspondance de la division criminelle.

2 Alfred SIRVEN : *Journaux et Journalistes* (Paris, 1865).

ainsi rappelés à l'ordre. Celui-ci a critiqué un décret sur les sucres. Celui-là a dit que Napoléon Ier fut le missionnaire botté de la Révolution française. Cet autre a parlé des erreurs du catholicisme. *Le Journal des Economistes* a combattu la taxe du pain. *Le Journal de Loudéac* a soulevé une politique inopportune sur la valeur des engrais industriels. *La Presse* a publié un feuilleton de George Sand qui contient des passages offensants pour le pape. *L'Observateur de la Corse* a eu le tort de réveiller la question de la vaine pâture. *L'Echo Agricole* a donné des nouvelles alarmistes sur la récolte prochaine. *Le Figaro,* sur le point d'être supprimé, se tire d'affaire en déposant une demande en grâce dans le berceau du Prince Impérial. Quelquefois le crime puni est le compte rendu illicite d'une séance de la Chambre ou d'un procès de presse. Quelquefois aussi l'on ne daigne pas préciser le motif du châtiment qui tombe où il lui plaît.

De ce régime despotique on peut rapprocher les efforts malheureux que les gouvernements de la Restauration finissante tentèrent, d'abord pour imposer à la presse une législation draconienne, et ensuite pour sortir d'une légalité qui les gênait.

Ce fut, pour commencer, la fameuse « loi d'amour » de 1826, qui ne put aboutir. Elle avait espéré tuer la plupart des journaux, en exigeant d'eux un cautionnement énorme, en décidant que trois des propriétaires de tout périodique devaient posséder, à titre de gérants, la moitié au moins des actions, afin qu'on sût à quelles bourses on pouvait faire payer les amendes prévues. On calculait que trois journaux seulement, *Les Débats*, *La Quotidienne* et *Le Constitutionnel* pourraient survivre aux conditions que le projet ministériel faisait à la presse.

Quand le projet eut été retiré sous la pression de la réprobation publique, il y eut un moment d'accalmie, de libéralisme mitigé ; mais, en 1829, le ministère Polignac ramenait avec lui les congrégations, les hobereaux, les velléités de pouvoir personnel. « J'aimerais mieux scier du bois que d'être roi comme le roi d'Angleterre », disait Charles X. La presse fut aussitôt menacée. *Le Figaro* paraissait encadré de noir et publiait cet avis : « M. Roux, chirurgien en chef de l'hôpital de la Charité, doit incessamment opérer de la cataracte un auguste personnage. » Cette allusion à l'aveuglement du roi était payée de six mois de prison et de 1.000 francs d'amende. Mais le numéro se vendait à 10.000 exemplaires, dont quelques-uns étaient achetés 10 francs pièce.

Symptôme plus grave ! *Le Journal des Débats*, connu pour sa tenue sévère, lançait le 10 août un article d'Etienne Béquet, qui se terminait par ces mots : « Malheureuse France ! Malheureux roi ! » L'article était aussitôt incriminé. Le directeur Bertin en revendiquait alors la responsabilité et se faisait condamner à six mois de prison et à

500 francs d'amende. Il allait en appel et, après un plaidoyer de Dupin et un discours de Bertin lui-même, il était acquitté et n'en reprenait qu'avec plus de vigueur sa bataille contre le ministère.

L'hiver de 1829-1830 qui fut très dur, la cherté du pain qui fut très grande rendirent la population plus nerveuse. C'est le moment que Polignac choisit pour dissoudre la Chambre qui revint avec une majorité hostile, puis, à la fin de juillet, pour publier les fameuses ordonnances qui allaient emporter la dynastie des Bourbons.

La presse avait une place d'honneur dans les quatre ordonnances. Le préambule contenait les appréciations suivantes : « A toutes les époques la presse n'a été et il est dans sa nature de n'être qu'un instrument de désordre et de sédition... C'est par l'anarchie dans les doctrines qu'elle prélude à l'anarchie dans l'Etat. » Et une phrase étrange tendait à réduire le journal à être l'organe d'une seule personne ; elle disait, en effet : « Le droit de publier ses opinions personnelles n'implique sûrement pas le droit de publier, par voie d'entreprise, les opinions d'autrui. »

Conformément à ces considérants, la première ordonnance suspendait la liberté de la presse et défendait d'imprimer aucun journal sans autorisation. C'était un véritable duel qui s'engageait entre la presse et le pouvoir comme entre le roi et la nation.

Les ordonnances étaient datées du 25 juillet. Le

matin du 26, une circulaire du préfet de police interdisait aux imprimeurs d'imprimer tout journal non muni d'une autorisation en règle. Certains imprimeurs hésitaient. Des directeurs de journaux, au nom des traités convenus, réclament contre cette rupture de contrat et en réfèrent à la justice. Le président du tribunal civil leur donne raison et condamne les imprimeurs à continuer l'impression, attendu que l'ordonnance, contraire à la Charte, ne saurait obliger à l'obéissance. Le tribunal de commerce rend un arrêt semblable ; et ces jugements sont aussitôt imprimés, distribués et affichés. Entre temps, les journalistes de l'opposition se sont réunis dans les bureaux du *National* ; sont représentés : *Le Constitutionnel, Le Globe, Le Figaro, Le Temps* et naturellement le journal qui leur offre l'hospitalité. Thiers propose de signer une protestation collective et il la rédige. Cela provoque quelques prudentes défections. Mais il reste quarante-quatre signataires. La protestation est imprimée, répandue avec une consultation demandée aux jurisconsultes du parti libéral (Dupin, Barthe, Odilon Barrot, Mérilhou) qui déclarent les ordonnances illégales.

Le National, Le Temps paraissent sans autorisation. Quarante-cinq mandats d'amener sont lancés contre les quarante-quatre signataires et contre l'imprimeur du *National*. On envoie la force publique pour briser les presses des deux journaux récalcitrants. Les ouvriers s'opposent à cette destruction de leur gagne-pain. On réquisitionne des serruriers. La foule se rassemble autour des imprimeries. L'émeute commence à gronder dans les rues. Les rédacteurs poursuivis se sont cachés dans des maisons amies ; la plupart ne se soucient pas de faire le coup de feu. Mais les ouvriers imprimeurs, chassés des ateliers ou par les bayonnettes ou par les patrons, qui les encouragent à la résistance, descendent dans la rue, font des barricades, s'arment comme ils peuvent. Ainsi commence une bataille de trois jours, au bout desquels la monarchie des Bourbons s'écroule blessée à mort. Journalistes et ouvriers imprimeurs y avaient eu le premier rôle. Cela est si vrai que, par delà l'Océan Atlantique, à Baltimore, dans une grande démonstration, organisée en l'honneur de la Révolution de 1830, on fit marcher en tête du cortège la corporation des imprimeurs, à cause de la part éminente qu'elle y avait prise [1].

§ 2. — LA CENSURE

Sortons des mesures dictatoriales : regardons la vie de la presse dans les moments où elle bénéficie d'un régime légal.

Ce régime a été maintes fois très dur. Il a puni

---

[1] *La Révolution de* 1848 (Août 1921, p. 71). Article de M. CURTIS.

sévèrement trois choses : des contraventions aux règlements de police, des délits d'opinion, des délits de droit commun. Ce sont là trois catégories d'infractions qu'il convient de considérer tour à tour.

1° Au nombre des obligations imposées par la loi aux journaux ont figuré bien souvent celles d'obtenir une autorisation préalable, et de se soumettre à la censure. Ordre leur a été donné d'avoir un gérant responsable dont le domicile fût connu ; de déposer des exemplaires au parquet et à la préfecture ; de n'insérer que des articles signés. Défense leur a été intimée de lancer une loterie, d'ouvrir une souscription pour payer l'amende infligée à un condamné, de publier le compte rendu d'un procès jugé à huis clos, d'un acte d'accusation non encore prononcé, d'un procès de presse, et parfois même des séances d'une assemblée politique. Mais, de toutes les gênes dont la presse a souffert, la censure fut la plus ordinaire et la plus pénible.

J'ai dit avec quelle désinvolture elle procéda sous le règne de Napoléon Ier. Les Bourbons sont à peine rentrés en France qu'ils l'instituent par une loi votée le 21 octobre 1814 et qu'ils nomment vingt censeurs royaux, dont Guizot fait partie. Napoléon, pendant les Cent Jours, tentant un essai d'empire libéral, la supprime en disant : « Depuis un an on a tout dit sur moi. » Il s'en repentait déjà, quand Waterloo mit fin à ce retour de ses velléités despotiques.

Louis XVIII, revenu de Gand, n'est pas tendre pour la presse. Il est d'abord l'exécuteur docile des craintes de la Sainte-Alliance, cette espèce d'assurance mutuelle des rois et empereurs. Puis une courte détente se produit, jusqu'au jour où l'assassinat du duc de Berry (13 février 1820) déchaîne une réaction formidable. Le gouvernement propose alors que tous les périodiques soient de nouveau soumis à la censure jusqu'en 1825. Mais le projet de loi ne passe à la Chambre des pairs qu'à la majorité de deux voix et la date où doit cesser la censure est fixée à la fin de la session de 1820. Douze censeurs sont nommés pour Paris et trois pour chaque département. Rochette, professeur à la Sorbonne, est hué par les étudiants pour avoir accepté de rogner les ailes à la pensée, pendant que son collègue Lacretelle est l'objet d'une ovation pour s'être refusé à cette besogne policière. En dépit ou à cause de ces manifestations, la censure est prorogée en 1821, et, sur la proposition du très catholique de Bonald, étendue aux journaux littéraires. Ce n'est pas assez. Le ministre de Villèle fait décider que chaque numéro sera envoyé au parquet et ne pourra paraître que paraphé par lui ; que la cour royale du ressort, non pas pour tel ou tel article, mais pour l'esprit, la tendance du journal, pourra en prononcer la suspension pour un mois, en cas de récidive pour trois mois, et même la suppression pure et simple. La censure pourra, par décret ministériel, être rétablie dans l'intervalle des sessions parlementaires. De Bonald aurait voulu aggraver encore cette loi des suspects, réduire à rien le journalisme, genre bâtard, né, disait-il, d'une alliance que, dans leur caducité, les lettres ont contractée avec la politique. Faute de mieux, il est admis que les deux Chambres, aussi bien que les cours de justice, seront juges et parties, chaque fois qu'il y aura lieu de réprimer une offense à leur égard. On sait comment les efforts pour étouffer la presse produisirent, sous Charles X, l'effet qu'on obtient en paralysant une soupape de sûreté dans une machine à vapeur : une explosion qui fit sauter le trône des Bourbons.

La censure, mal famée, n'ose pas reparaître à ciel ouvert sous le règne de Louis-Philippe, si ce n'est pour le théâtre et les estampes (1835). Mais elle allait prendre une revanche éclatante sous le Second Empire. Quand l'Empereur, le 19 janvier 1867, se déclare prêt à restituer à la nation quelques-unes des libertés qu'il lui a enlevées, dit-il, pour son bien, la presse voit se desserrer les liens qui l'étranglaient. Le gouvernement garde, il est vrai, la faculté de suspendre et de supprimer à son gré un journal ; mais il consent qu'une feuille nouvelle puisse se fonder sans autorisation préalable. Ce n'est pas sans opposition qu'un peu de liberté filtre à travers le réseau des restrictions. Granier de Cassagnac soutient que la liberté de la presse est incompatible avec la stabilité gouvernementale. Un autre parlementaire demande que tout journal soit ouvert au premier venu qui pourra y faire insérer sa prose moyennant une redevance fixe.

La loi, promulguée le 11 mai 1868, n'empêche pas procès et suspensions de pleuvoir sur les journaux qui appartiennent à la triple opposition républicaine, orléaniste et légitimiste. Ce qu'on a pompeusement appelé l'Empire libéral ordonne, depuis le mois de juin 1868 jusqu'à la fin de l'année, 168 poursuites ; l'année 1869 en compte 184. Et l'on peut se figurer avec quel soin étaient épluchés les journaux [1], si l'on se rappelle les bévues énormes de la censure théâtrale à cette époque ; Augier, invité à faire mourir de la petite vérole l'héroïne des *Lionnes pauvres*, afin que le vice soit puni comme il convient ; des auteurs de vaudevilles sommés de changer ces mots : *foule d'imbéciles*, parce qu'on pourrait prononcer *Fould imbécile* et qu'il faut éviter un rapprochement entre ce ministre et cette épithète ; ou encore [1], parce que dans une pièce, une femme de chambre s'écrie : « Allons bon ! Voilà encore mon fil qui vient de casser. C'est pourtant du fil d'Ecosse ! », recevant cet avertissement invraisemblable : « Choisir une autre qualité de fil, pour ne pas altérer nos bons rapports avec l'Angleterre. »

La censure, qui mutile un article avant qu'il ait

------

[1] Albert CIM : *Récréations littéraires* (Paris, 1920), p. 167.

paru, peut avoir son utilité, sa nécessité même en temps de guerre. Une fausse nouvelle peut susciter une émeute, comme il advint au commencement d'août 1870, quand des journaux de Paris annoncèrent qu'un corps d'armée prussien était englouti dans les carrières de Jaumont ; en apprenant que le fait était une pure invention, la foule se précipita vers la Bourse, d'où ce canard avait peut-être pris son vol, et fit fermer ce nid de louches spéculations. Chose plus grave ! Ce fut, dit-on, un article de la presse parisienne qui fit connaître à l'ennemi la marche de Mac-Mahon et permit ainsi son encerclement à Sedan. L'indiscrétion fut longtemps attribuée au journal *Le Temps*. En réalité, elle avait été commise par deux feuilles ayant d'étroites attaches avec le gouvernement impérial : *Le Public*, inspiré par Rouher, *Le Peuple français*, dirigé par Duvernois. L'un avait donné cette information le 23 août au soir ; l'autre le 24 au matin. *Le Temps* n'avait fait que reproduire l'entrefilet le 24 au soir [1].

Toutefois, au lendemain de la proclamation de la République, le Gouvernement de la Défense nationale n'osa pas rendre la vie à la censure, demeurée à la fois ridicule et impopulaire, et il se borna tantôt à cacher les mauvaises nouvelles qu'il recevait, tantôt à démentir maladroitement la vérité connue malgré lui, par exemple quand il se porta

---

[1] JEAN-BERNARD : *La Vie de Paris* (1914).

garant de l'héroïque Bazaine, alors que *Le Combat* savait et annonçait la honteuse capitulation de Metz.

Dans la réaction qui suivit l'écrasement de la Commune, pendant que l'état de siège s'étend sur tous les départements où se trouve une grande ville, les journaux, de nouveau, ne peuvent plus paraître sans autorisation préalable et à Paris, les affiches de théâtre elles-mêmes sont soumises au visa du général commandant la place. Toute reproduction des livres ou des feuilles publiées à l'étranger par les proscrits entraîne la suppression du journal qui l'a commise. Suppressions et suspensions abondent[1]. Toutefois, même pendant la bataille acharnée qui se livre après le 16 mai 1877 entre républicains et monarchistes, la censure préventive ne reparaît pas.

Il faut attendre pour la voir ressusciter la grande guerre de 1914-1918. Les rapports entre la presse et le gouvernement commencent par une lune de miel. C'est l'union sacrée, proclamée au nom de la défense nationale, et M. Poincaré, alors président de la République, peut convier à l'Elysée et féliciter les journalistes parisiens de leur ardeur patriotique et de leur esprit de concorde. *La Guerre Sociale* de Gustave Hervé devient *La Victoire* et

---

[1] En deux ans et demi, sous la présidence de MAC-MAHON, on compte 28 journaux supprimés, 20 suspendus, 163 privés du droit de se vendre sur la voie publique (1872-1875).

se pique d'être aussi patriote qu'elle l'était peu sous sa première forme. Des feuilles éphémères destinées à soutenir le moral des soldats, ou à égayer les longues veilles des tranchées, naissent au front, vrais enfants de la balle : *Le Souvenir, Le Poilu, Le Rire aux éclats* (aux éclats d'obus !), *Le Diable au Cor,* organe des Diables bleus ou chasseurs alpins.

L'accord est si grand d'abord que les journaux se soumettent de bonne grâce à la censure comme aux mesures de police qui ordonnent de ne pas les crier dans la rue, de ne pas les gratifier de manchettes énormes, de ne pas multiplier les éditions spéciales, toutes choses qui sont de nature à surexciter la population. Toute la presse a compris qu'il ne faut pas laisser passer à l'étourdie des renseignements militaires qui pourraient être utiles à l'ennemi ; qu'il importe de surveiller même les annonces, qui peuvent répandre en langage conventionnel des nouvelles transmises par des espions restés à l'intérieur ; c'est ainsi que le général Dubail, commandant la place de Paris, interdisait, le 11 juin 1917, tout envoi à l'étranger de périodiques contenant des annonces de publicité.

La censure s'établit donc sans encombre et sans résistance. Le bureau dit « de la presse » était installé au Ministère de la Guerre. Chaque journal devait y apporter ses épreuves, ses *morasses,* comme on dit en termes techniques ; les censeurs indiquaient ce qui devait être « échoppé » ; un coup de téléphone à l'imprimerie et le journal paraissait amputé de tout ce qui avait semblé dangereux. En province, l'opération chirurgicale se faisait à la préfecture ou au siège du commandement militaire.

La censure rendit quelques services. L'intervention gouvernementale ne fut pas d'ailleurs purement négative. Elle renseigna par ses communiqués attendus avec fièvre ; elle combattit les mensonges hardis de l'agence Wolf qui, de Berlin, annonçait la prise de Belfort, l'assassinat de M. Poincaré, Paris mis à feu et à sang par la révolution. Elle publia des documents officiels sur les atrocités allemandes. Elle fit paraître une série de brochures sur *L'Effort Français*. Aidée par des sociétés privées (*L'Alliance Française*, les *Amitiés françaises*, *l'Idée française à l'étranger*), elle travailla à maintenir fermes l'espoir et le courage de la France. Il y eut alors une *Maison de la Presse*, chargée de diriger les esprits dans le sens voulu par le gouvernement. On a pu l'accuser (l'expression date de cette époque) de « bourrage de crânes ». Mais ce qu'il faut regretter surtout, c'est que son influence ait été maigre hors de France, là où il eût été le plus nécessaire de détruire les erreurs et les calomnies accumulées contre nous. Seulement il existait un cercle vicieux : on voulait faire de la propagande à l'étranger et l'on interdisait à nos journaux et revues de franchir la frontière : c'est par des conférences, des missions envoyées chez nos voisins que fut remplacée, mais de façon insuffisante, l'action de nos périodiques.

Pour ne parler que de l'intérieur, le malheur est que, par une pente rapide, presque fatale, la censure, de militaire qu'elle devait être, devint très vite politique ; qu'au lieu de s'inspirer uniquement des intérêts de la patrie, elle dégénéra en moyen de défense pour les ministres qui se trouvaient au pouvoir. Puis, autre malheur, pour exercer avec compétence et impartialité les fonctions de censeur, il aurait fallu des hommes de première valeur, presque des surhommes ; et l'on n'eut le plus souvent que des hommes de valeur médiocre [1] : officiers qui apportaient là des habitudes disciplinaires peu faites pour des intellectuels, ou bien « fils à papa », heureux de s'embusquer dans des postes de tout repos. Quelques-uns étaient des blessés ou des malades renvoyés du front ; les autres, qui ont allégué pour leur défense qu'ils avaient pu là empêcher quelque mal, furent sévèrement tancés par les corps dont ils faisaient partie ; le Conseil de l'Ordre des avocats fut saisi de la question de savoir si un

____

[1] Parmi les censeurs, on rencontre des hommes portant des noms connus: Georges HUGO, André FALLIÈRES, Victor MARGUERITTE ; des gens de lettres : Armand CHARPENTIER, Gaston RAGEOT, Jean DE GOURMONT, Paul GSELL, André LICHTENBERGER ; des journalistes : BONNAMOUR, ALBIN, Paul DE CASSAGNAC, Francis DE MIOMANDRE ; des professeurs, des sous-préfets, des avocats, des auteurs dramatiques, des éditeurs (DIDIER, ARNAUD), un garde champêtre, un curé, un commandant de gendarmerie. — *La Vie de Paris,* par JEAN-BERNARD, donne cette liste.

membre de l'Ordre pouvait remplir une fonction qui consiste à couper les ailes de la pensée ; un Syndicat de la Presse française refusa d'admettre ceux qui l'avaient acceptée et obligea même un de ses membres à démissioner pour s'être plié à cette besogne.

Il faut avouer que, suivant la coutume, la censure commit bien des bévues. Un jour, au nom du patriotisme, elle supprimait un article [1] très mesuré où l'on engageait les Italiens à s'entendre avec leurs voisins yougo-slaves, ce qu'ils ont fini par faire pour le plus grand bien des deux nations. Elle laissait un sénateur écrire un article injurieux pour le 16e corps d'armée et elle ne permettait pas la réponse qui réfutait l'accusation. Elle coupait des phrases tirées textuellement des discours de MM. Viviani, Millerand, Poincaré, voire même des paragraphes empruntés à la *Déclaration des droits de l'homme et du citoyen*. Elle eut des fantaisies invraisemblables : on sait que dans *Le monde où l'on s'ennuie* un général a un rôle comique ; comme on lui parle d'une tragédie : « Elle est en vers sans doute », s'écrie-t-il, et quand il faut l'entendre, il dit : *Allons !* du ton dont il eût commandé la charge ; or, avant d'autoriser la représentation de la pièce, on exigea, sans doute pour sauver le prestige de l'uniforme, que le général fût remplacé par un sénateur.

---

[1] L'article était de moi et devait paraître dans la *Dépêche de Toulouse*.

Le pis, c'est qu'il y avait deux ou trois censures superposées ou juxtaposées qui prenaient des décisions contradictoires. Tel passage, innocent à Paris, devenait coupable en province, ou réciproquement. Je me rappelle avoir publié un article où je conseillais au czar (il existait encore un czar) de rendre la liberté à la Pologne et je citais l'exemple de saint Louis qui avait restitué à leurs légitimes possesseurs des domaines royaux qu'il considérait comme mal acquis. L'article passa sans difficulté en province, mais à Paris saint Louis fut sabré.

C'étaient là d'étranges procédés qui faisaient rire ou irritaient, suivant les cas ou les caractères. Une vingtaine de journalistes parlèrent un moment de faire grève pour protester contre ces amputations. Ils faisaient observer qu'elles étaient pour la plupart inutiles ; telle information, biffée dans les journaux français, paraissait dans les journaux anglais ou américains qui circulaient librement en France ; j'ai entendu crier en ce temps-là, dans des villages de Seine-et-Marne, *La Tribune de Chicago*. Bien plus ! des journaux suisses, en langue française, *Le Journal de Genève, La Gazette de Lausanne,* bénéficiaient de la même liberté et du silence imposé à leurs confrères. Ce qui était plus grave, c'est qu'à l'armée une censure tout à fait arbitraire, dépendant des opinions ou de l'humeur d'un colonel ou d'un général, mettait certains journaux en quarantaine pour en favoriser d'autres ; ainsi *L'Echo de Paris* eut toutes les facilités possibles, alors que les journaux radicaux et socialistes avaient toutes les peines du monde pour arriver jusqu'aux tranchées [1].

Ce traitement inégal réservé aux journaux, selon leur couleur politique ou religieuse, montrait que l'union sacrée n'était plus qu'un souvenir. Et, en effet, elle était brisée, comme il arrive d'ordinaire, par l'effort des partis extrêmes : d'un côté, les exaltés du parti socialiste, qui souhaitaient une « paix blanche », sans vainqueurs ni vaincus, minorité qui devenait peu à peu majorité et se rendait maîtresse du journal : *L'Humanité* ; de l'autre côté, les royalistes de *L'Action Française,* qui ne pardonnaient pas au maréchal Joffre d'avoir écrit que la victoire de la Marne était due aux armées préparées par la République, et les fanatiques du parti catholique qui demandaient que le Sacré-Cœur figurât sur le drapeau national.

Cette désunion s'accusait par les mesures que le gouvernement prenait contre certains journalistes et journaux, suspects de faire le jeu de l'ennemi, ou tout au moins de contrecarrer la volonté de tenir jusqu'au bout. A partir de 1917, c'est le procès contre *Le Bonnet Rouge,* qui se termine par des condamnations et un suicide ; c'est le procès contre des aventuriers de la finance, Bolo et Lenoir, qui

---

[1] Alfred ADELINE : *La Presse pendant la Guerre* (Bibl. Nation., 8° Lc 1, 122). M. FASQUELLE, à Médan (1920), a dit publiquement qu'un général français, en Rhénanie, faisait ôter des étalages les livres d'Anatole France et de Zola.

ont tâché de mettre la main sur des grands quotidiens parisiens ; c'est le procès contre Ch. Humbert qui, après avoir semé, dans *Le Journal*, une campagne retentissante au refrain de : Des canons, des munitions ! ne peut guère être soupçonné, comme les précédents, d'intelligences avec l'ennemi, mais est prévenu de pratiques financières douteuses ; c'est encore le procès contre Judet, directeur de *L'Eclair*, accusé de rapports inquiétants avec des Allemands [1].

Le gouvernement, éclairé par l'exemple de la *Gazette des Ardennes*, qui fut en réalité un journal allemand en langue française, chargé de tromper la population de nos départements envahis, surveilla la presse avec rigueur. Il lui témoigna même une défiance qui survécut à la guerre. Elle fut tenue à l'écart de la Conférence de la Paix ; elle ne reçut que des informations au compte-gouttes ; il est vrai qu'elle partagea cette ignorance avec nombre d'hommes politiques qui auraient pu être utilement consultés. Elle n'obtint que sur le tard, en 1920, un témoignage de gratitude et de satisfaction pour sa conduite pendant la guerre. Mais elle recouvrait peu à peu ses coudées franches. M.Briand, ministre, disait à la tribune : « La censure n'existe plus. » Il n'est pas bien certain que les dépêches venant de l'étranger arrivent sans être triées et soigneusement épluchées. Toutefois la censure est officielle-

---

[1] Il a été acquitté en 1923.

ment morte et le gouvernement se contente des lois répressives qu'il a encore dans son arsenal et dont nous devons maintenant résumer l'histoire.

§ 3. - LA RÉPRESSION LÉGALE DES DÉLITS DE PRESSE

Nous rencontrons ici la seconde des catégories d'infractions indiquées page 73, les délits d'opinion. Ils ont été longtemps aussi variés que sévèrement punis. Tout régime établi veut se défendre et a une tendance naturelle à considérer comme un acte coupable toute expression d'une pensée qui attaque son principe ou annonce sa chute. Il ne faut donc pas s'étonner si tous nos gouvernements monarchiques, prétendant tenir leur autorité de Dieu même ou d'une abdication du peuple en leur faveur, ont sévi sans hésiter contre les journaux qui osaient mettre en doute le droit qu'ils s'arrogeaient de commander. On rencontre donc des peines graves pour excitation à la haine et au mépris du gouvernement ; les républicains, les légitimistes, les bonapartistes surent, au temps du roi Louis-Philippe, ce qu'il en coûtait de ne pas croire à l'éternité de la royauté constitutionnelle et d'aspirer à un changement dans la constitution du pays. Il n'y a que la Troisième République, bonne fille, qui ait permis à ses adversaires de proclamer librement leurs espérances contraires à son existence, à la seule condition que ces désirs « d'étrangler la gueuse », comme ont écrit maintes fois quelques-uns d'entre eux, ne se changeassent pas en expéditions de prétendants ou en émeutes de la rue [1].

Mais, au temps de la monarchie, ce n'est pas seulement la forme gouvernementale qu'on tient à protéger ; c'est aussi la personne de ceux qui exercent le pouvoir. Donc on châtie l'offense au roi et à sa famille, puis l'offense aux Chambres, aux magistrats, aux fonctionnaires : on trouve des procès de presse intentés pour avoir médit d'un préfet, d'un commissaire de police, d'un commandant de gendarmerie, et notez qu'alors il n'est pas question de savoir si le journaliste a dit vrai ou faux : la preuve n'est pas autorisée ; la diffamation, dès qu'elle est constatée, est punissable. C'est seulement sous la République que le fonctionnaire a été privé de l'armure qui le rendait invulnérable. Elle a conservé le délit d'offense envers le Président, qui a remplacé le roi à la tête du pays : mais ses chefs temporaires n'ont guère daigné user de la faculté de poursuivre ceux qui les insultaient. La République a conservé aussi, pour des raisons diplomatiques, pour ménager la susceptibilité des nations qui sont souvent d'ombrageuses personnes, l'offense aux souverains étrangers, parmi les choses déférées à la justice.

Ce sont là de minces survivances des rigueurs

---

[1] Les cris de : « Vive le Roi ! A bas la République ! » sont justiciables de la Cour d'assises. Une tolérance dédaigneuse a épargné presque toujours ceux qui les ont poussés.

dont les journaux ont pâti. Ce qui leur fut le plus souvent préjudiciable, ce fut l'élasticité de certains textes inscrits dans les codes. Sous la Restauration, Marchangy inventa le système des interprétations. Il s'agissait de scruter les intentions, de sonder les consciences. Système aventureux et singulièrement dangereux pour les prévenus, mais aussi pour le procureur du roi ! Ne s'avisa-t-on pas d'incriminer les ratures illisibles d'un manuscrit, mieux encore, les blancs laissés dans un article ou un couplet ? Ainsi Béranger, dans une chanson intitulée : *L'Enrhumé*, avait écrit :

> Mais la Charte encor nous défend ;
> Du roi, c'est l'immortel enfant ;
> Il l'aime, on le présume.

Puis venaient deux lignes de points. Vide criminel, silence coupable ! L'avocat Dupin s'égaya de cette charge à fond contre ce qui n'existait pas. Eh quoi ! ne pouvait-on supposer que le chansonnier avait pu écrire :

> Que dis-je ! Moi, j'en suis certain.
> Mais les ultras n'en croiront rien.

Qu'est-ce qui empêchait d'admettre cette explication ? De même, le réquisitoire avait signalé comme offensant pour le roi ces vers du même auteur dans la *Cocarde blanche* :

> Enfin pour sa clémence extrême
> Buvons au plus grand des Henris,
> A ce roi qui sut, *par lui-même*,
> Conquérir son trône et Paris !

Qu'il y eût là une allusion malicieuse à Louis XVIII, qui n'avait reconquis son royaume qu'à l'aide de l'étranger, la chose était fort probable. Mais prétendre lire dans le cœur de l'écrivain, c'était fort imprudent, et l'avocat avait le droit de s'écrier : « Il y a ici offense au roi, mais c'est de la part de l'accusateur qui, dans l'éloge de Henri IV, a eu l'inconvenance de voir une offense à la personne de Louis XVIII. »

Cette façon d'éplucher et d'interpréter les textes n'en donna pas moins lieu à une foule de procès de tendance. Les *excitations à la haine des citoyens les uns envers les autres* et, plus tard, sous le Second Empire, les *manœuvres à l'intérieur* se prêtèrent à quantité d'inculpations aussi équivoques. Quel journal, faisant de la politique, ne tombait pas sous le coup de cette vague accusation : manœuvres à l'intérieur ? C'était toujours l'arbitraire, avec l'hypocrisie en sus.

Plus facile à justifier était la répression des délits de droit commun commis par la voie de la presse. La provocation au vol, au pillage, à l'incendie ne pouvait guère être admise par les plus forcenés partisans de la liberté. Mais déjà l'excitation des militaires à la désobéissance n'était pas l'objet d'une réprobation unanime : des soldats, qui sont citoyens, doivent-ils obéir aveuglément au chef qui voudrait les entraîner à renverser la Constitution et le gouvernement légal ? La provocation à des actes qualifiés crimes par le Code est elle-même sujette à caution. Elle change de caractère, selon qu'elle est *directe* ou *indirecte,* et, quand elle se réduit à une sorte de complicité morale, quand elle n'est qu'une théorie non suivie d'appel à la pratique, on risque fort en la poursuivant de retomber dans des interprétations qui visent, non plus des faits, mais des opinions.

Les gouvernements ne se sont pas fait faute de confondre à dessein ces deux sortes de provocation et la loi votée en 1894 contre les anarchistes, loi qui nous régit encore, laisse une marge inquiétante aux incartades de ministres qui seraient désireux d'étouffer en germe une opposition d'idées.

On peut en dire autant de l'outrage à la morale publique. La limite où commence cet outrage est difficile, sinon impossible, à fixer. L'étiage de la pudeur varie prodigieusement d'une époque à une autre. Il semble que ce soit à l'opinion publique et aux associations professionnelles de la presse, bien plus qu'aux tribunaux, de faire sur ce point la police des périodiques. Toutefois il a paru nécessaire de maintenir dans nos codes le droit pour les autorités de poursuivre et de saisir certaines estampes trop suggestives, certains contes trop pimentés [1].

---

[1] La loi du 2 août 1882 renvoie aux tribunaux correctionnels la vente, la mise en vente, l'offre même non publique, l'exposition, l'affichage ou la distribution sur la voie publique ou dans les lieux publics, d'*écrits* (libertins) *autres que le livre,* d'estampes obscènes, etc. La loi du 16 mars 1898

Mais à certains moments, surtout sous l'influence de l'Eglise, il faut reconnaître que la pudibonderie a dépassé la mesure, et surtout que la soi-disant défense des bonnes mœurs a été parfois un prétexte pour faire taire et emprisonner quelque critique gênant de la politique du jour. Quand Paul-Louis Courier fut condamné pour outrage à la morale publique, à la suite de son *Simple discours* combattant la souscription ouverte en vue d'offrir le château de Chambord au jeune duc de Bordeaux, il n'est pas douteux qu'on frappait en lui l'ennemi des nobles et des Bourbons en ayant l'air de s'attaquer à un libelliste licencieux. Son défenseur pouvait dire : « Ici (c'est-à-dire sur le terrain de la morale), toute argumentation est vaine ; le cri de la conscience outragée, voilà le témoignage que l'accusation doit invoquer ; c'est la voix du genre humain qui doit prononcer la condamnation. »

Une autre série de délits de droit commun se groupe autour de la diffamation par la presse.

Il sied d'abord de la définir. La loi de 1881 le fait en ces termes (art. 29) : « Toute allégation ou imputation d'un fait qui porte atteinte à l'honneur ou à la considération de la personne ou du corps auquel le fait est imputé est une *diffamation.* »

---

punit la distribution à domicile, la remise sous bande et sous enveloppe non fermée d'écrits licencieux, et elle vise aussi les chants, les annonces, les correspondances publiques ayant ce caractère. La punition est doublée, si le délit est commis envers des mineurs.

(Mais il faut en sus la publicité et l'intention de nuire.)

« Toute expression outrageante, terme de mépris ou invective, qui ne renferme l'imputation d'aucun fait, est une *injure*. »

Si l'on écrit : Monsieur un tel est un bandit, une canaille, ce n'est qu'une injure, du moment qu'aucun fait précis n'est allégué.

La distinction est subtile. Elle n'a point toujours été faite. Aujourd'hui elle entraîne une différence de juridiction. Le tribunal de police correctionnelle est compétent pour condamner l'insulteur qui n'a rien spécifié. Mais si le journaliste a écrit : Monsieur un tel, en telle circonstance, a vendu son influence ou trahi sa patrie, — il y a diffamation et deux cas se présentent.

S'il s'agit de personnes détenant une part de l'autorité publique, ou encore de directeurs d'entreprises industrielles, commerciales, financières faisant appel au crédit public, alors, sur la plainte des personnes visées, la cause va devant le jury et l'accusé est autorisé à faire la preuve des faits qu'il a signalés. S'il s'agit de simples particuliers, la preuve n'est point permise, et cette diffamation, qui relève de la police correctionnelle, est toujours punie, qu'elle soit exacte ou non.

Telle est la législation actuelle. Mais, avant d'y arriver, la presse a connu les régimes les plus divers. Pendant les trois quarts du XIXe siècle, les fonctionnaires ont été intangibles. Qui osait les attaquer était impitoyablement condamné. Quant aux particuliers, ils étaient protégés par ce qu'un amendement célèbre, l'amendement Guilloutet, appela, au temps du second Empire, « le mur de la vie privée ». Sont exemptés de toute poursuites les discours prononcés aux Chambres ou devant les tribunaux.

Il n'est pas de dispositions qui aient été plus controversées que celles relatives à la diffamation. Celle qui atteint les morts prête étrangement à la discussion. Jusqu'à quel point les descendants, les héritiers d'un défunt peuvent-ils se plaindre qu'on attaque leur mémoire ? Les droits de la famille à défendre un des siens et les droits de l'histoire à juger les actes du passé se heurtent d'une façon violente. On se tire d'embarras par un compromis assez vague. On remet à l'appréciation des juges les cas d'espèces, comme on dit en style judiciaire, c'est-à-dire les cas particuliers échappant aux règles générales que le Code est obligé de poser.

Ces règles elles-mêmes prêtent encore à la critique et à la discussion. La décision du jury, dans les cas où la preuve est autorisée, est fort équivoque. Il ne peut en effet que répondre oui ou non à cette question : le journaliste est-il coupable d'avoir diffamé Monsieur tel ou tel ? Il peut déclarer, par exemple, que l'inculpé n'est pas coupable d'avoir, sur de fortes présomptions, émis l'allégation pour laquelle il est cité en justice. Mais son acquittement ne prouve pas que l'allégation soit juste ou vraie. De plus, comme les plaignants sont des personnes ou des corps qui sont dépositaires ou agents de l'autorité, les débats sont très souvent plus politiques que judiciaires et les sentences rendues se ressentent de ce caractère. Aussi est-il fréquent, je dirais presque ordinaire, que les personnes ou les corps diffamés s'abstiennent d'un procès qui ne tranche pas de façon éclatante la question de fond.

On peut faire une remarque analogue au sujet de la diffamation envers les simples particuliers. La loi anglaise en pareil cas inflige de très grosses amendes [1]. En France, le plaignant, soucieux surtout d'une réparation morale, obtient la plupart du temps un franc de dommages-intérêts. C'est le chiffre classique et dérisoire, si bien que les citoyens honnêtes, victimes de chantages ou de calomnies, sont assez mal protégés contre les diffamateurs professionnels qui ne risquent qu'une condamnation vraiment trop légère [2].

---

[1] En Belgique, d'après *Le Journal* (31 juillet 1921), les barons COPPÉE, père et fils, ayant obtenu un non-lieu, réclamèrent à chacun des trois journaux qui les avaient accusés un million de francs d'indemnité, cinquante insertions de suite, en première page, dans *Le Peuple* et *Le Soir*, 500 insertions dans la presse belge et étrangère, plus une brochure contenant le texte du jugement et tirée à 500.000 exemplaires. Cela faisait un total de six millions environ. Il est permis de trouver excessive cette réclamation.

[2] Vers 1920, il y a eu, à Paris, un effort méritoire pour fonder une *Ligue contre la Calomnie*. Elle ne paraît pas avoir donné grands résultats. La loi (article 32) punit cependant

D'autres difficultés naissent du droit de réponse. On a eu beau le fixer, il ne manque pas de journaux qui ont refusé d'insérer la réplique faite à leurs articles par des personnes qui s'y trouvaient nommées et lésées. C'est après de nombreux tâtonnements que la loi actuelle a prescrit que la réponse fût imprimée gratuitement, à condition de ne pas dépasser la longueur de l'article qui l'a provoquée, et que, si elle la dépassait, le prix pour le surplus fût calculé d'après celui des annonces judiciaires.

Plus grave est le délit de fausse nouvelle[1]. Une dépêche lancée avec fracas, annonçant quelque événement grave, mais qui n'a pas eu lieu, peut amener un coup de bourse, un soulèvement populaire, brouiller deux nations, comme fit en 1870 la fameuse dépêche d'Ems habilement tronquée et truquée par Bismarck, comme faillit faire en 1921 la phrase injurieuse pour les soldats italiens prêtée à M. Briand par Pertinax de *L'Echo de Paris*. Il ne semble pas que ces entorses à la vérité, qui ont souvent pour raison d'être un intérêt politique ou financier, soient suffisamment réprimées. Elles rentrent dans la catégorie des délits de droit commun, dont la presse ne peut être innocentée, même par la plus libérale des législations.

---

ce délit d'un emprisonnement de cinq à six mois et d'une amende de 25 à 2.000 francs, ou seulement de l'une de ces deux peines. La pénalité est moindre pour le délit d'injure.

[1] Voir dans la *Dépêche de Toulouse* (22 juin 1923) un article de M. Marcel BOULENGER à ce sujet.

Il y a ainsi des limites infranchissables à sa liberté. Mais, suivant les temps, ces limites ont été plus ou moins reculées. On peut juger du libéralisme d'une époque d'après la sévérité des sanctions édictées contre les journaux, d'après le nombre des délits déférés aux tribunaux correctionnels ou à la cour d'assises, d'après l'emploi que les gouvernements ont fait contre les publicistes de la Cour des Pairs ou de quelque Haute-Cour sénatoriale.

Il s'en faut toutefois que la lutte des pouvoirs publics contre le quatrième pouvoir, ainsi qu'on l'a nommé, ait été toujours franche et ouverte. C'est bien souvent par des moyens détournés, par des armes traîtresses, par des coups de Jarnac que l'on a tenté de le mâter.

Les moyens fiscaux ont été employés avec usure. Sans parler des amendes écrasantes destinées à tuer les feuilles mal pensantes, on a eu recours à des cautionnements formidables. Silence aux pauvres ! s'est écrié Lamennais à l'occasion d'un de ces hypocrites procédés, dont les journaux populaires ont été les habituelles victimes. C'est dans le même esprit que l'impôt du timbre a été inventé et à certains moments brutalement augmenté. Faute de mieux, on a surélevé les tarifs postaux[1]. Tous ces moyens combinés aboutissaient à des

---

[1] Les lois du 29 avril 1908 et du 27 février 1912, l'arrêté ministériel du 30 juillet 1913 ont réglementé, d'une façon libérale, les tarifs postaux applicables aux périodiques.

résultats que la statistique nous permet de chiffrer. Ainsi, en 1848 et 1849, le nombre des journaux et imprimés transportés par la poste montait à 120 et à 146 millions. En 1851, grâce aux lois répressives et aux mesures compressives, le total n'atteignait pas 34 millions.

Pires encore étaient d'autres procédés calculés pour nuire aux journaux d'opposition dans leur vie économique. On ne se borne pas (ce qui est l'A B C de la tactique gouvernementale) à leur susciter des concurrents redoutables, qu'on subventionne en cachette et qu'on approvisionne de nouvelles. On va jusqu'à soudoyer des feuilles extrémistes qui jouent le rôle d'épouvantails ou d'agents provocateurs [1]. Aux autres, on interdit la vente sur la voie publique. En province, on leur refuse les annonces judiciaires qu'on réserve à de plus dociles. On impose la signature aux auteurs d'articles, afin qu'ils ne puissent se dérober aux responsabilités. Au besoin, on achète sous main des actions de la Société qui a fourni les fonds ; on se procure ainsi la majorité dans l'assemblée générale des actionnaires ; et l'on change du même coup le rédacteur en chef et l'orientation politique du journal.

Sous la Restauration, le ministre Villèle fut un maître en ce genre d'opérations. Il eut en 1820,

---

[1] M. ANDRIEUX s'est vanté d'avoir ainsi encouragé *La Révolution sociale,* alors qu'il était préfet de police.

une caisse spécialement destinée à ce qu'il appelait ces *amortissements*. Il laissait une ombre d'indépendance aux feuilles qu'il achetait. S'il faut en croire les chiffres portés à la tribune par le député Méchin, *L'Oriflamme,* qui n'avait pas quarante abonnés, fut payée 400.000 francs ; *Le Journal de Paris,* qui en avait sept mille, coûta 500.000 francs, qui suivant d'autres documents s'élevèrent à 984.933 fr. 96. Michaud, qui dirigeait *La Quotidienne* depuis une trentaine d'années, en fut expulsé ; mais il se défendit et fut réintégré par autorité de justice dans la possession et la direction de cet organe ultra-royaliste. Cinq millions furent, dit-on, dépensés dans cette affaire. Elle fit alors scandale [1]. Hélas ! depuis lors des marchés de même nature ont été communs et nous en retrouverons plus d'un sur notre chemin.

Il est curieux de considérer les effets de ces tentatives si variées de compression et de corruption. Prenons comme exemple le second Empire.

C'est d'abord un étouffement de la vie publique. Girardin, qui a contribué plus que personne au discrédit de la presse, réclame pour elle une liberté illimitée en hasardant ce singulier argument que les journaux n'ont pas d'action ; qu'ils sont les mouches du coche, qui bourdonnent sans faire avancer la voiture. Le fait est que les journaux politiques voient leur tirage diminuer. En cinq ans,

---

[1] Voir HATIN : *Histoire de la Presse.*

Le Siècle, qui a le plus d'abonnés, tombe de 55.000 à 45.000 ; *La Patrie* en perd 16.000 ; *Le Constitutionnel* 9.000, *La Presse* 10.000, *Les Débats* 3.000.

En revanche, un journalisme nouveau surgit ou du moins se développe. Il vit des faits divers, du compte rendu détaillé des beaux crimes, du roman-feuilleton longuement étiré.

D'autres journaux deviennent de purs organes d'information ; le reportage y apparaît et y triomphe. Puis c'est la presse dite littéraire qui prend l'essor[1], une presse boulevardière qui colporte les commérages du monde et du demi-monde, une presse sceptique, narquoise qui cultive ce qu'on appelle « la blague », et ce que Théophile Gautier définit :

L'outrance, l'ironie et l'àcre paroxysme,

ce qu'un personnage d'Augier dénomme plus sévèrement : « la dérision de tout ce qui élève l'âme[2] ». Ayant ses coudées franches, à condition de ne pas toucher à la politique, elle donne une large place à la critique des livres et des pièces de théâtre et elle inaugure une chose qui réussit en première page au *Courrier de Paris* et qui sera bientôt adoptée par ses confrères : c'est la *chronique*, légère, pimpante, véritable article de

---

[1] En 1866, d'après HATIN, elle comptait environ 1.300 feuilles et, à Paris seulement, elle jetait au public 800.000 exemplaires par jour, alors que les journaux politiques de toutes couleurs n'en tiraient guère que 350.000.

[2] *La Contagion.* Acte I, Scène III.

Paris, déjeuner de soleil comme la robe du dimanche de ses grisettes.

Mais ces périodes d'affaissement de la presse et de la pensée françaises ne durent jamais longtemps. Et gare au réveil ! Les journalistes ne sont pas des agneaux résignés à se laisser égorgeter. Ils ont bec et ongles et ils en usent.

Ils savent respecter la loi en la tournant. Ils ont à leur service la raillerie, l'allusion. Paul-Louis Courier lance aux réquisitoires de l'avocat général cette réplique mordante : « C'est l'imprimerie qui met le monde à mal. C'est la lettre moulée qui fait qu'on assassine depuis la création ; et Caïn lisait les journaux dans le Paradis terrestre. Il n'en faut pas douter ; les ministres le disent ; les ministres ne mentent pas, à la tribune surtout. »

Sous le Second Empire, la moquerie s'ébaudit en jeux d'esprit énormes et en jeux de mots saugrenus. La drôlerie cache et fait passer la pointe acérée de l'épigramme. Rochefort risque la déportation pour avoir écrit dans *Le Tintamarre* : « J'aime mieux l'air de Fualdès que l'ère des Césars. » Il se joue en calembours où se heurtent le sérieux et le bouffon. Il dira par exemple : « L'Empire français compte 36 millions de sujets, sans compter les sujets de mécontentement. » Les échantillons de ces contrastes violents abondent autour de lui, témoin ce qu'il raconte :

— *Rigault, par exemple, venait innocemment au ministère déposer un titre de journal,* La Nature, *ou* La Science pour tous, *ou* Le Géographe, *dénominations essentiellement bénignes, auxquelles la politique semblait devoir rester totalement étrangère.*

Le premier numéro paraissait et on y lisait ceci : « *Chers lecteurs, nous allons, si vous le voulez bien, commencer par des études sur l'histoire naturelle ; voyons d'abord l'Aigle, qu'on a, par erreur, qualifié* « *le roi des oiseaux* ».

Puis il continuait sans plus de préambule :

« *L'aigle est un animal de proie, pillard, voleur, lâche et féroce. Il se nourrit de la chair des autres animaux plus faibles et va jusque dans les nids dévorer leurs œufs. On l'a vu souvent s'abattre sur des moutons dont il arrache la laine pour en tapisser son aire. Il ne recule devant aucune cruauté pour satisfaire son insatiable appétit.*

« *Peut-être, après tout, les naturalistes ont-ils raison de lui appliquer le titre de* « *roi* », *la plupart des souverains ayant, à l'instar de l'aigle, l'habitude de se nourrir du sang de leurs sujets comme du bien que ceux-ci ont péniblement amassé* [1] ».

A peine un exemplaire de la publication était-il déposé au ministère que les agents se précipitaient sur les kiosques pour arrêter la vente ; mais il était généralement trop tard. La police atten-

---

[1] ROCHEFORT : *Les Aventures de ma Vie,* Tome 1, p. 194 et 231.

dait alors, pour le saisir, l'apparition du second numéro de la feuille qui, naturellement, n'en avait qu'un.

Seulement, au bout de quelques jours, elle était remplacée par une autre non moins scientifique et dont le premier article était une dissertation sur les habitudes, le plumage et les mœurs de la Grue.

On y expliquait que cet échassier marchait en se dandinant et en soulevant les plumes et les ailes, ce qui lui donnait l'air de porter une crinoline. C'était un oiseau dénué de toute espèce d'intelligence, qui se nourrissait de poissons et perchait souvent sur les toits des maisons et même des palais.

Aussi, il n'était pas rare de voir de temps en temps une grue se montrer jusque sur les balcons des Tuileries. Les savants en comptaient plusieurs espèces, notamment la grue couronnée, qui différait de la première en ce qu'elle portait sur la tête une aigrette formant diadème.

Elle marchait aussi d'un pas plus fier, dressant le cou et semblant dire aux autres de son entourage : « Je suis couronnée et vous ne l'êtes pas. »

La loi imposant pour tout écrit périodique un gérant responsable, Ferré et ses collaborateurs allaient, la nuit, le chercher aux Halles, parmi les malheureux qui dormaient sous l'abri des pavillons. On lui payait pour deux jours une chambre dans un hôtel d'alentour, puis, moyennant vingt francs, on lui faisait signer une déclaration de gérance qu'on portait réglementairement au ministère de l'Intérieur.

Au cas où le Parquet aurait cru devoir exercer des poursuites pour ces divers crimes de lèse-histoire naturelle, il lui eût été impossible de mettre la main sur le coupable qui avait depuis longtemps quitté son hôtel pour reprendre sa vie errante. —

L'art de tuer par le ridicule est alors poussé bien près de sa perfection. C'est ainsi qu'au temps du 16 mai, dans le combat décisif que se livrent la monarchie et la République, les adversaires du maréchal Mac-Mahon lui prêtent des mots plus ou moins naïfs et plus ou moins authentiques. Il aurait dit en félicitant un soldat nègre : « Ah ! vous êtes nègre, mon ami, continuez ! » Il aurait dit en voyant la Garonne débordée : « Que d'eau ! Que d'eau ! » *Le Progrès de la Côte d'Or* écrit au moment des élections : « La brochure que nous a envoyée le candidat officiel était enveloppée dans un portrait du maréchal, dont la monture a l'air fort intelligent, ma foi ! » Le journal fut poursuivi pour cette facétie ; mais elle faisait fortune et courait les rues. Il en était de même de l'anecdote où le ministre de l'Instruction publique, de Cumont, était représenté demandant à voir les dortoirs du Collège de France, comme si c'eût été un internat de petits collégiens.

La caricature est une arme de nature analogue.

Philippon, avocat du *Charivari,* poursuivi pour avoir dessiné la tête de Louis-Philippe sous forme de poire, étale devant le jury une série de dessins où, par des transformations insensibles, le portrait du roi devient le fruit défendu, et il demande où commence le délit : succès de rire qui n'est point pour le roi !

S'agit-il d'un journal supprimé ? Il reparaît le lendemain avec un autre titre. En 1865, *L'Evénement* suspendu ressuscite sous le nom de *Figaro,* avec cette devise de Villemessant : « Blaguez tout le monde ! Faites rire tout le monde [1]. » *La Lune* d'André Gill, condamnée à disparaître, en est quitte pour s'appeler *L'Eclipse. L'Homme Libre,* de M. Clémenceau, arrêté par la censure, devient *L'Homme Enchaîné.*

Les roueries des journalistes sont innombrables pour parvenir jusqu'au public. Rochefort, contraint de continuer sa *Lanterne* à l'étranger, la fait entrer en France dans des bustes creux de Napoléon III. Pendant les Cent jours [2], une gazette clandestine s'intitule *Le Journal du Lys* et porte en exergue : « Sa douceur guérit la piqûre de l'abeille. » (Entendez l'abeille impériale !) Elle n'a point d'abonnés, paraît quand elle peut et les numéros en sont jetés la nuit sous les portes cochères des gens qu'on sait ou croit favorables à la royauté. Ajoutez les

---

[1] ROCHEFORT, tome I, 243 (ouvrage cité).
[2] Henri HOUSSAYE, 1815.

placards qui paraissent anonymes ou sous un nom supposé et vous aurez passé en revue les principaux moyens de défensive et d'offensive dont la presse a fait usage. Parfois, à bout d'expédients, elle a prêché et pratiqué la résistance ouverte. C'est ainsi qu'en 1830 elle fit appel à la justice contre des ordonnances illégales et aux armes contre l'emploi de la force. Mais ces recours à la révolte ne peuvent réussir que soutenus par l'opinion publique et ces sonneries de toscin tombent dans le vide, quand la nation, pour une cause ou pour une autre, s'abandonne à la peur rouge ou aux bras d'un sauveur.

§ 4. — LA PRESSE ET L'EGLISE CATHOLIQUE

Au cours de son long effort pour s'assurer la liberté, la presse s'est émancipée des entraves dont l'Eglise a longtemps ralenti son essor. Sous la Restauration, quand on discuta la loi très libérale de 1819, la droite, foncièrement catholique, demanda qu'on y insérât un article ainsi conçu : « Sera puni tout outrage à la morale publique et à la religion. » On entendit alors le ministre de Serres, auteur du projet, s'opposer à cette rédaction ; déclarer qu'elle était dangereuse pour la religion elle-même ; que d'ailleurs il y avait en France plusieurs religions reconnues ; que chacune regardait la voisine comme mauvaise et impie ; qu'en vertu d'un article pareil, il faudrait poursuivre le prêtre catholique qui damnerait les protestants ou le pasteur qui dirait du mal de la messe et de la confession. Mais la Chambre contenait nombre d'évêques et de cardinaux. Pour obtenir le vote de la loi, il fallut se résigner à une concession fâcheuse. On adopta cette formule équivoque : « Sera puni tout outrage à la morale publique et *religieuse*. » En quoi cette morale religieuse différait-elle de la morale tout court ? C'est ce que la loi ne précisait pas et cela donna lieu à quantité de procès où les hommes prétendirent venger Dieu.

Ce n'était pas encore assez. Sous l'impulsion de M. de Bonald, en 1822, une nouvelle loi punissait toute offense à la religion de l'Etat et à ses ministres. Ainsi le catholicisme redevenait religion d'Etat et plusieurs écrivains, comme Béranger, apprirent à leurs dépens que jésuites et capucins étaient désormais des personnages sacrés.

Sous Louis-Philippe, comme l'Eglise catholique romaine, vaincue avec les Bourbons, avait perdu son privilège, comme des prêtres étaient à leur tour assez souvent condamnés pour avoir dans leurs sermons attaqué la royauté nouvelle, l'Eglise changea de tactique. Elle s'avisa de reconnaître les bienfaits de la liberté et de réclamer, étant la plus faible, ce qu'elle refusait aux autres, quand elle était la plus forte. Montalembert fut le grand artisan de cette évolution.

Mais, après 1848, quand Cousin, l'ex-Grand maître de l'Université, effrayé par le socialisme, se jeta dans les bras des évêques en disant : — Eux seuls peuvent nous sauver — l'Eglise, redevenue maîtresse des âmes et du pouvoir, fausse la liberté religieuse, en faisant repousser cet amendement de Lavallée : « Nul ne peut être forcé à contribuer aux dépenses d'aucun culte », provoque l'expédition qui doit écraser la République romaine ; Montalembert fait pénitence d'avoir jadis revendiqué la liberté et appuie la loi de 1849 destinée à réprimer les écarts de la presse. Et de nouveau, quand Napoléon III s'est fait empereur avec l'appui du clergé, des financiers, des paysans et de la bourgeoisie apeurée, si le gouvernement n'ose point proscrire la libre pensée, s'il laisse *Le Siècle,* dont Veuillot demande avec acharnement la suppression, guerroyer contre *L'Univers* et les curés, l'Eglise privilégiée, grâce à la loi Falloux et à l'impératrice, exerce sur l'enseignement, sur la direction des esprits une influence prépondérante, qui dure jusqu'à la guerre d'Italie en 1859. Alors comme la papauté se sent menacée par l'unité italienne en train de s'opérer, l'Eglise rompt avec le souverain qu'elle avait bénit, sacré, prôné, avant qu'il ne devînt l'allié du roi d'Italie.

Seulement les fluctuations de la volonté impériale, qui maintient une garnison française à Rome, enraient l'opposition des évêques, mais empêchent en 1870 l'Italie de venir au secours de la France envahie [1]. La presse catholique, comme la presse anti-catholique, est pendant toute cette époque soumise au régime de la douche écossaise, alternativement chaude et froide.

Cependant, après la guerre de 1870 et la Commune, sous l'Assemblée nationale qui voue la France au Sacré-Cœur et dont une notable portion réclame le rétablissement du pouvoir temporel des papes, l'Eglise mène un assaut vigoureux contre la République renaissante. C'est alors que Gambetta, dans son discours de Lille, formule ainsi le programme républicain à son égard : « J'entends que l'Eglise reste l'Eglise. J'entends que, résignée à poursuivre sa carrière de consolation purement spirituelle, elle se défende dans ce domaine, mais qu'elle ne vienne pas semer la haine et la discorde, l'insinuation calomnieuse... » Un peu plus tard, il lancera le cri fameux : « Le cléricalisme, voilà l'ennemi ! »

C'est qu'en effet, quand Jules Simon est chassé du ministère par le maréchal Mac-Mahon pour n'avoir pas opposé une résistance assez vigoureuse à la révision de la loi de 1875 sur la presse, en réalité pour avoir dit à la tribune : « La prétendue captivité du pape est une invention mensongère », *La Défense*, organe de Mgr Dupanloup, a quinze jours à l'avance annoncé la chute du ministre et

---

[1] Voir *Rome et Napoléon III*, par Emile BOURGEOIS et E. CLERMONT (Paris, in-8°, Librairie Armand Colin, 1907).

La Germania, organe des catholiques allemands, résume ce qui s'est passé en ces mots : « Le pape a parlé ; il a été obéi [1]. »

La victoire républicaine sur les hommes du 16 mai, sur le régime dit de l'*ordre moral,* entraîne le vote des lois qui organisent l'enseignement obligatoire et laïque et donnent, en 1881, à la presse un statut à peu près définitif. Le délit d'outrage à la morale religieuse disparaît cette fois du Code. Une vingtaine d'années plus tard, après une campagne anti-sémitique qui aboutit à l'affaire Dreyfus où, suivant une expression du moment, fut renouvelée l'alliance du sabre et du goupillon, la séparation de l'Eglise et de l'Etat fait rentrer les prêtres dans le droit commun, les réduit au rang de simples citoyens n'ayant plus aucun privilège légal pour leurs personnes ou leurs doctrines [2].

L'Eglise, en changeant de situation, a changé aussi de tactique à l'endroit de la presse. Au lieu de chercher à la refréner, elle s'est décidée à utiliser à son profit la liberté désormais conquise par les journaux. Sans doute elle n'avait pas attendu cette conquête pour user de la propagande par les feuilles publiques. Elle avait de longue date ses

---

[1] Voir HANOTAUX : *Histoire de la France contemporaine* (tome III).

[2] Alors disparaît de la loi la disposition qui punissait la diffamation envers tout ministre d'un des cultes salariés par l'Etat plus sévèrement que la diffamation envers un simple particulier,

organes attitrés et ses journalistes : le plus célèbre d'entre eux, Louis Veuillot, s'était même fait une manière originale qu'un personnage d'Emile Augier définit de la sorte [1] : « ...Rouler le libre-penseur, *tomber* le philosophe, en un mot tirer la canne et le bâton devant l'arche. Un mélange de Bourdaloue et de Turlupin ; la facétie appliquée à la défense des choses saintes. Le *Dies iræ* sur le mirliton. »

Ce pamphlétaire sacré, ce virtuose de l'injure qu'on peut appeler un saint Jean *Gueule* d'or, vu son talent d'écrivain et d'insulteur, allait avoir de nombreux successeurs. Dès l'année 1880, Féron-Vrau, aidé par les Assomptionnistes, que Waldeck-Rousseau qualifiera plus tard de moines ligueurs et de moines d'affaires, fondait *La Croix,* plus populaire que *L'Univers,* et qui avait bientôt des succursales dans la plupart des départements. Puis, le clergé, habilement conseillé, se proclamait patriote et s'enveloppait des plis du drapeau tricolore auquel il avait si longtemps préféré le drapeau blanc. Le pape ayant élevé Jeanne d'Arc au rang des saintes, l'Eglise catholique se mettait ainsi à l'abri derrière l'héroïque fille du peuple qu'elle avait jadis brûlée comme relapse et idolâtre.

C'est alors que sa tactique nouvelle est formulée dans les mandements et instructions pastorales des archevêques de Paris, de Lyon, de Rennes, de

---

[1] *Le Fils de Giboyer.* Acte I, Scène VII.

Chambéry, etc., et dans de petits manuels signés des abbés Soulange-Bodin, Coubé, Delfour, Cyr, etc., et répandus à profusion parmi les fidèles.

L'idée dominante qui l'inspire est celle-ci : Inutile de dépenser tant d'argent pour les églises, les écoles libres, les hôpitaux ; car tout cela peut-être laïcisé d'un moment à l'autre. Il faut faire porter l'action essentielle sur la presse. Les républicains, en vertu de leurs principes, sont obligés de lui laisser la liberté ; les catholiques n'ont qu'à user de cette liberté.

Le pape Pie X les invite donc « à manier l'arme défensive et offensive de la presse catholique », et il ajoute : « Il n'y a pas de plus noble mission que celle du journaliste dans le monde[1]. » On répète le mot de l'évêque allemand Ketteler : « Si saint Paul vivait de nos jours, il se ferait journaliste[2]. » La presse est devenue la grande puissance ; c'est elle qui fait les idées, les mœurs, les lois. Comme dit le tract signé Cyr :

> Les bons journaux font les bonnes opinions ;
> Les bonnes opinions font les bonnes élections ;
> Les bonnes élections assurent une bonne législature.

Dans un congrès tenu en 1905, sous la présidence de Féron-Vrau, l'abbé Coubé s'exprime ainsi : « Le journal a un pouvoir irrésistible et en

---

[1] CYR : *Le Clergé et la France* (Maison de la Bonne Presse. Sans date. Probablement de 1905 à 1907).

[2] L'abbé COUBÉ : *La bonne et la mauvaise Presse.*

quelque sorte mécanique pour s'emparer de son lecteur. Il s'insinue dans ses bonnes grâces, en l'amusant, en le distrayant. Il devient son conseiller et son directeur de conscience... Il lui inocule petit à petit ses idées et ses passions, ses colères et ses antipathies, ses préférences et ses enthousiasmes ; il se substitue à son cerveau ; il lui fait, suivant le mot pittoresque de Drumont, un cerveau de papier. »

Prenant ses armes chez ses adversaires, le même orateur cite ce mot de l'israélite Crémieux : « La presse, c'est tout ; ayant la presse, vous aurez tout le reste. » En conclusion, il prêche l'apostolat par la presse ou, comme il dit, une croisade de presse. Il reprend à son compte cet appel de l'archevêque de Reims : « Il n'y a plus qu'une chose qui presse : c'est de couvrir le pays de journaux qui lui réapprendront la vérité. »

Cette croisade se compose de deux parties : Comment propager la bonne presse ? Comment lutter contre la mauvaise ?

La bonne presse, qui a une maison à Paris, 5, rue Bayard, comprend *La Croix*, qui a 108 succursales départementales, *L'Univers*, *Le Pèlerin*, *La Vérité*, *Le Petit Journal bleu*, organe de la Ligue de l'Ave Maria. Il faut y joindre des revues importantes, comme *Le Correspondant*, *Les Annales de Philosophie chrétienne*, d'autres périodiques mensuels, comme *Rome et Jérusalem*, *Le Mois politique et pittoresque*, *Le Cosmos*, qui adapte la science à la théologie. Elle doit être complétée par *La Bonne Chanson* et *Le Bon Théâtre.* Une salle portant ce dernier titre existe à Passy.

Cette presse est conservatrice et respectueuse des autorités, du moins des autorités de la hiérarchie catholique. Le cardinal Amette[1] répète ces paroles du pape Léon XIII : « Les inférieurs ne doivent pas s'arroger le droit de juger leurs supérieurs, la doctrine et la conduite de leurs pasteurs. »

Il s'agit d'encourager ces feuilles bien pensantes[2]. On demande à leurs rédacteurs de se mettre à l'école de Louis Veuillot ; on veut des journaux qui soient « des torpilleurs ». Mais, comme on trouve qu'ils ne se vendent pas assez, on organise à leur profit une propagande savante : on compte pour les répandre sur de pieuses associations : *Les Publicistes chrétiens, Les Chevaliers de la Croix, Les Pages du Christ,* les patronages et, par-dessus tout, sur deux sociétés féminines : *La Ligue des Femmes françaises* et *La Ligue patriotique des Françaises*, qui, à elles seules, ont écoulé par mois 50.000 exemplaires. On compte également sur les *Comités paroissiaux* qui se réunissent par diocèses et par provinces et sont au nombre de plusieurs milliers. On fait des quêtes en faveur des bons journaux ; au Congrès de 1905, on déclare que la

---

[1] Lettre pastorale du 11 février 1912.

[2] Dans les églises est affiché un avis invitant les fidèles à souscrire au *franc de la presse* (1 franc par an).

dernière a rapporté un million. On distribue des abonnements gratuits aux séminaristes en vacances et aux prêtres récemment ordonnés qui sont des agents excellents. Faute de mieux, on exige des vendeurs qu'ils donnent aux feuilles recommandées une place de choix dans leur étalage, sous peine de perdre la clientèle des catholiques, et l'on dresse des *listes blanches* en faveur des libraires qui les mettent ainsi en lumière. Des directeurs d'usine abonnent leur personnel et l'on cite avec éloge des boulangers de Toulouse qui donnent à la fois le pain matériel et le pain spirituel, en les offrant comme primes à leurs pratiques. Au besoin le curé peut se faire vendeur de journaux.

Mais il faut voir l'autre face de cette propagande, la lutte contre la mauvaise presse. C'est celle qui est juive, protestante, suspecte de franc-maçonnerie ou de libre pensée. Celle-là, qui éclaire d'un jour cru les défaillances du clergé, qui publie des romans-feuilletons légers et souvent immoraux, est sévèrement mise à l'index [1]. On recommande pour la combattre le jeûne et la prière ; mais on y joint des moyens plus terrestres et peut-être plus efficaces. Non seulement il est défendu de l'acheter, de la lire, mais il est ordonné de la détruire, quand on le peut. On doit inviter les libraires à la faire disparaître de leurs vitrines, et

-----

[1] Voir l'instruction pastorale de l'archevêque de Chambéry, sur la mauvaise presse (1911).

retirer sa clientèle à tout vendeur qui exerce un autre métier pour vivre ; on doit l'amener par ce boycottage à refuser d'être dépositaire de ces publications d'enfer ; on le dédommagera en lui amenant des acheteurs catholiques. Les prélats désignent nominativement les feuilles qu'il faut proscrire. L'archevêque de Chambéry dénonce *Le Lyon républicain* et *Le Progrès de Lyon*. Un autre condamne *La Dépêche de Toulouse*, en constatant avec regret que son débit double pendant les pèlerinages de Lourdes.

Mais ce ne sont pas seulement les journaux militants et avancés qui sont les objets de cette mise en quarantaine. Un des auteurs des tracts mentionnés plus haut se déclare scandalisé, parce qu'il a vu une dévote acheter *Le Journal* et un prêtre lire publiquement *Le Matin*. Un autre signale avec ironie la bienveillante condescendance du *Temps* et l'élégante sympathie des *Débats*. Il attaque Faguet qui est, dit-il, pour nous catholiques « un illustre allié », mais qui n'entend rien aux décisions des conciles. Même *La Revue des Deux-Mondes*, où l'on regrette l'absence de Brunetière, ne trouve pas grâce devant ces champions du catholicisme.

Cette campagne, doublée d'une autre qui vise les manuels employés dans les écoles publiques, explique en grande partie le regain de puissance que le catholicisme, profitant de la guerre qui rend la mort présente à tant d'esprits et déchire tant de cœurs, a retrouvé ces temps derniers. L'abbé Soulange-Bodin rappelle que J. Ferry avait prévu ce réveil de ferveur religieuse, quand il écrivait : « La presse à un sou remplace le prêche et le double au besoin. Sans qu'on y prenne garde, le parti clérical est en train de tirer de ce modeste instrument un formidable engin de réaction. »

Que l'Eglise catholique ait de la sorte tiré parti de la presse, qu'elle avait si souvent maudite, c'est tout à l'honneur de son admirable organisation et les adversaires qu'elle peut avoir n'ont qu'à l'imiter. Le combat peut se livrer aujourd'hui à armes égales. Le droit qu'elle s'arrogeait et que la loi lui accorda longtemps, non pas seulement de censurer, mais d'étouffer les opinions contraires à ses dogmes, lui est pour jamais arraché. Cet affranchissement de la pensée, dans les journaux comme dans les livres, n'est pas un des moindres événements de ce dernier demi-siècle [1].

§ 5. — LES GRIEFS CONTRE LA LÉGISLATION ACTUELLE

En somme, la presse *en France* a brisé une à une les entraves dont l'autorité religieuse et l'autorité politique l'avaient ligottée dès son origine [2].

---

[1] Le colportage est libre, moyennant une simple déclaration au Préfet ou au Maire. Libre est également la circulation de la presse étrangère. Mais elle peut être interdite par le Conseil des Ministres et le Ministre de l'Intérieur a le droit d'en interdire un numéro.

[2] Voir le *Journal Officiel* ou le livre de Me Henri COULON, intitulé : *De la liberté de la Presse* (Paris, 1895).

Néanmoins le régime dont elle jouit ne lui concède pas toute la liberté qu'elle peut et doit avoir. Comme nous le verrons, elle subit toujours la domination de l'argent, et, de plus, elle n'est pas encore à l'abri de l'arbitraire gouvernemental.

La loi du 28 juillet 1894, qui fut provoquée par les attentats anarchistes dont la Chambre fut le théâtre et dont le président Carnot fut la victime, est d'un texte élastique qui prête à des interprétations dangereuses. Dans la discussion qui fut longue et brillante, elle fut qualifiée de loi d'exception faite contre une catégorie de citoyens, de loi hypocrite (l'expression est de M. Millerand), parce que, sous prétexte de punir l'anarchie jeteuse de bombes, elle permet aux ministres de poursuivre, comme moralement complices, des écrivains ennemis de ces violences, dont le crime consiste surtout à être d'un autre avis que les ministres sur la conduite des affaires publiques. Goblet rappela ce fait que, sous le second Empire, un concurrent électoral d'Hippolyte Carnot écrivit pour combattre la candidature de ce républicain à coup sûr peu subversif : « *L'hydre de l'anarchie relève la tête.* » Il rappela que Benjamin Constant avait dit : « *Le pouvoir absolu n'est que l'anarchie sous un autre nom.* » Il lut un article de *La Revue des Deux-Mondes* qui, à propos d'une grande grève américaine, où des locomotives avaient été lancées à toute vapeur sur des trains en formation, concluait en ces termes : « Nulle part, en pays chré-

tien, la domination de l'argent n'a été aussi éhon-
tée, aussi tyrannique... Le veau d'or est toujours
debout. Mais plus nombreuse et plus forte devient
de jour en jour l'armée des misérables qui s'organise pour renverser la monstrueuse idole nourrie
de sang humain· » Et l'orateur montrait que, en
vertu de la nouvelle loi, *La Revue des Deux-
Mondes* pouvait être poursuivie pour propagande
anarchiste. La loi, autorisant la relégation à per-
pétuité, c'est-à-dire la guillotine sèche, pour une
provocation, même indirecte, au vol ou à la désobéissance des militaires et pour toute apologie de
ces crimes, fut appelée par Camille Pelletan une
loi sauvage et par beaucoup d'autres une loi
scélérate.

Les députés qui luttèrent courageusement contre
ces dispositions à la fois vagues et cruelles et
parmi lesquels figurèrent Henri Brisson, Maurice
Faure, Viviani, Pourquery de Boisserin, Léon
Bourgeois, à côté de juristes appartenant à la
droite de l'assemblée, comme de Ramel, firent
remarquer combien il était rétrograde de rendre au
tribunal correctionnel tout délit de presse, dès
qu'il était (chose bien difficile à établir) un acte
de propagande anarchiste ; de permettre la condamnation d'un écrivain sur le vu d'une lettre privée, sur la dénonciation d'un faux ami ou d'un
·policier ; d'autoriser les tribunaux à interdire la
reproduction des débats, mesure fort inopérante,
puisqu'ils peuvent être reproduits par des jour-

naux étrangers admis à circuler en France ; de leur laisser la faculté d'ordonner pour les condamnés l'isolement cellulaire, qui aboutit très vite, on le sait, au déséquilibre du cerveau. Mais, au nom du danger social, de la nécessité d'avoir une répression rapide et sûre, tous les amendements furent rejetés, même celui qui voulait limiter la durée de la loi à deux ou trois ans, et cette loi de 1894, avec celle de 1893, qui punit la provocation même non suivie d'effet à un crime contre la sûreté *extérieure ou intérieure*[1] de l'Etat, reste dans l'arsenal de notre législation une arme formidable, toujours suspendue sur la tête des journalistes.

Il y a donc lieu de réviser encore sur ce point nos lois sur la presse, sans compter les articles qui visent la diffamation[2]. Les gouvernants tiennent pour des dispositions répressives qui leur offrent des moyens commodes de mater des adversaires politiques gênants. Les journaux d'opposition protestent. Le duel de la presse et des pouvoirs publics est ainsi loin d'être terminé et peut-être ne le sera-t-il jamais. Toutefois, en comparant le présent au passé, aujourd'hui à hier ou avant-hier, il est

---

[1] Le mot *intérieure* a été ajouté en 1893.

[2] Un journaliste a-t-il le droit de se retrancher, comme un prêtre et un médecin, derrière le secret professionnel, quand la Justice lui demande de qui il tient certains renseignements ? La loi le condamne à l'amende ; la conscience publique l'absout. La question s'est encore posée à propos de. M. COMPÈRE, rédacteur en chef de la *Dépêche de Cherbourg*. (Voir les *Débats* du 23 septembre 1923.) Les Syndicats de presse ont protesté contre cette condamnation.

imposible de méconnaître que le mouvement s'est fait depuis l'origine jusqu'à nos jours dans le sens d'une extension de la liberté.

L'vantage demeure incontestablement à ce journalisme aux mille têtes et aux mille ressources dont Musset disait déjà[1] : « Il y a, dit-on, un certain arbre — je ne sais ni son nom ni où il pousse — un cheval galopant tout un jour ne peut sortir de son ombre. Parfait symbole du journalisme ; suez, galopez, l'ombre immense vous suit, vous couvre, vous glace, vous étreint comme un rêve. Que prétendez-vous, de quoi parlez-vous, où marchez-vous pour n'être pas sur les terres des journaux ? » Alphonse Karr, vers la même époque, appelle le journal un dieu moderne, qui se glisse partout et opère d'étonnantes métamorphoses[2]. « Il commence par rendre des oracles ; puis des oracles aux miracles, il n'y a qu'un pas ; d'un sot il fait un homme d'esprit, d'un homme d'esprit un crétin, d'un sordide ambitieux un citoyen vertueux et désintéressé ; il envoie un roi en exil et couronne qui lui plaît. »

Comme depuis lors il n'a cessé de grandir, on peut dire qu'à présent rien d'humain ne lui est étranger. Mais, dans sa fièvre de croissance, il avait besoin d'engins perfectionnés, qu'il est urgent de connaître.

---

[1] Lettres de Dupuis et Cotonet (3e lettre).
[2] *Voyage autour de mon jardin* (lettre XLIII).

DEUXIÈME PARTIE

L'ÉVOLUTION DE LA TECHNIQUE

Nécessité est mère d'invention. Le besoin d'aller vite, d'activer la production pour imprimer à des millions d'exemplaires tout ce que réclame l'extension du régime démocratique et industriel (journaux, assignats, billets de banque, livres de classe, timbres-poste, catalogues commerciaux, etc.) obligeait à trouver des procédés plus rapides et plus expéditifs. Il s'agissait de gagner du temps et de multiplier les produits ; la mécanique et la chimie travaillèrent de compagnie à ce perfectionnement d'un outillage qui pendant trois siècles était demeuré presque stationnaire.

Commençons par les matières premières, papier, encres, caractères.

§ 1. — Le Papier

Dès les premiers jours de la Révolution, la consommation s'en trouva décuplée. Il en fallait pour les journaux, pour les affiches, pour les écrits politiques de tout genre qui pullulèrent ; il en fallait pour les communes créées ou émancipées qui étaient dès lors obligées de tenir les registres d'état-civil ; il en fallait pour une administration compliquée qui s'étendait à toute la France, qui devait établir les feuilles d'impôts, les listes destinées à la conscription et accomplir encore bien d'autres besognes ; il en fallait pour les quarante milliards d'assignats qui furent successivement émis. Or, quand un considérable accroissement de la production était nécessaire, voici qu'elle était diminuée. Parmi les fabricants, qui étaient de gros personnages et parfois des nobles, plusieurs émigrèrent, ainsi Joseph de Myomandre qui avait son moulin à Felletin sur la Creuse. Beaucoup de ceux qui restaient en France eurent leurs manufactures incendiées ou ruinées par la guerre civile, par exemple à Lyon et dans l'Ouest. Parmi les ouvriers, les uns partaient comme volontaires aux armées, d'autres étaient enrôlés en qualité de conscrits, et ceux qui demeuraient n'étaient pas plus faciles à mener qu'ils ne l'avaient été autrefois : malgré la loi Chapelier, qui interdisait toute association professionnelle, ils étaient encore unis secrètement, réclamaient des augmentations de salaires que justifiaient la hausse des vivres et la raréfaction de la main-d'œuvre, organisaient des grèves, mettaient en interdit les fabriques où ils se regardaient comme mal traités [1].

---

[1] Voir *Le Producteur* (septembre-octobre 1920). Article de M. TISSERAND.

Puis les chiffons et les vieux papiers destinés à se transformer en papier neuf manquaient. Malgré des défenses souvent renouvelées, une contrebande active et lucrative les exportait en Angleterre. Seule la Convention parvint à l'enrayer par des mesures très sévères. Mais, d'autre part, pour faire face à la guerre étrangère, n'avait-il pas été décrété que les non-combattants, femmes, vieillards, enfants, effilocheraient le linge pour fournir de la charpie aux hôpitaux et aux ambulances ?

A ces causes s'ajoutait, comme il arrive dans toutes les époques troublées, la spéculation. Des accapareurs accumulaient des stocks et les gardaient soigneusement en magasin, pour créer une hausse artificielle. Des intermédiaires peu scrupuleux achetaient à bas prix et revendaient cher la production de toute une région. Nous avons sur ce point les aveux, que dis-je ! les fières déclarations d'un homme qui devait devenir un puissant fournisseur des armées et l'un des princes de la finance : c'est Ouvrard[1] qui dans ses mémoires raconte ainsi les origines de sa fortune : « Mes premiers calculs se portèrent sur la branche d'industrie exercée par mon père (*le père était propriétaire de papeteries*) et je sentis combien les circonstances pouvaient lui être favorables. Les formes de gouvernement étaient changées ; les plus graves intérêts

---

[1] Voir André LIESSE : *Portraits de Financiers* (Paris, F. Alcan, 1908).

de la nation se discutaient à la tribune ; la presse
étant libre, les partis plaidaient leur cause devant
l'opinion publique ; tout devenait question, dispute,
controverse et discussion. Les livres, les écrits de
toute espèce allaient se multiplier avec profusion.
La fabrication et le commerce du papier devaient
donc prendre de grands développements ; aidé des
anciennes relations et du crédit de mon père, j'ache-
tai· dans les papeteries du Poitou et de l'Angoumois tout le papier qu'elles pouvaient fabriquer
pendant deux ans. L'événement justifia mes calculs;
je cédai à MM. Duprat frères, libraires à Tours,
et à plusieurs libraires de Nantes, mes marchés,
avec un bénéfice de 300.000 francs. » C'était un
bénéfice asez coquet pour une hardie spéculation à
la hausse.

Cette hausse fut bientôt exorbitante. Dès 1792,
on s'en inquiète. Deux ans plus tard, en Gironde,
une commune s'excuse de ne pouvoir établir, faute
de papier, les rôles de l'impôt foncier et la liste
des allocations aux familles des militaires. Le
papier-écolier, qui se vendait de 2 à 5 francs la
rame, monte à 100, 200 et, en 1796, à 450 francs.
A un moment, le papier timbré est moins cher que
le papier ordinaire et il fallut le renchérir, sans
quoi la correspondance et les devoirs d'écoliers
se seraient faits sur papier timbré. La disette de
papier était grande, surtout dans les partis avancés,
qui étaient les moins riches. Elle passa pour un
moyen contre-révolutionnaire inventé pour étouffer

la presse d'avant-garde, et cette opinion ne fut pas étrangère à la suppresion des journaux royalistes après le 10 août 1792.

Au mal on chercha des remèdes : remèdes de fortune, comme c'est l'ordinaire dans ces crises de cherté. On prêcha l'économie. Saint-Just disait : « Le ministère est un monde de papier. Le démon d'écrire nous fait la guerre. » Les administrations sont invitées à diminuer leur paperasserie et le public est convié à épargner les vieux papiers, les chiffons, jusqu'aux linges servant de linceuls. Plus d'enveloppes, plus de double feuille pour les plis officiels. Un ministre des finances, Destournelles, regrette que sa signature tienne trop de place et que son nom ne soit pas aussi court que celui du surintendant de Henri IV, M. D'O.

Ces restrictions ne pouvaient suffire. Alors le gouvernement comprend le papier dans les denrées soumises au maximum, c'est-à-dire dont le prix est taxé. Il ordonne la réquisition des chiffons et des stocks de papier qu'on découvre çà et là. Il décrète que, dans les huit jours, les possesseurs de ces stocks seront obligés de les déclarer, sous peine de mort, non pas seulement pour eux, mais pour tous ceux, fonctionnaires ou particuliers, qui auraient aidé à les dissimuler. Un tiers des marchandises confisquées devait être acquis au dénonciateur.

On obtenait ainsi quelque approvisionnement. Mais on comprenait bien que l'essentiel était d'activer et d'augmenter la production. Le gouvernement songeait avant tout à ses propres besoins ; il faisait des conditions privilégiées aux directeurs et aux ouvriers des quatre papeteries qui fabriquaient des assignats et qui étaient Courtalin et Le Marais, dans la vallée du Grand-Morin, Essonnes près Corbeil, et Buges près Montargis. Il dispensait du service militaire les ouvriers qui s'y trouvaient employés, et comme ceux-ci, après l'abolition du maximum, réclamaient, parce que le coût de la vie avait brusquement monté, il augmentait leurs salaires.

Puis il travaillait à la résurrection d'une industrie nécessaire à la nation. Il encourageait la fondation de nouvelles papeteries en Angoumois, en Dauphiné, et il obtenait d'heureux résultats. En 1798, on comptait en activité 745 moulins avec 1.061 cuves, qui produisaient par an environ 20.000 tonnes de papier.

La papeterie figurait avec honneur à la première Exposition de l'industrie française qui eut lieu cette année-là, et, cette même année, à Essonnes, dans une usine appartenant aux Didot, un clerc de notaire parisien, Louis Robert[1], trouvait le moyen de fabriquer mécaniquement le papier *continu* ou *sans fin*.

---

[1] ROBERT, comme beaucoup d'inventeurs, eut une vie assez agitée. Il devint instituteur dans un faubourg de Dreux et mourut en 1828, âgé de 66 ans, à Vernouillet, où il a aujourd'hui son buste.

C'est le point de départ d'une série de perfectionnements dans la fabrication. Tantôt on améliore
le nettoyage et l'effilochage des chiffons, leur déco-
loration au chlorure de chaux, le raffinage de la
pâte. Tantôt on apprend à calandrer et à satiner
les papiers sous un jet de vapeur. On crée ou on
imite quantité de variétés : papiers de Chine et du
Japon, dont certaines écorces et la paille de riz
sont les matières composantes, papiers pelures,
buvards, parcheminés, couchés, paraffinés, imper-
méables, etc. On fait avec la paille d'avoine, de blé,
d'orge, de seigle, de maïs, un papier jaune qui sert
pour les emballages ou du carton. Angoulême,
Troyes, Essonnes, sont parmi les fabriques les plus
réputées.

Mais cela ne suffit pas encore à la consommation qui va croissant. Il faut dire qu'au cours du
XIXe siècle le papier est employé à de curieux
usages. On en a fait des maisons démontables,
des pilotis, des coupoles d'observatoires, des
bateaux, des pavés, des tuiles, des cuirasses ou
pare-balles, des cordes, des allumettes, des bou-
teilles, des roues, des billes de billard, des cigares,
du mastic de vitrier, des matelas, des éponges, des
pantoufles, des vêtements, comme en Allemagne
durant la dernière guerre, des tapis, des fers à
cheval, et jusqu'à des canons [1], etc. Encore n'ai-je

---

[1] Voir à ce sujet *La Tipographia*, par Gianolio DALMAZZO
(Torino, 1914, Libreria Internazionale, p. 455).

rien dit des papiers peints qui couvrent les murs de tant d'appartements ! On a calculé qu'un grand magasin de nouveautés mange 2.500 tonnes de papier par an. Les éditeurs ont fait remarquer que le prix du papier entre pour une part très considérable dans le prix de revient d'un livre et ils ont évalué de 81 à 27 % la proportion qui varie suivant la nature des ouvrages [1]. En 1914, on a estimé à 5 milliards de kilos la consommation de papier qui s'opère en une année dans le monde entier [2].

Il est compréhensible qu'une crise se soit produite, que les chiffons aient été réservés pour la fabrication du papier de luxe fait à la main ; et dès le milieu du XIXe siècle, on a dû recourir à de nouvelles matières pour suppléer à l'insuffisance des anciennes.

C'est alors qu'apparaît la pâte de bois. Elle se présente sous deux formes : broyée *mécaniquement*, tantôt sèche, tantôt humide, elle donne un papier médiocre ; traitée *chimiquement*, elle donne un papier, non excellent, mais de meilleure qualité. Ce sont les bois tendres qui la fournissent : peupliers, tilleuls, sapins, bouleaux, etc. Dans la ville de Cassel, on conserve une bibliothèque de 600 volumes qui ont été fabriqués avec des essences diverses prises dans le château de Wilhemshœhe où Napoléon III fut prisonnier après Sedan.

---

[1] Voir la note des Editeurs : *La Question du Papier* (Paris, octobre 1919).

[2] DE CHAMBURE : *A travers la Presse* (Paris, in-8° 1914).

120 genres et 485 espèces d'arbres y sont représentés.

Ce papier fait à la machine est celui qu'emploient les journaux ; mais un journal qui tire en moyenne 1.500.000 exemplaires, comme *Le Petit Parisien,* a bien vite dévoré une forêt. La France n'était pas en état de se suffire à elle-même. Elle était réduite à importer soit des pâtes, soit des rondins destinés à se transformer en pâte ou cellulose, et, comme les bois étrangers, venant du Canada, de Russie, ou des pays scandinaves, lui arrivaient par mer, un certain nombre de fabriques s'établirent près des ports. Toutefois, l'importation consistait surtout en pâte de bois toute préparée qui venait d'Autriche et d'Allemagne. Des droits d'entrée — de 1 franc et de 2 francs — selon la qualité de cette pâte, étaient institués dès 1890, et quelques chiffres montreront à quel point ce tribut payé à l'étranger augmentait rapidement.

Importation

Pâtes mécaniques.	1894	928.260	quintaux métriques [1]
—	1913	2.594.489	—
Pâtes chimiques. .	1894	307.420	—
—	1913	2.054.995	—

Telle était la situation, quand éclata la guerre

---

[1] On sait que le quintal métrique vaut 100 kilos.

de 1914. Les forêts des Vosges et des Ardennes furent déchiquetées par les obus, décimées par le boisage des tranchées, la construction des abris et baraquements. Les forêts des Landes partaient pour l'Angleterre sous forme de poteaux de mines. Le chauffage au bois, remplaçant le charbon de terre qui manquait, aggravait ces ravages. Et cependant les besoins croissaient ; sans doute il paraissait moins de gros ouvrages ; le commerce était alangui ; les écoles fermées ou dépeuplées consommaient moins de cahiers et de livres de classe. Mais, en revanche, il y avait profusion de journaux, d'affiches pour les emprunts, de circulaires officielles. L'importaiton était en grande partie arrêtée [1]. Beaucoup de papeteries s'étaient fermées, parce que le personnel était au front. D'autres étaient atteintes par l'invasion. 246 machines sur 374 furent arrêtées.

Il y eut donc crise grave à laquelle on essaya de parer par deux moyens : 1° en réduisant et réglementant la consommation ; 2° en intensifiant la production. Le malheur est qu'on les employa de façon intermittente et quelque peu incohérente.

On prêcha d'abord l'économie : circulaire contre l'abus des circulaires ; il est vrai que Galieni, auteur de celle-ci, en laissait à son tour perpétrer une pour recommander qu'on ne mît pas d'accent

---

[1] Importation de cellulose : 1916, 362.000 quintaux ; 1917, 61.000 quintaux. — En 1922, 390.600.

sur l'E de son nom ; disparition des numéros indiquant dans quel ordre les voyageurs en tramways et autobus peuvent monter dans les voitures ; enveloppes retournées, afin qu'elles pussent servir une seconde fois ; suppression de la double feuille dans les plis officiels, etc. Il y eut là des imaginations à ravir Harpagon.

Ce qui était plus sérieux, dès les premiers jours de la guerre, en août 1914, les journaux se réduisaient d'eux-mêmes à deux pages. Mais quelques arrivages venant de l'Europe du Nord s'étant produits, ils reparaissaient avec quatre et six pages. Alors il fallut organiser le commerce du papier.

Les prix avaient considérablement monté. La pâte de bois, mécanique, valait en 1914 13 fr. 40 les 100 kilos ; la pâte de bois, chimique, 19 fr. 50. La première vaut en 1917, 38 francs, la seconde, 108 fr. 70. Le prix du papier-journal monte en proportion :

1914, 28 à 30 francs ; 1915, 38 francs ; 1916, 67 francs ; 1917, 117 francs ; 1918, 156-160 francs ; 1920, 300-375 francs [1].

Pour parer au danger, se formait en 1916 le *Groupement des intérêts économiques de la presse,* qui comprenait les directeurs des grands quotidiens, et ce groupement donnait naissance à un orga-

---

[1] ADELINE (Alfred) : *La Presse pendant la Guerre* (Bibl. Nation., 8° Lc , 122.)

nisme officiel : *la Commission Interministérielle de
la presse* (C. I. P.) Il fut décidé par son ordre :

Le 7 février 1917, que les journaux paraîtraient
5 fois par semaine à 4 pages, 2 fois à 2 pages ;

Le 30 avril 1917, qu'ils paraîtraient 3 fois
par semaine à 4 pages, 4 fois à 2 ;

Le 1ᵉʳ septembre 1917, qu'ils se vendraient
au moins dix centimes, paraîtraient 5 fois par
semaine à 4 pages ;

Le 17 juin 1918, 3 fois par semaine à 4 pages ;

Le 24 juillet 1918, 4 fois par semaine à 4 pages.

La presse de province (Lyon-Marseille) protesta
contre ces restrictions et variations. Mais les
mesures furent maintenues.

L'Etat se chargea alors d'approvisionner les
journaux de papier américain. Mais il y en avait
d'autres provenances et les prix étaient assez différents. On tâcha de les unifier. On n'y parvint pas,
et l'on songea à créer un *Office national de la
presse* (O. N. P.) qui réglerait les choses de façon
à empêcher les grands journaux d'accaparer les
stocks disponibles et de tuer ainsi leurs confrères plus petits. L'Office naquit assez tard
(3 février 1918), et il fut composé de 29 représentants de la presse et de 18 délégués des ministères intéressés. Son personnel fut rétribué par un
prélèvement opéré sur les livraisons de papier
faites aux journaux.

Chemin faisant, on s'occupait de restreindre la
consommation des autres sortes de papier. Une loi,

qui fut votée le 11 avril 1917 après beaucoup de tâtonnements, rendait obligatoire la déclaration de tous les stocks existants de papier et de pâte de bois, et, le 13 juillet de la même année, une autre loi autorisait le Ministre du Commerce à imposer cette déclaration et à régler l'utilisation du papier déclaré, en faisant des conditions différentes au journal, au livre et aux éditions de luxe. Le prix de vente des journaux était fixé par le Ministre de l'Intérieur ; une amende et la prison étaient prévues pour les infractions ; *L'Ouest-Eclair* (Rennes) fut ainsi poursuivi pour avoir paru avec 6 pages trois fois par semaine. Les poids et les prix des différentes catégories de papier étaient déterminés (3 septembre 1918) pour les prospectus, les affiches, les programmes, les enveloppes, etc.

L'armistice amena une détente. Il y eut une baisse légère, mais la hausse reprit bientôt de plus belle. Le commerce réclamait et absorbait une masse énorme de papier. Les Américains et les Anglais en achetaient partout, même en France. Les bonnes qualités furent à peu près introuvables ; les qualités communes subirent une majoration qu'on put évaluer à 1.000 et 1.300 %.

La spéculation ne fut pas étrangère à cette pénurie et à la cherté qui en était la conséquence. *L'Office national de la presse,* chargé de répartir les quantités existantes entre tous les journaux, fit-il une répartition parfaitement équitable ? *Le Matin* fut accusé à certains moments d'obtenir plus que sa part légitime. Il est difficile de savoir si l'accusation était fondée. Ce qui est certain, c'est que, vers la fin de 1920, deux choses élevèrent le prix du papier à des hauteurs vertigineuses. Ce fut, d'une part, l'accumulation de stocks énormes, un véritable accaparement qui fut organisé par un trust, dans lequel figuraient le directeur du *Petit Parisien*, ayant à Nanterre ses usines, et les propriétaires ou gérants des plus grandes papeteries françaises (Darblay, Navarre, Bergès, Alibaux, etc.). Ce consortium se rendit maître du marché, et non seulement put vendre fort cher ce qu'il avait dans ses magasins, mais consentit des conditions différentes aux journaux, suivant que ceux-ci étaient plus ou moins dociles aux tendances politiques et économiques de la grande association patronale. Des protestations très vives furent formulées à ce sujet par MM. Marcel Schwob, directeur du *Phare de la Loire*, et Gustave Téry, directeur de *l'Œuvre*. Le danger était de voir ce trust du papier dominer la presse et par suite la pensée française. Il pouvait à volonté tuer ou faire vivre un journal. Silence aux pauvres ! Ce mot de Lamennais était en passe d'être à nouveau de circonstance.

Cette tentative était aggravée par les taxes que M. Isaac, ministre du Commerce, imposait à l'entrée des papiers étrangers. Ceux-ci étaient bien moins chers que les papiers français. Voici quelques prix de l'année 1919 :

France.......... Papier journal.		125 fr.
Venant d'*Amérique* ou des *pays scandinaves* (rendu au port).............	—	76 fr.
France........ Papier satiné.		150 à 160 fr.
Étranger (rendu au port...	—	105 fr.
France........ Papier couché.		300 fr.
Étranger (rendu au port...	—	185 fr.

Or, les mesures protectionnistes prises en faveur des gros fabricants français étaient presque prohibitives d'importation. Le 14 juin 1919, une surtaxe de 5 % *ad valorem* frappait les papiers ordinaires et elle montait à 15 % pour les papiers couchés. Elle était bientôt remplacée par un coefficient de majoration du tarif général sur les papiers importés : ce coefficient était porté au chiffre trois, et bien qu'il eût été abaissé pour les qualités ordinaires à 1,5, ces droits, fixés par un décret ministériel signé de M. Isaac et daté du 23 octobre 1920, empêchaient à peu près toute importation.

Or, la mesure se justifiait d'autant moins qu'au mois d'août de la même année nos exportations de papier avaient dépassé nos importations, comme l'annonçaient triomphalement les organes de *l'Union centrale des Syndicats de Papetiers.* Circonstance aggravante ! Un projet était déposé à la Chambre, pour que les décrets fussent convertis en loi et incorporés au tarif douanier.

L'opinion publique commença dès lors à s'émouvoir. Mais il y avait des intérêts antagonistes et enchevêtrés à ménager et à concilier. L'édition et la papeterie étaient aux prises. Dès octobre 1919, le Syndicat des Editeurs avait présenté au gouvernement une note intitulée : *Pour la défense de la pensée et du commerce français* et réclamant un abaissement des tarifs décrétés. Elle opposait aux intérêts des 30.000 ouvriers et employés de la papeterie ceux des 470.000 travailleurs occupés aux industries du livre. Puis, au printemps de 1920, Georges Lecomte, dans *La Revue des Deux-Mondes*, Pierre Mille, dans *La Revue de Paris*, étaient revenus à la charge : ils faisaient valoir le danger de voir paralysée en France la publication des ouvrages de tout genre, qui seraient remplacés sur le marché mondial et même français par des livres allemands. *La Semaine du Livre*, qui eut lieu un peu après, avait bien essayé de créer un Comité mixte comprenant des auteurs, des éditeurs et des papetiers, pour tâcher d'arranger les choses en douceur. Mais la presse, elle aussi, s'inquiétait. L'Office national chargé de lui répartir le papier avait disparu en avril 1920 et une nouvelle société d'approvisionnement avait été formée sous la présidence de M. Bailby, directeur de *L'Intransigeant*, qui était favorable aux prétentions protectionnistes des papetiers. Seulement la plupart des journaux prenaient fait et cause contre eux et la question devenait politique, parce que la presse républicaine se sentait mise à la merci de grandes

associations patronales dont la tendance réactionnaire n'était point douteuse·

Les universités arrivaient à la rescousse.
Lavisse publiait, en décembre 1920, un manifeste
où il montrait l'impossibilité pour les jeunes professeurs d'imprimer leurs thèses, dont le prix de
fabrication montait à 12.000 et 14.000 francs, et
il demandait si à l'avenir il faudrait les dactylogra-
phier' et se passer de l'imprimerie. Un bloc se formait pour combattre le trust de la papeterie. Sur
l'initiative de la *Confédération des Travailleurs
intellectuels* (C. T. I.), un grand meeting fut con-
voqué, au mois de décembre 1920, à l'Hôtel des
Sociétés Savantes. M. Pierre Mille le présidait.
MM. Alfred Le Châtelier et Georges Renard, du
Collège de France, y parlèrent au nom des sciences
et des lettres menacées dans leur développement
par la difficulté de faire imprimer livres et revues
savantes. M. Liochon, secrétaire général de la
Fédération du Livre, y parla au nom des ouvriers
typographes menacés de chômage ; des journalistes, MM. Francis Delaisi, José Germain, y parlèrent au nom de la presse menacée dans son indépendance et même dans son existence. Les méfaits
de la spéculation furent vigoureusement dénoncés
et l'assemblée vota plusieurs vœux : d'abord que
le Parlement abrogeât les taxes mises à l'entrée
des papiers étrangers, qu'on supprimât cet impôt
pesant sur la pensée française ; ensuite qu'on modi-
fiât les tarifs de chemin de fer renchérissant encore

les arrivages ; puis qu'on construisît en France les
machines et usines nécessaires pour éviter l'exportation de notre argent ; enfin qu'on développât
sur notre territoire la fabrication du papier avec
les plantes de notre pays et de nos colonies.

Il ne faudrait pas s'imaginer que ces vœux
fussent adoptés sans encombre. Il y avait bataille.
M. Georges Valois avait fondé, en opposition aux
syndicats de la C.G.T., la *Confédération de l'Intelligence et de la Production française* (C.I.F.)
qui siège 10, rue du Havre. Le groupe XXI de
cette Conféaeration s'occupe du papier, du livre,
des arts graphiques. On se doute bien qu'il
n'était pas hostile aux grands patrons papetiers
et, en effet, M. Georges Valois, dans *L'Action
Française,* et la *Revue Universelle de la Papeterie
et de l'imprimerie,* avaient tâché de remonter le
courant qui leur était contraire. Avec prudence,
voire avec des arguments habiles, ils soutenaient
que le livre français était le moins cher de tous
les livres ; que son prix d'après-guerre était proportionnellement inférieur à son prix d'avant-
guerre ; que si on l'achetait moins, c'est que le
public avait d'autres besoins ; que si l'édition était
peu rémunératrice, la faute en était aux prix de
fabrication trop élevés. M. G. Valois, désireux
d'un compromis, trouvait même que les droits sur
le papier demandés par les papetiers étaient
excessifs.

Ces concessions venaient un peu tard. Les vœux

des opposants, soutenus à la Chambre par
MM. Aubriot et Gounouilhou, triomphèrent. Taxes
et surtaxes furent abolies et ce fut un achemine-
ment vers des prix normaux.

La bataille n'était pourtant pas finie. Dans les
mois suivants, *L'Intransigeant* ouvrait une enquête
pour savoir s'il y avait vraiment des œuvres que la
cherté du papier empêchait de paraître. Un décret
du 28 mars 1921 relevait le tarif douanier pour certaines sortes de papier ; mais les papiers nécessaires au journal et à l'édition étaient épargnés par
ce relèvement. Des discussions s'engageaient aussi
sur le traitement qui devait être appliqué aux pâtes
de bois et à leur entrée sur le territoire français, et
c'est là qu'apparaît l'antagonisme des intérêts dans
une même industrie : on voulait appliquer le coefficient trois à l'importation de la cellulose ; les
papetiers accoutumés à travailler sur une matière
première venant de l'étranger protestaient, voulaient le coefficient deux ; mais d'autres papetiers,
en particulier ceux de Grenoble, qui voulaient
affranchir la France de ce tribut en fabriquant en
France la cellulose, étaient favorables à cette taxe
et ce sont eux qui l'emportèrent (22 sept. 1922).

L'importation des pâtes (Scandinavie, Canada),
n'a pas quand même cessé d'augmenter; mais l'exportation de papier qui se fait surtout en Egypte,
en Syrie, dans nos colonies, en Suisse, en Angleterre, aux Etats-Unis, a crû en même temps et
fournit un excédent notable (23 millions 035.000 fr.

pour les deux premiers mois de 1923). Le papier journal est descendu à 150 et 155 francs les 100 kilos. Mais la France ne peut encore suffire à sa consommation et la cherté n'est pas enrayée.

J'ai dit qu'un autre moyen de remédier à la crise du papier était d'en intensifier la production.

L'Etat se chargea de fournir du charbon aux papeteries, pour qu'elles pussent continuer leur besogne. Il mit en sursis des ouvriers papetiers et des ouvriers imprimeurs de journaux. Ces sursitaires furent d'abord obtenus directement du ministre de la Guerre ou des commandants de régions par les patrons ou les directeurs de journaux. Mais cela se fit sans contrôle et, quand l'Office National réclama la liste de ces dispensés, qu'il eut beaucoup de peine à se faire livrer, on s'aperçut que, sur 939, 232 n'avaient pas les titres suffisants pour y être maintenus et n'avaient qu'à retourner au service militaire. Les bureaux, reconnus ainsi coupables d'indulgences excessives, se vengèrent en donnant un avis défavorable, quand l'Office National réclamait un sursis pour quelque ouvrier vraiment qualifié ou en donnant un avis contraire, quand l'Office voulait renvoyer au front un sursitaire indûment privilégié.

En même temps qu'on recrutait ainsi de la main-d'œuvre, sans compter qu'on employait les femmes dans les usines, on récoltait, non pas seulement les vieux chiffons, mais les vieux papiers. On les achetait au poids. La première récolte se chiffra par

106.000 francs ; et elle fut suivie de fouilles dans les archives, de quêtes chez les éditeurs qui mirent beaucoup de livres au pilon ou chez les particuliers qui se débarrassèrent de collections encombrantes. Les invendus des journaux furent une ressource appréciable. L'Office National les fit revenir de province à tarifs réduits ; mais, de leur côté, les journaux tâchèrent d'en diminuer la quantité, en invitant les acheteurs au numéro à se servir toujours chez le même marchand, de façon que celui-ci pût toujours commander un nombre identique d'exemplaires. On parvint de la sorte à faire vivre la presse, qui avait commencé par faire des gains énormes ; car le tirage dans les premiers mois avait été formidable ; *Le Petit Parisien* atteignit à certains moments 1.800.000 exemplaires, et l'on a estimé à 15 millions par jour le total de ceux qui étaient jetés sur le marché. Seulement cela ne dura pas ; nombre de revues, malgré l'élévation du prix de vente, sombrèrent et beaucoup de journaux, les petits surtout, eurent grand'peine à durer jusqu'au bout [1].

Cependant on cherchait des matières nouvelles qui fussent propres à faire du papier et faciles à se procurer sur territoire français. La recherche datait de loin. Dès 1765, on avait tenté des essais avec l'aloès, le chardon, la paille, le houblon, le mûrier, le bouleau, le saule, le tremble, le pin [1].

____

[1] *La Revue Universelle de la Papeterie et de l'Imprimerie*, (Février 1923.)

En 1829, un manufacturier des Vosges avait pu présenter 1.000 feuilles fabriquées avec différentes plantes. Balzac, qui fut vers 1824 l'associé d'un imprimeur de la rue des Marais-Saint-Germain, a, dans son roman : *Les Illusions perdues*, préconisé le papier fait de bambou trituré, à la manière chinoise. Aux expositions françaises de 1839 et de 1844, on vit du papier fabriqué avec des lianes et des feuilles de bananier. Quand l'utilisation de la pâte de bois avait été réalisée, en 1845, par le Français Journet, en 1847, par l'allemand Vœlter, les recherches continuèrent. En 1854, Mellier prenait un brevet pour le papier de paille.

La guerre surexcita l'esprit inventif. M. Adrien Berget avait conseillé d'employer les sarments de vigne qui sont communs dans nos régions de l'Est et du Midi. Des usines pour les transformer se sont fondées en 1920 à Toulouse, en 1923 à Marseille. On signala comme susceptibles de donner un bon rendement les fanes de pommes de terre, les tiges de topinambour, de sarrasin, de maïs, de sorgho, l'écorce de mûrier, voire, dans nos colonies, le bananier, le palmier à paillottes. On a créé en Italie du papier d'aluminium. M. Alfred Le Châtelier s'attaqua, avec une ardeur inlassable, au problème consistant à faire avec des roseaux, des carex, des ajoncs, des genêts, des fougères, plantes communes et jusqu'ici presque sans valeur, une pâte qui vaudrait la pâte de bois [1].

---

[1] Voir les articles qu'il a publiés à ce sujet dans la *Revue Scientifique* (1920) et dans la *Revue de Paris* (1921).

Le problème, résolu scientifiquement, le fut aussi industriellement. C'est dire que la qualité et le prix de revient du papier ainsi fabriqué pouvaient aisément soutenir la concurrence avec les papiers étrangers. Quelques usines se fondèrent près des étangs, landes et marais où abonde cette nouvelle matière première ; et si ce n'est pas encore une ressource suffisante pour le moment présent, c'est du moins une précieuse espérance pour l'avenir.

M. Alfred Le Châtelier, à la tête d'une société d'études appelée *Association française du Livre et du Papier,* ne s'en est pas tenu là. Il a poussé en tous sens ses recherches. Il a montré que la pâte de paille blanchie pouvait être d'un excellent rapport et il a fait à ce sujet une communication à l'Académie d'Agriculture, qu'on trouvera dans *Le Journal Officiel* à la date du 22 novembre 1921. Il a demandé 1° la création d'un institut national, purement scientifique, qui vulgarise et estampille les expériences faites pour obtenir la cellulose avec des matières nouvelles et qui offre ainsi une garantie aux industriels soucieux de tenter l'aventure ; 2° la publication d'un inventaire botanique indiquant les plantes utilisables qui poussent dans chacune de nos régions. Il n'a eu garde d'oublier l'aide que peuvent nous apporter nos colonies ; il a montré « la mer d'alfa », qui ondule en Algérie et en Tunisie, et il a convié les Français, qui ont trop longtemps laissé exploiter cette richesse par des compagnies anglaises, à fonder sur place des usines qui fabriquent là-bas la pâte de bois et réduisent par là même le coût du transport[1]. Il a rappelé que les bois de Madagascar, les bambous d'Indo-Chine ou de Guinée, les grandes graminées d'Afrique ou d'Asie pouvaient affranchir la France du tribut bénévole qu'elle paie aux autres nations. Malgré la sourde opposition des gros papetiers, qui sont peu soucieux de renouveler leur outillage, il est certain qu'il y a là pour leur industrie une source de produits et de profits qui n'est assurément pas à dédaigner.

§ 2. — LES CARACTÈRES ET LES ENCRES

L'histoire des caractères est moins accidentée que celle du papier; mais elle n'a pas échappé à l'action de la science.

Leur composition sans doute a peu changé : le régule, dont ils, sont faits, est toujours un alliage de plomb, d'étain et d'antimoine. Mais on a maintes fois essayé d'éliminer et de remplacer le plomb, dont le maniement prolongé est dangereux. On a imaginé des caractères d'argile et de stuc, de cuivre, de verre coulé, de celluloïde (malheureusement très inflammable), de pierre artificielle, de bois fondu, d'aluminium. Mais aucun de ces essais n'a brillamment réussi[2].

---

[1] Une usine pour la fabrication du papier d'alfa a été créée à Toulouse ; d'autres l'ont été en Algérie.

[2] L'imprimerie installée à Bagatelle par le comte d'ARTOIS (XVIIIᵉ siècle) avait des caractères en argent.

Leur forme n'a pas été moins discutée. Elle a été critiquée à trois points de vue. Au point de vue économique, les imprimeurs ont surtout réclamé solidité, durée et bon marché. Au point de vue esthétique, on les a voulus agréables à voir et cadrant avec la nature de l'ouvrage auquel ils sont destinés. On a pensé avec raison qu'une dissertation philosophique ne devait pas présenter le même aspect qu'un recueil de contes drôlatiques. En vertu de ce principe, la fantaisie s'est donné carrière dans leur emploi. Les Didot ne sortent guère de la tradition. Mais déjà Marcellin Legrand [1], qui fut un des graveurs réputés du XIXe siècle, avait exécuté des caractères allongés qui furent dits poétiques (1847)· Après lui, Grasset, Auriol, Deberny, Peignot, Chaix, Berthier et Durey inventèrent des lettres tantôt jolies, tantôt étranges et capricieuses, penchées, contournées : on connut des ondines, des athéniennes, des bacchantes, des métropolitaines, des imitations de la Renaissance et du gothique ; les machines à écrire firent naître des caractères spéciaux. Il n'y eut jamais plus de variété dans les types usités.

Ils furent alors étudiés au point de vue hygiénique. On chercha ce qui convenait le mieux aux livres de classe. Un oculiste célèbre, le Dr Javal,

---

[1] Marcellin LEGRAND a su reproduire les caractères chinois, qui ne sont pas moins de 100.000, au moyen de 7 à 8.000 lettres, auxquelles des parties mobiles viennent s'articuler en permettant de tracer les caractères non gravés.

trouva que la lisibilité des caractères dépendait de leur proportion en hauteur et en largeur, qu'en général la partie supérieure était plus facile à percevoir que la partie inférieure ; il proposa la modification de différentes lettres qui, de loin, risquent de se confondre ; il indiqua quelle épaisseur doivent avoir les pleins et les déliés ; il proscrivit tout livre scolaire dont le type serait au-dessous de sept points. D'autres chercheurs, MM. Maire, Thibaudeau s'occupèrent de la question [1]. Le premier a réclamé la modification de lettres. Ces critiques n'ont pas été inutiles à la confection des volumes qu'on met entre les mains des enfants : elles n'ont pourtant pas donné de résultats décisifs.

En revanche, des changements plus graves se sont introduits dans la taille et la fonte des caractères. Les poinçons, au lieu d'être façonnés un à un au burin, sont aujourd'hui exécutés par une machine nommée pantographe ; la matrice est parfois établie au moyen de la galvanoplastie. Puis le métier de fondeur est métamorphosé. Au début du XVIIIe siècle, la fonte se faisait à la forme et à la main ; elle pouvait fournir 500 caractères à l'heure. Henri Didot, en 1829, en se servant d'une forme double, arrivait à en fondre de 8.000 à 9.000 par jour. Il y avait bien eu des tentatives de fonte

---

[1] Voir Albert MAIRE : *La Technique du Livre* (Paris, H. Paulin, et Cie, 1908) et THIBAUDEAU : *La Lettre d'Imprimerie* (Paris, 2 vol. in-4°, 1921, Bibl. Nation. c 1, 4.228).

mécanique à partir de 1805, mais elles avaient échoué ; enfin, dans l'année 1838, l'Ecossais Bruce réussit à New-York. Du premier coup on atteignait de 10 à 12.000 caractères par jour ; bientôt on parvenait à 20.000, et aujourd'hui la *Machine Universelle* en fond aisément jusqu'à 30.000. Les rotatives de Frédéric Wicks peuvent même en fondre 1.000 à la minute : mais on dit qu'ils sont moins solides. Du reste, une transformation plus étonnante s'est accomplie : les machines linotypes et monotypes fondent les caractères, ou par lignes entières ou un par un, à mesure que le compositeur en a besoin [1].

Les encres. — Ici aussi, grand changement. Quelle est l'imprimerie aujourd'hui qui perdrait son temps à fabriquer son encre ? Vers 1815, la spécialisation commençait en ce domaine. En 1816, la maison Orsenigo, à Milan, en 1818, la maison Lorilleux, à Paris, inauguraient la fabrication en grand, et maintenant c'est dans de vastes usines, où l'on obtient le vernis par des procédés chimiques et le noir de fumée par la combustion lente d'huiles lourdes, que l'on offre au client toutes les variétés d'encres qu'il peut désirer, fortes ou faibles, noires ou de couleur, mates ou brillantes. La chimie est reine sur ce terrain. Et dans les machines, qui impriment les journaux, des pompes encrent automatiquement les rouleaux et font le travail que faisaient jadis des mains humaines.

---

[1] Consulter le *Bulletin de la Société Linotype.*

§ 3. — LES MACHINES A IMPRIMER ET A COMPOSER

Si la préparation des matières nécessaires à l'imprimeur a été de la sorte transformée, c'est bien autre chose, quand on considère les procédés propres à l'imprimerie.

La presse à bras et en bois ne sert plus que pour le tirage des épreuves, l'apprentissage des jeunes ouvriers, et aussi pour les ouvrages très soignés, que la machine, merveilleuse pour la production en série, ne saurait finir et fignoler comme un ouvrier habile.

Elle fut détrônée par la presse en fonte Stanhope, qui vint d'Angleterre, puis par la presse mécanique, qu'on essaya de réaliser dès 1790. Mais les essais ne réussirent que de 1810 à 1814, à Londres, où un ouvrier typographe de Leipzig et un horloger, nommé Bauer, construisent une machine à imprimer qui est utilisée aussitôt par *Le Times* et décuple à peu près la production. Elle pénètre en France dès l'année 1823 à l'Imprimerie royale et depuis lors une légion d'inventeurs n'a cessé de la compliquer et de la perfectionner. En même temps, le clichage en métal ou en plâtre s'introduit dans les ateliers, de 1796 à 1818, et permet des reproductions en vitesse ou l'accélération d'un tirage unique.

Le clichage, venu de Hollande, déjà employé au XVIIIe siècle par Firmin Didot, est obtenu en 1838 par un procédé nouveau. Un Russe, Jacobi, l'obtient par la galvanoplastie, en plongeant une planche de cuivre, convenablement préparée, dans un bain acide que traverse un courant électrique. En 1846, Danlé le réalise par l'estampage, en frappant avec une brosse sur deux feuilles de papier entre lesquelles est étendue une couche de blanc d'Espagne. Plus tard, il se présente sous forme de plaques courbes pour s'adapter aux rotatives Marinoni. Bien qu'il rencontre, comme toute nouveauté, des résistances, il est cependant accepté sans grosses difficultés.

Il n'en est pas de même de la presse mécanique. L'introduction du machinisme dans un métier amène sans doute la multiplication des produits, la baisse de leur prix de revient et de leur prix de vente. Elle est donc avantageuse pour les consommateurs, bien qu'au début elle sacrifie la qualité à la quantité.

Mais pour les patrons elle est d'abord une cause de dépense. Le renouvellement de l'outillage coûte cher, réduit pendant plusieurs années les bénéfices. Il n'est pas étonnant que plusieurs y répugnent. Crapelet[1] regrette le jour « où les presses mécaniques ont envahi les ateliers et ont été appliquées avec irréflexion à toute espèce de labeurs. » Sous la Restauration, Emmanuel Ch... publie une brochure qui s'intitule : *Considérations sur l'état actuel de*

---

[1] *De la profession d'imprimeur* (Paris, in-8°, 1840).

l'imprimerie et sur l'emploi immodéré des méca-
niques dans l'art industriel.

Mais pour les ouvriers la chose est encore plus grave. C'est la mise à pied d'un certain nombre d'entre eux, le chômage par suite de diminution du travail. Pour ceux qui restent, c'est l'obligation de faire un nouvel apprentissage pour conduire la machine. Plus tard sans doute, il y aura augmentation des commandes et de la besogne. Mais il faut d'abord passer par des moments difficiles. On comprend que le premier mouvement de la classe ouvrière ait été d'être hostile aux machines. Les *luddites*, en Angleterre, au début du XIXe siècle, se faisaient une joie de les briser.

Il y eut chez les typographes des colères semblables. L'Imprimerie royale en avait acheté plusieurs, en particulier une machine à régler et à rogner le papier. Pressée par les administrations publiques qui réclamaient plus de rapidité et moins de cherté dans ses tirages, elle hésitait pour ne pas nuire aux ouvriers ; elle se décidait pourtant, en 1829, à acheter cinq presses mécaniques. Plusieurs maisons de la place de Paris (Lachevardière, Tillard, Huzard) avaient suivi l'exemple.

Mais, lors des journées de 1830, les presses mécaniques de l'Imprimerie royale furent mises hors d'usage. Une bande de pressiers, appartenant aux imprimeries commerciales, se chargèrent de l'exécution. L'opération eut peut-être aussi un caractère politique : on craignait que le gouvernement né profitât de ces machines pour inonder la province de circulaires, pendant que les presses à bras des journaux d'opposition étaient mises sous scellés. Mais il y eut d'autres motifs, car les machines furent brisées dans des maisons particulières [1]. Ce ne fut qu'un feu de paille, puisque les ouvriers parisiens firent placarder l'affiche suivante : « Nous, soussignés, ouvriers de divers ateliers et manufactures de Paris, reconnaissant que la destruction des machines et mécaniques entraînerait infailliblement la ruine du commerce, source de notre gloire nationale ; qu'il n'y a que des traîtres à la Patrie capables de nous insinuer de si perfides conseils : déclarons protester hautement contre toute action dont le but serait d'attenter à la propriété de qui que ce soit... » Toutefois une ordonnance crut bon de suspendre l'usage des presses mécaniques à l'Imprimerie royale. Elle était rapportée le 2 septembre 1830. Aussitôt les pressiers déclenchaient une grève à laquelle les compositeurs s'associèrent par solidarité. Firmin Didot eut beau publier une brochure : *Avis aux ouvriers de ne pas entraver l'introduction des machines*. Les ouvriers persistèrent dans leur opposition et alors, sur l'intervention de Renouard, la suspension de l'emploi des machines à l'Imprimerie royale fut confirmée, et la Commission de grève, dans sa déclaration, écrivit ceci : « La Com-

---

[1] RADIGUER, p. 470 (*ouvrage cité*).

mission s'engage et engage ses confrères à ne pas travailler dans les maisons où des mécaniques seraient en activité. » Elle fut, à cause de cela, poursuivie pour délit de coalition. Mais on fit valoir le calme qu'avaient gardé les grévistes, et elle fut acquittée.

Cependant, tandis que les presses mécaniques gisaient inactives dans l'Imprimerie officielle, elles pénétraient dans l'industrie privée, et les conducteurs de machines formaient parmi les ouvriers une catégorie nouvelle qui avait son mot à dire et ses intérêts à défendre. L'opposition ouvrière s'atténuait. Il y eut bien encore, lors de la Révolution de 1848, quelques attaques contre les machines et contre les gares de chemins de fer. Mais dès 1851, sur la demande des délégués des ministères, le nouveau directeur de l'Imprimerie devenue nationale, M. de Saint-Georges, acquiert une presse mécanique ; en 1852, on en achète deux autres, on répare celles qui avaient été avariées en 1830. La cause du machinisme est gagnée à partir de ce moment. En 1867, l'Imprimerie impériale comptera 28 presses mécaniques et depuis lors elle a pu sans encombre accueillir les inventions qui se sont multipliées.

Elles ont concerné surtout l'impression des journaux et l'art appliqué à la typographie. On les construit aujourd'hui dans des ateliers énormes, où fonctionnent des tours, des excentriques, des roues dentées, des machines à fraiser et à aléser,

des meules à l'émeri, etc. Leur construction s'est
faite surtout en Angleterre, en Allemagne, en Amérique ; la France sur ce point s'est laissé mettre
en retard, et c'est à peine si elle commence à
regagner l'avance qu'ont prise sur elle les nations
étrangères [1].

Je ne décrirai point l'étonnante variété d'engins
qui sont nés dans les cinquante dernières années :
ces descriptions sont parfaitement inutiles à qui ne
les a pas vus à l'œuvre. Nommons seulement les
rotatives, simples ou multiples, qui portent le nom
de Marinoni et dont les trois principales variétés
servent pour les journaux, pour les éditions de
livres, pour les impressions en plusieurs couleurs.
Rappelons que ces rotatives, utilisant le papier
continu qui est coupé automatiquement, impriment,
collent et plient à l'heure de 20.000 à 25.000 exemplaires d'un journal à 8 pages. Disons que dans
certaines machines (Atlas) les feuilles à imprimer,
aspirées par des espèces de ventouses, viennent se
placer d'elles-mêmes à l'endroit où elles doivent
recevoir l'empreinte des caractères. Une machine
à imprimer, comme une des quatre qui fonctionnent au journal *Le Matin,* coûtait, vers 1910,
400.000 francs. On peut par là se faire une idée
du capital nécessaire pour fonder un quotidien qui
veut avoir son imprimerie à lui.

---

[1] Le premier journal imprimé mécaniquement fut le *Family
Herald* (17 décembre 1842).

Avant de parler des machines qui concourent à la décoration du livre ou du journal, il convient de mentionner avec admiration la machine à composer. Elle fut longtemps considérée comme une utopie. Mais des chercheurs tenaces travaillaient à la créer. En 1844, on note un essai infructueux. En 1856, à Paris, grâce au système Sorensen, le problème est à demi résolu. Enfin, dans la dernière moitié du XIXᵉ siècle, il l'est tout à fait. Les linotypes, où l'ouvrier en frappant sur un clavier compose des lignes entières qui sont fondues d'un seul bloc et dont les caractères vont ensuite se remettre d'eux-mêmes à leur place dans le cassetin, ont été d'abord d'invention américaine. Elles furent introduites en France dès 1898. En 1912, on en comptait 27.000 dans le monde entier, dont 2.000 en France. Depuis lors, les grands journaux en ont presque tous : seulement les imprimeries pour éditions préfèrent en général la *monotype*, qui va moins vite, qui fond les caractères un à un, qui par là même se prête aux travaux plus soignés, mais qui procède du même système. Un bon linotypiste peut aisément aligner 6.000 caractères à l'heure et il n'est pas impossible d'arriver exceptionnellement à 8.000 et 9.000. On parle déjà d'une machine à sténographier.

Des progrès analogues se sont fait sentir dans l'art appliqué à la typographie. Les trois genres de gravure qui existent, *en relief*, *en creux*, et *à plat*, ont été cultivés avec succès.

La gravure sur bois ou en relief a eu, vers 1830, au temps de l'école romantique, une première et brillante renaissance. Eug. Deveria, Tony Johannot, Français, Daumier, Gavarni, Gustave Doré et bien d'autres qu'il serait trop long d'énumérer, l'ont pratiquée avec bonheur ; et on peut dater une seconde renaissance de cet art, qui se lie à l'origine même de l'imprimerie, des premières années du XXe siècle[1]. L'illustration des livres, des revues, des journaux en a amplement bénéficié.

La gravure en creux, soit au burin, soit à l'eau forte, n'a pas souffert de la concurrence. Elle a séduit de nombreux artistes comme les Bracquemond, les Waltner, les Focillon, les Henriquel, les Leloir, les Lalauze, les Patricot; et des machines spéciales dans les ateliers de chalcographie ont reproduit soit les dessins originaux, soit les tableaux des grands musées, ceux du Louvre en particulier.

La gravure à plat sur une pierre poreuse n'a pas eu moins d'activité. La lithographie inventée à Munich en 1796 par Senefelder, né à Prague, a été introduite en France dès 1814, par le comte de Lasteyrie, pratiquée dès 1822 par Lemercier et Engelmann. Elle s'est répandue surtout dans l'imprimerie commerciale pour les catalogues, les prospectus, les cartes de visite. Demandant un capital moindre, elle a eu de nombreux adeptes. En 1867,

---

[1] *Bulletin de la Société Linotype* (Janvier 1912).

on comptait en France 800 imprimeurs lithographes et il y avait à l'Imprimerie Impériale 19 presses lithographiques. Le machinisme pénétrait vers 1848 dans cette industrie et la chimie venait s'y ajouter [1].

Puis il y eut des combinaisons variées entre ces divers procédés [2]; la photographie y apporta des perfectionnements inattendus, et dans la dernière moitié du XIXe siècle, par des alliances entre la photographie et la mécanique, grâce aux découvertes de Lippmann et des frères Lumière, la chromo-lithographie, la photogravure en trois et quatre couleurs ont mis, depuis 1884 environ, à la disposition des illustrateurs des ressources qui s'accroissent chaque jour. Il s'est créé de la sorte des appareils compliqués de types divers [3] et l'on ne peut dire où s'arrêtera cette fougue inventive. N'a-t-on pas réalisé récemment, sous le nom de belinogramme, la transmission des photographies à distance ?

On peut citer, après MORIN et Daniel VIERGE, PANNE-MAKER, PISAN, BAUDE, MÉAULLE, etc.

2 Le zinc fut souvent substitué à la pierre, BRUGNOT, dès 1828, pratiquait la *zincographie*.

3 Les curieux trouveront dans l'ouvrage italien déjà cité : *La Tipografia*, Ch. XIII, la description des principales machines usitées de nos jours.

§ 4. — LE BROCHAGE ET LA RELIURE

Le machinisme a pris aussi une place considérable dans les métiers auxiliaires de l'imprimerie.

Le brochage n'y a point échappé. Ce sont aujourd'hui des machines qui plient et cousent les feuilles, une fois qu'elles sont assemblées.

La reliure, elle, n'a cédé qu'à demi. Pour les livres qui ne demandent qu'à être habillés simplement, battre, coudre, endosser les volumes, couper le carton, rogner les feuillets sont des travaux qui se font aujourd'hui mécaniquement.

En 1851, le rapport de Boiteau sur l'exposition de Londres constatait que la reliure se faisait en fabrique dans la Grande-Bretagne, mais pas encore en France. Cela nous permet d'indiquer vers quelle époque le changement des procédés commença à s'opérer en notre pays. Toutefois les volumes se présentent volontiers chez nous en déshabillé, c'est-à-dire simplement brochés.

Mais la reliure n'est pas seulement une industrie ; elle est aussi un art qui a continué d'évoluer en suivant les variations du goût[1]. Le beau livre,

---

[1] Voir à ce sujet Léon GRUEL : *Manuel de reliure et Conférences sur la reliure et la dorure des livres.* — Louis THÉVENIN et Georges LEMIERRE : *Les Arts du Livre* (Tome IV). — Octave UZANNE : *L'Art dans la décoration extérieure des livres de ce temps.* — Charles SAUNIER : *Les décorateurs du livre,* etc.

le livre de luxe n'a jamais cessé d'avoir de riches amateurs et ils ont voulu que l'extérieur répondît à l'intérieur.

Firmin Didot proposait que la couleur du volume en fît pressentir le contenu; le rouge aurait annoncé des récits de guerre ; le vert, des idylles et des croquis champêtres ; le bleu, des voyages sur mer, etc. La proposition ne paraît pas avoir réussi sous cette forme : mais elle devait reparaître sous une forme supérieure : à savoir que la couverture d'un livre doit être appropriée au caractère de l'ouvrage.

On ne peut pas dire que la reliure, dans une bonne partie du XIXe siècle, ait brillé par l'originalité. Ce siècle, amoureux de l'histoire, a longtemps imité les styles passés en oubliant de s'en créer un qui lui fût personnel. Cependant, au temps du romantisme, quand on était épris du moyen âge et que Victor Hugo écrivait *Notre-Dame de Paris*, apparut, conforme à cet amour pour l'art ogival, la reliure *à la cathédrale*. Après cela furent à la mode les fers à la Henri II, puis les coquettes fioritures du XVIIIe siècle. Vers 1875, dominait encore ce souci de la tradition. Les artistes chers aux bibliophiles savaient mieux copier qu'inventer. Ils avaient du reste une habileté de main incontestée ; ils s'appelaient Marius Michel, Mercier, Marcelin Lortic, Bretault; le chef de leur école était Trautz-Bauzonnet, un Allemand francisé, qui travaillait avec soin et conscience.

Mais des influences étrangères vinrent donner une secousse aux imaginations. Le vent souffla d'Angleterre, où sous l'influence de Ruskin, de Burne Jones et de William Morris, l'avocat-relieur Cobden-Sanderson a remis en honneur les livres vêtus de peau de truie et décorés avec une sobre élégance ; il souffla du Japon, de Belgique, voire d'Allemagne. En 1886, paraît l'ouvrage d'Octave Uzanne intitulé : *La reliure moderne artistique et fantaisiste*. C'est comme le manifeste d'une nouvelle école, dont les pionniers sont Amand et Rossigneux, dont les maîtres sont Petrus Ruban, Louis Magnin, Reparlier et Charles Meunier qui a pour marque un moulin avec cette devise : « Tourne, tourne, mon moulin ! » L'ivoire le bois, l'émail, le cuir, l'or, l'aluminium sont utilisés. La *Société du Livre d'Art* travaille au profit des novateurs.

Puis le mouvement continue. Viennent des artistes qui sont des décorateurs plus encore que des relieurs. Ils ne craignent pas d'emprunter à la peinture, à la sculpture. La couverture du livre devient un panneau décoratif. Tel statuaire comme Alexandre Charpentier, tel émailliste comme Pierre Roche, des nielleurs, des orfèvres ne dédaignent pas de collaborer à cet embellissement du livre. On voit des cuirs repoussés qui sont de véritables bas-reliefs, des pyrogravures qui attirent les regards aux expositions où la reliure a conquis son droit d'entrée. Nancy a toute une pléiade où figurent René Wiener, Prouvé, Martin. Auguste Lepère est leur émule; la maison Gruel lance beaucoup d'œuvres intéressantes, et des femmes se distinguent dans cette floraison : Antoinette Walgren, Jeanne Rollince, Marguerite Jacquin, Mmes Waldeck-Rousseau et Eugène Belleville, Mlle Jacquinot, etc. Cela marque le commencement du xxe siècle. Il y a eu peut-être excès d'ornementation à certains moments, mais dans ces dernières années il s'est produit un retour vers la simplicité. En tout cas la reliure a sa belle part dans le réveil de l'art décoratif, qui est et restera une des gloires de l'époque actuelle.

§ 5. — L'Affiche

On ne saurait omettre l'importance croissante et parfois excessive que l'affiche a prise. Elle a tout envahi, les murs des maisons, les wagons, les autobus, les voitures de livraison ; elle s'étale en larges panneaux le long des voies ferrées; elle tapisse les salles des gares [1] et les couloirs du Métropolitain; elle grimpe sur les rochers des Alpes et des Pyrénée. Si elle ne s'imprime pas encore chez nous sur

---

[1] C'est COURBET qui en avait eu l'idée. (*Bulletin de la Société Linotype*, mai 1913).

les nuages, comme cela se fait en Amérique, les avions Citroën dessinent en plein ciel bleu le nom de la maison qui les lance dans l'espace.

Or, il existe une science de l'affiche[1]. Elle consiste à déterminer les meilleurs moyens de frapper et de retenir l'attention par la disposition des caractères, par la nature des couleurs employées, par le choix des attributs représentés. Mais il existe aussi un art de l'affiche. Déjà Callot, au XVIIe siècle le pratiquait. Les artistes de l'école romantique s'y sont à leur tour adonnés. La chromolithographie, depuis 1846, est venue lui fournir de nouveaux procédés ; et nous avons assisté, quelque vingt-cinq ans plus tard, à l'engouement justifié des collectionneurs·pour les affiches signées Chéret. Depuis lors, parmi ceux qui ont apporté leur concours à cet art éminemment populaire, on trouverait des peintres illustres comme Puvis de Chavannes et les plus célèbres de nos illustrateurs depuis Forain et Caran d'Ache jusqu'à Steinlen et Willette.

Mais nous touchons ici aux limites extrêmes des métiers qui se rattachent par un fil à l'imprimerie. Il nous suffit dans un ouvrage qui, répétons-le, n'entend pas être un manuel pratique à l'usage des professionnels, d'avoir esquissé la profonde évolution qui, depuis les débuts du XIXe siècle jusqu'à nos jours, a renouvelé la technique dans le vaste domaine que nous parcourons.

---

[1] Voir L. ANGÉ : *Manuel de Publicité* (J.-B. Baillière, 1922).

D'autres transformations nous appellent ; et la première qui se présente est celle des établissements où s'opère le travail modifié par la mécanique et la chimie.

*
**

§ 6. — L'Organisation d'une grande imprimerie

Balzac, qui fut imprimeur et qui a pressenti la fabrication du papier avec des plantes fibreuses communes en France, nous a laissé dans un de ses romans [1] la description précise de ce qu'était, voici environ cent ans, une imprimerie de petite ville. Local sombre et humide, encombré de cuves où trempait le papier, de cordes où il séchait, de poutres soutenant la presse à main, de plaques où s'étalaient les épreuves ; dédale où il était impossible de circuler sans se cogner aux casses et aux ouvriers, avec une espèce de cage vitrée où se tenait le patron.

Je ne jurerais pas qu'il soit impossible de retrouver quelque chose d'analogue à ce taudis industriel dans des coins reculés de la province. Mais les ateliers des maisons importantes ont singulièrement changé d'aspect ; et l'établissement d'une grande imprimerie exige aujourd'hui des condi-

---

[1] *Les Illusions perdues.*

tions auxquelles on ne songeait guère autrefois[1].

Il faut d'abord réunir un capital considérable, tant pour l'installation que pour le fonds de roulement ; et c'est pourquoi beaucoup d'entreprises se font par association ou sous forme d'une société par actions.

Il est évident que les plans varieront suivant le genre d'imprimerie qu'on veut créer. S'il s'agit d'une imprimerie pour les labeurs commerciaux et pour les administrations privées, une installation modeste peut suffire à ces broutilles. Mais s'il est question d'une imprimerie pour un grand quotidien, c'est par millions que se chiffrent les dépenses pour les machines, le clichage, le personnel, etc. De même, si l'on compte exécuter de grands travaux d'édition et des livres de luxe, il faut combiner le tirage à la main avec les machines compliquées pour polychromie. Une lithographie sur pierre, zinc, aluminium, réclamera d'autres engins. Une imprimerie pour affiches ne pourra se passer de caractères énormes qui seront en plomb ou en bois de poirier, de sorbier, de sycomore. Il faudra les laver au pétrole, les essuyer avec soin, les polir au papier de verre, les immerger pendant trois ou quatre jours dans une solution de paraffine. Et plus grandes encore seront les précautions à prendre là où l'on doit imprimer pour le compte de l'Etat des

---

[1] DÉCEMBRE-ALONNIER : *Typographes et Gens de Lettres* (Paris, Michel Lévy, 1864).

timbres-poste, des billets de banque, des titres de rente, etc.

Supposons qu'on veuille installer une imprimerie pour travaux d'édition.

Il faut d'abord en choisir l'emplacement. La périphérie d'une ville, où les terrains sont moins chers qu'au centre, aura la préférence. Les locaux auront abondance d'air et de lumière ; ils seront hauts de plafond, aisément chauffables et d'accès facile. L'éclairage électrique vaudra mieux que le gaz, surtout si l'on peut fournir une lampe portative à chaque ouvrier. Le plancher sera lavé fréqemment : il y aura pour le personnel des lavabos, des vestiaires, des water-closets isolés de l'atelier.

Les bureaux destinés au directeur et à l'administration seront facilement abordables pour le public et en même temps placés de façon à rendre efficace la surveillance de l'ensemble.

Le local, très éclairé, réservé aux correcteurs [1], sera séparé et voisin du hall des machines, garni de dictionnaires, d'atlas, d'encyclopédies.

Dans les ateliers, où l'on compose à la main, on aura soin que la lumière vienne de gauche et que

---

[1] Les correcteurs ont parfois des distractions qui occasionnent d'amusants quiproquos. Exemple : On demande une jeune institutrice pour l'*étrangler* (étranger) ; les mots sont les *singes* (signes) des idées ; la Compagnie des Mines s'est enrichie de trois nouveaux *filous* (filons) ; compartiment des dames *soules* (seules) ; il faut *guillotiner tous les aliénés,* au lieu de: il faut guillemeter tous les alinéas, etc. (*Semaine Littéraire,* 13 août 1921.)

chaque ouvrier ait à sa portée, de façon à ne pas perdre de temps, la casse, le marbre, tous les caractères et filets dont il peut avoir besoin. Là où la composition se fait mécaniquement, une ventilation énergique sera pratiquée pour chasser la vapeur et les poussières.

L'atelier de reliure sera placé près de l'atelier des machines à imprimer et communiquera avec lui au moyen de wagonnets circulant sur rails; il aura près de lui un magasin où les imprimés attendront que l'éditeur les fasse enlever.

Il convient de ne pas songer seulement aux travaux en cours. Il existera donc un dépôt de matériel typographique où tous les caractères seront rangés et classés par ordre. Il existera aussi, dans une salle bien sèche et abritée du soleil, un dépôt des énormes rouleaux de papier qui seront utilisés au jour le jour. Il faudra prévoir encore des chambres où l'on gardera au sec les clichés des ouvrages qu'on a chance de réimprimer.

Le directeur aura des calculs très sérieux à faire pour l'achat des caractères, des encres, des machines, du papier, dont il devra vérifier le poids, le satinage, le collage, dont il devra évaluer la quantité nécessaire pour le livre à mettre sous presse.

Que ce directeur soit le propriétaire ou le gérant de l'imprimerie, il a des fonctions administratives à remplir. C'est lui qui reçoit les clients, traite avec les fournisseurs, embauche et congédie ouvriers et employés. Il importe qu'il soit courtois, juste, qu'il connaisse à fond le métier et même qu'il soit lettré. Il commande à tout un personnel de bureau (caissier, comptable [1], teneur de livres, etc.).

Ce personnel veille, à la fois, à la production et à la partie commerciale. D'une part il enregistre les commandes, avec le nombre des exemplaires, la date de livraison, le type et le format du papier, les modalités qui concernent la composition, l'impression, l'illustration du volume. Il fait de tout cela, en double, une feuille de commande pour le comptable, une feuille de travail pour les ouvriers qui marqueront le temps, le papier, les fournitures employés. D'autre part, il envoie en tournée les voyageurs et placiers, si le patron croit utile d'user de ces intermédiaires ; il rédige et expédie les factures ; il calcule, en vue de l'inventaire annuel, qui doit faire connaître au chef de l'entreprise quelle en est la situation exacte, *l'actif* (qui comprend l'argent en caisse, les effets de commerce, les marchandises en magasin, les travaux en cours, les immeubles, les machines, le matériel, le mobilier,

---

[1] PROUDHON a écrit : « Dans chaque établissement industriel, dans chaque maison de commerce, à côté des ouvriers occupés à la production, à l'expédition, à la rentrée des marchandises, en un mot à côté des travailleurs spéciaux, il est un employé supérieur, un représentant, si j'ose dire ainsi, de la loi générale, un organe de la pensée économique, chargé de tenir note de tout ce qui se passe dans l'établissement au point de vue des procédés généraux de la production, de la circulation et de la consommation. Cet employé est le comptable. »

les créances) et le *passif* (qui comporte les sommes dues aux fournisseurs, les prêts contractés, les dépenses d'installation non amorties et surtout la longue liste des frais généraux, classés sous quinze ou seize rubriques différentes). La besogne est longue et délicate autant que nécessaire.

Le prote, qui est subordonné au directeur, a, lui, des fonctions techniques. C'est lui qui distribue le travail, en surveille l'exécution, maintient la discipline, est responsable en cas de malfaçon. En rapport perpétuel avec les ouvriers, il doit tâcher de les attacher à la maison, d'accord avec le directeur qui ne doit pas se figurer que la main-d'œuvre à bon marché est une sage économie. C'est à lui d'apprécier la capacité et le caractère de chaque travailleur pour répartir au mieux l'ouvrage à faire, à lui aussi de réserver, pour la morte-saison d'été, les travaux choisis parmi ceux qui surabondent en hiver.

L'expansion récente du système Taylor, qui a pour but d'augmenter le rendement d'un atelier en y rendant les mouvements des ouvriers plus rapides et plus précis, a fait naître l'idée d'un nouveau mode d'organisation : c'est la préparation du travail par un bureau spécial. Ce bureau aurait pour mission de ne transmettre aux typographes que des textes lisibles ; de spécifier tous les genres de caractères à employer ; d'indiquer le nom de l'ouvrier qui aurait à exécuter le travail, le temps et le salaire qui lui seraient accordés pour cela ; de prévoir quelle machine serait appelée à fonctionner et à quelle date, etc. Le prote se trouverait ainsi déchargé d'une partie des fonctions trop nombreuses qui lui incombent [1].

L'auteur de *Tipografia,* l'ouvrage italien que j'ai déjà cité et dont j'ai résumé ici un long et intéressant chapitre, discute le bénéfice que l'imprimeur peut légitimement espérer. Il rappelle qu'en 1793 Couret de Villeneuve, ayant à établir un tarif pour les imprimés du gouvernement, lui donnait pour bases le montant des salaires, plus 50 % de frais généraux et 25 % de bénéfice [2]; qu'en 1840 Firmin Didot déclarait en danger de faillite les imprimeries qui se contentaient d'évaluer à 50 % les *étoffes,* c'est-à-dire la somme dont il faut majorer le prix du travail payé aux ouvriers pour avoir une facture rémunératrice [3]. Il voulait qu'on les portât

---

[1] Voir à ce sujet un article de Maurice Ponthière, dans *Mon Bureau* (15 mars 1920).

[2] La *Revue Universelle de la Papeterie et de l'Imprimerie* contient (fin 1921) plusieurs articles sur l'établissement du prix de revient.

[3] On cite, comme la plus grande imprimerie du monde, celle de la *Curtis Publishing Company,* à Philadelphie. « Elle est installée dans un gigantesque gratte-ciel occupant une superficie de 59.000 mètres carrés. La clicherie et la gravure sont au dixième étage. Voulez-vous avoir une idée du matériel de cette formidable entreprise ? On y compte 170 machines à imprimer, se décomposant ainsi : 96 rotatives à une couleur, 39 à deux couleurs, 28 à quatre couleurs et enfin sept presses employées au tirage des épreuves.

» Le travail, ininterrompu pendant 19 heures, est assuré par 4.500 ouvriers, divisés en deux équipes qui travaillent neuf heures et demie chacune cinq jours par semaine et sortent

à 75 %. Et M. Dalmazzo trace (p. 573) un curieux tableau des prix que le patron doit fixer, suivant qu'il désire un bénéfice de 10, 15, 20, 25 ou 50 %.

Ces calculs nous amènent naturellement à ce qui doit nous occuper maintenant : l'évolution économique du livre et du journal.

---

une moyenne quotidienne de 750.000 exemplaires. Cela représente, par jour, une consommation de 280.000 kilos de papier (trente wagons) et de 4.373 kilos d'encres noires ou de couleurs. Ce ne sont là que des chiffres, sans doute, mais impressionnants. » (*Lyon Républicain*, 27 août 1922.)

TROISIÈME PARTIE

L'ÉVOLUTION ÉCONOMIQUE DU LIVRE ET DU JOURNAL

CHAPITRE PREMIER

HISTOIRE SOMMAIRE DE LA LIBRAIRIE

Le livre une fois fabriqué, il faut le vendre, l'écouler. Nous avons donc à résumer l'histoire de l'édition et de la librairie pendant les cent cinquante dernières années, où elles ont connu de bons et de mauvais jours.

§ 1. — La librairie de 1789 a 1870

Déroulons d'abord la succession des époques de vaches maigres et de vaches grasses qu'elles ont traversées. La Révolution, le Consulat, l'Empire ne leur furent pas favorables. Pendant la grande tourmente qui renouvelle la France, le livre est tué par le journal, par l'écrit de circonstance. En cette période tumultueuse où l'on était heureux de pouvoir dire comme Siéyès : « J'ai vécu », on peut tout au plus noter, le 15 octobre 1790, 20.000 livres allouées à la maison Didot pour achever l'impression des œuvres de Fénelon ; le 13 juin 1793, un concours pour composer des livres élémentaires ; la mise sous presse d'une édition du grand philosophe anglais Bacon[1]. C'est peu et c'est à peu près tout. Cependant sous le Directoire, comme la science ne cesse jamais de travailler et de progresser, il se publie, en 1796, un livre qui est de nature à faire paraître bien mesquines les agitations politiques de notre pauvre petite planète. C'est l'*Exposition du système du monde,* par Laplace, qui complète cette vision de l'ordre universel en commençant la publication de sa *Mécanique céleste.* Cuvier fait, de son côté, imprimer ses *Leçons d'anatomie comparée,* d'après lesquelles un fragment d'os suffit à reconstruire l'animal dont il a fait partie. La littérature historique et sociologique, comme il arrive au lendemain des grandes secousses sociales, retrouve faveur et vigueur. Mme de Staël, dans le sens républicain, le comte savoyard Joseph de Maistre, dans le sens monarchique et catholique, mettent au jour les considérations que leur inspirc les événements récents. Le Directoire lui-même fait

----

[1] Citons encore 15.000 livres allouées à BAUDOUIN, pour lui faciliter l'impression de l'*Instruction militaire aux Gardes nationaux* (26 août 1892. — TUETEY : *Publications sur la Révolution à Paris.* VII. Répertoire des Sources manuscrites. N° 1.932 (in-4°, 1905).

imprimer à 3.000 exemplaires le manuscrit où Condorcet, près de mourir, a exprimé sa foi inaltérable en l'avenir : *Esquisse d'un tableau historique des progrès de l'esprit humain*. Il ne faut pas oublier que ces années voient naître une quantité d'inventions, de grandes écoles, le système décimal et la première Exposition de l'industrie. La librairie, dont la fortune est liée à cette floraison d'institutions nouvelles, peut donc espérer une renaissance prochaine.

En effet, quand le calme revient à l'intérieur, sous la domination de Bonaparte, la vie scientifique et littéraire, avec Chateaubriand, Mme de Staël, Marie-Joseph Chénier, ne demande qu'à reprendre ; malheureusement la défiance du maître à l'égard de la pensée indépendante, le peu de lecteurs qui subsiste en un pays absorbé par la guerre arrêtent vite cet élan, et dans Paris, où l'on ne compte pas moins de 455 libraires, de 49 marchands d'estampes et de 71 bouquinistes, les doléances sont nombreuses sur la décadence de la librairie. Quand on cherche, en dehors des œuvres de Mme de Staël et de Chateaubriand, lesquelles furent en partie mutilées ou mises au pilon, ce qu'il y eut alors en fait de publications importantes, il faut se rabattre sur un projet d'édition de classiques expurgés à l'intention du roi de Rome, sur le *Musée français* de Robillard, sur un grand dictionnaire des sciences médicales édité par Panckouke, sur l'impresion du *Pater* en 150 langues.

Ce n'est pas qu'il y ait faute à ce moment de libraires connus. On peut citer Baudoin, Renouard, qui réclama l'abolition du droit de timbre pour les prospectus, Bossange, Lefèvre, les Didot. Mais un seul fait montrera l'apathie qui régnait dans leur commerce. En 1813, la librairie parisienne avait pour toute la France deux commis-voyageurs, qui, arrivés dans les villes de province, ne daignaient pas visiter les clients et attendaient dans leur hôtel les libraires de la localité.

L'activité recommence dès l'année 1816 et elle durera, fiévreuse, jusqu'à l'approche de 1830. On s'est aperçu que le sabre n'est pas le souverain maître. du monde, qu'il doit compter avec les révoltes de l'idée. La lutte politique et la lutte littéraire passionnent également les esprits ; la bataille d'Hernani fait presque autant de bruit que les journées de Juillet. Aussi la librairie et l'édition ont-elles une recrudescence remarquable. En 1825, rien que dans la ville de Toulouse, on signale la présence de dix-sept commis-voyageurs parisiens se disputant la clientèle. La France, qui avait sur les champs de bataille perdu sa jeunesse, son printemps, pendant le premier Empire, voit chez elle le nombre des décès se rapprocher terriblement du nombre des naissances, et elle fait des débuts faciles à ceux qui ont la tête quelque peu meublée. Michelet conte que les éditeurs se jetaient sur le moindre écolier qui avait eu des succès pour faire de lui bon gré mal gré un homme des lettres. Les libraires commencent à être habiles dans l'art d'exploiter la vogue des auteurs qu'ils lancent. Les entrefilets louangeurs, les affiches annonçant un roman à sensation, la réclame, voire les éditions fictives, toutes les roueries que comporte l'invasion de l'industrie dans la littérature datent de cette époque. On veut atteindre un public qui grandit chaque jour, et les cabinets de lecture, les cercles littéraires, qui sont alors nombreux, offrent, malgré les tracasseries dont la police les accable, des débouchés qui ne sont pas à dédaigner : ils sont bombardés de prospectus et de catalogues.

A Paris, les libraires, du moins ceux qui vendent les nouveautés, romans, brochures, ouvrages d'actualité, ont pour centre de leur commerce le Palais-Royal. Là trônent les éditeurs redoutés des débutants. La galerie de bois est le rendez-vous d'un monde fort mêlé de filles, de joueurs et de journalistes.

Ces libraires, comme tous les Français du temps, sont divisés entre les différents partis politiques. Dentu [1] et Petit sont royalistes ; Baudoin, Ladvocat, Desoër, Corréard qui fut un naufragé de la *Méduse* et dont la boutique fut fermée par ordre en 1822, sont libéraux. Entre les deux camps se placent les Didot, Crapelet, Delaunay, Pélissier, Louis Hachette, normalien jeté sur le pavé, en 1822, par

-----

[1] DENTU, sous LOUIS-PHILIPPE, encaissa 27 procès de presse.

la suppression de l'Ecole Normale considérée comme un foyer d'idées subversives, acquiert la petite librairie Brédif, attire ses camarades d'école, Géruzez, Quicherat, Farcy et se donne pour mission d'approvisionner les établissements d'enseignement de livres et de manuels. Il prend pour devise : *Sic quoque docebo* (De cette façon j'enseignerai encore).

Aussi les grandes entreprises de librairie ne manquent-elles pas sous la Restauration. Du côté libéral, c'est une édition de Voltaire, édition réprouvée par un mandement de l'archevêque de Paris, ce qui lui vaut un grand succès, et suivie bientôt par des réimpressions de Rousseau, Montesquieu, Diderot, D'Alembert, Condillac, de tous ces philosophes du XVIIIe siècle, artisans du grand mouvement intellectuel qui fut une des causes de la Révolution. Paraissaient encore les *Orateurs de la Révolution*, les *Mémoires de la République Française*, *Victoires et Conquêtes*, chronique quasi légendaire de l'épopée impériale.

Du côté catholique, qui n'était pas moins actif, on réimprimait les œuvres de Bossuet, de Bourdaloue, de Massillon, des Pères de l'Eglise, et l'on publiait la Biographie Michaud, où la vie des hommes du jour était retracée dans le sens conservateur.

Puis, sans couleur spéciale, du moins en apparence, venaient des éditions de classiques français, grecs, latins et quantité de volumes historiques :

la collection des *Mémoires de l'Histoire de France* et dans le nombre ceux du duc de Saint-Simon, les *Historiettes* de Tallemant des Réaux, les ouvrages de Thiers, de Mignet, de Guizot, de Barante, d'Augustin Thierry, de Ségur, de Capefigue, de Michaud (*Bibliothèque des Croisades*).

Les littérateurs étrangers étaient représentés par des traductions de Shakespeare, de Gœthe, de Schiller, de Walter Scott, de Byron ; si vous ajoutez à cela les œuvres des poètes et des romanciers français (Casimir Delavigne, Lamartine, Victor Hugo, Vigny, Soumet, Alexandre Dumas, Béranger, Nodier, etc.), des philosophes et théologiens comme Cousin, Jouffroy, Lamennais, des critiques comme Villemain, Jules Janin, Ampère, de Sacy, des réformateurs, comme Saint-Simon et Fourier, vous arriverez à un total aussi considérable que brillant. Encore n'ai-je rien dit des livres d'érudition, de Champollion, déchiffreur des hiéroglyphes, de Burnouf, traducteur des livres sacrés de l'Inde et de la Perse, rien des livres de science où Ampère Cuvier, Geoffroy Saint-Hilaire consignaient les résultats de leurs études. Mais j'en ai dit assez pour avoir le droit de conclure que les quinze années de la Restauration ont été pour la production livresque d'une fécondité remarquable.

Ce n'est pas à dire que tous les libraires du temps aient fait fortune. Ladvocat, après avoir mené la vie à grandes guides, aboutit à l'hospice. Lefèvre meurt très pauvre. Werdet fait faillite.

Tous les sept ou huit ans, une crise, due à la concurrence et à la surproduction, jette à la côte ou du moins met à la gêne un bon nombre des libraires-éditeurs.

La Révolution de 1830 est un de ces moments difficiles pour les libraires, si bien que le gouvernement leur avance dix millions pour les aider à traverser les jours sombres. Ils se plaignent des libraires *marrons* qui, sans brevet, leur coupent l'herbe sous le pied. Non pas qu'ils tiennent au brevet et au serment : au contraire des maîtres imprimeurs, ils voudraient en être dispensés, et l'on constate là, une fois de plus, la différence des intérêts entre le commerce et l'industrie. Mais, étant en nombre illimité et se faisant une concurrence acharnée, ils souffrent encore de la contrefaçon qui fleurit dans les pays voisins et adressent en 1838 une pétition à la Chambre pour en être garantis. Ils ne savent pas, comme leurs confrères allemands, s'unir en un faisceau serré et créer un marché comparable à la foire de Leipzig. Ils essaient pourtant de se rapprocher. En 1840, se fonde à Paris un dépôt central de la librairie où l'on tâche de centraliser la production parisienne. La tentative ne réussit pas ; mais, en 1847, est fondé le *Cercle de la Librairie,* qui marque un pas vers l'organisation de cette branche commerciale.

D'ailleurs la crise dont elle a pâti n'a été que passagère. Le romantisme s'est épanoui en livres qui sont lus avec passion : la fécondité littéraire de l'époque est si grande qu'il serait aussi long qu'inutile de détailler cette production formidable. Dès 1834, les papeteries fabriquent par jour plus de 500 lieues de papier, et l'on calcule que le papier imprimé en une seule année suffirait à mettre tout le territoire de la France sous enveloppe. Paul Dupont estime que, de 1830 à 1846, il s'est publié en France 105.516 ouvrages, représentant près de 360 millions de volumes jetés sur le marché.

C'est l'âge d'or des belles éditions illustrées qui apparaissent chez Curmer. Celles de *Paul et Virginie* et de la *Chaumière indienne* sont qualifiées par les contemporains de chefs-d'œuvre de l'art moderne. C'est le temps où renaît la gravure sur bois, avec Tony Johannot, Deveria, Nanteuil, Raffet, Charlet, Grandville, avec ces satiriques du crayon que sont Daumier, Gavarni, le vicomte de Noë qui signe Cham, les dessinateurs du *Charivari* dont le *Punch anglais* sera l'imitateur. C'est le moment où le *Magasin pittoresque*, ancêtre d'une foule de publications semblables, commence en 1831 sa brillante carrière, le moment où l'illustration en couleur fait ses modestes débuts dans le monde.

Le livre, plus simplement habillé, n'a pas moindre fortune. Il change alors de format [1], changement dû aux dimensions du papier qui sont modi-

---

[1] WERDET : *Histoire du Livre en France* (1861, Paris, in-16).

fiées par les machines. Il change aussi de prix :
c'est également une conséquence du machinisme,
mais surtout du développement de l'instruction qui
multiplie les lecteurs et exige des ouvrages bon
marché pour ces nouveaux venus du savoir. Il
s'opère là, dans la librairie, pour les mêmes causes
et à la même époque, une révolution analogue à
celle qui s'accomplit dans la presse périodique. Un
roman se vendait 7 fr. 50 ou 9 francs ; en 1837,
l'éditeur Charpentier inaugure sa bibliothèque in-16
à 3 fr. 50; puis, la concurrence s'en mêlant, on aura
bientôt des romans à 1 franc, puis des feuilletons
illustrés à 20 centimes la livraison (Maresq, 1850),
en attendant les petits volumes bleus de la collection populaire à 25 centimes[1]. Les livres de
classe, très modestement vêtus, les livres de prix,
aux couleurs voyantes, dont la très catholique
maison Mame approvisionne les écoles primaires,
participent à cette baisse.

De vastes entreprises sont alors lancées ; par
exemple, les manuels Roret pour les métiers ; pour
le droit, le Dalloz, recueil de jurisprudence devenu
classique ; un dictionnaire de législation en
80 volumes ; un Journal du Palais en 72 tomes ;
pour les lettres, le Panthéon littéraire; pour tout le
monde, le Dictionnaire de la conversation et de la
lecture. Faut-il nommer quelques maisons du
temps : Bourdin, Curmer, qui cultivent le beau

---

[1] Voir *La Révolution de 1848*, n° 84 (août 1920).

livre ; Pagnerre, qui est le libraire de l'opposition ;
Levavasseur, qui se spécialise dans le demi-gros ;
Belin, Delagrave qui, avec Hachette, travaillent pour
les classes ? Mais nous ne pouvons nous attarder
aux énumérations individuelles. Qu'il nous suffise
de constater la prodigieuse activité de la librairie
dans les années qui précédèrent la Révolution
de 1848 et le sens démocratique dans lequel elle
s'était engagée.

Le mouvement se ralentit, pendant la courte et
fébrile existence de notre seconde République,
malgré la création de lectures du soir et de bibliothèques populaires. Il est encore assez faible au
début de l'Empire de Napoléon III : il rencontre
bien des obstacles. Mais dans la deuxième partie
de ce règne, de 1860 à 1870, l'activité se ranime.
On peut en juger par les rapports sur les Expositions universelles de Londres et de Paris. La
maison Mame, à Tours, fabrique 20.000 volumes
par jour et publie *La Bible,* illustrée par Gustave
Doré. Elle n'occupe pas moins de 700 relieurs. La
librairie Hachette édite les *Saints Evangiles,* illustrés par Bida, qui lui reviennent à 600.000 francs.
La librairie Larousse commence sa *Grande Encyclopédie.* La maison Claye imprime ou réimprime
Michelet, Musset, Ronsard. La librairie Jouaust
lance ses petites éditions de luxe en caractères
elzéviriens. Hetzel, qui s'appelle Stahl quand il se
fait écrivain, demeure à son retour d'exil dans les
rangs des *opposants.* La maison Lacroix fait des

affaires d'or avec les *Misérables* de Victor Hugo, qui donnèrent lieu, dit-on, aux télégrammes les plus courts qui aient jamais été expédiés. L'auteur, lors de sa mise en vente, aurait de Guernesey envoyé un simple point d'interrogation (?) et l'éditeur aurait répondu par un point d'exclamation ou d'admiration (!). Mais il était ruiné un peu plus tard par le demi-insuccès de *L'Homme qui rit*, qu'il avait acheté très cher au grand romancier-poète. Je passe sur quantité d'autres établissements dont les noms nous sont encore familiers et figurent toujours pour la plupart au *Manuel de la Librairie;* mais je ne dois pas omettre qu'il y a aussi en province des maisons qui peuvent soutenir la comparaison aver celles de Paris : du nombre sont celles des Berger-Levrault, à Strasbourg, et beaucoup d'autres à Lille, à Lyon, à Corbeil, à Evreux, à Moulins, etc. En 1867 [1], on compte en France plus de 4.000 libraires et la production de l'année est de 35.000 lithographies, estampes, gravures de tout genre. L'exportation se chiffre environ par 20 millions de francs et c'est naturellement Paris qui dans ce domaine vient en tête.

L'avènement de la troisième République est pour la librairie comme pour l'imprimerie une date mémorable. Depuis 1810, elle était soumise à de

---

[1] Rapport de BOITEAU sur l'Exposition.

sévères prescriptions : au serment et au brevet. Ce brevet était accordé seulement pour une ville déterminée ; il n'était pas permis d'avoir une succursale dans une autre localité. On pouvait figurer aux foires des environs, y établir un étalage, mais toute vente aux enchères était interdite, ainsi que toute vente d'un ouvrage qui ne portait pas le nom de l'imprimeur. Le brevet pouvait être retiré pour une simple contravention aux règlements.

Les libraires étaient exposés, à chaque instant, à des saisies et de plus ils avaient toujours à se défendre contre ceux qui se passaient d'autorisation pour vendre des livres. C'étaient souvent des colporteurs, souvent des boutiquiers. Les poursuites contre ces libraires marrons sont nombreuses au temps de la Restauration [1]. Elles durent sous Louis-Philippe [2]. Elles sont plus rares sous la deuxième République ; mais le décret du 17 février 1852 (art. 24) édicte 100 à 2.000 francs d'amende et un emprisonnement d'un mois à deux ans pour ceux qui font ainsi une concurrence illégale aux libraires privilégiés. Or, à partir de 1870, le métier est libre et peut se développer sans encombre.

---

[1] Voir Archives Nationales : Correspondance de la division criminelle. B. B., 18. Nos 1092 (3842), 1279, 1292 (8277), 1295 (9050), 1297 (9596), 1298 (9440), 1299 (56, 93, 354).

[2] *Ibidem*, 1.200 (6256), etc.

***

§ 2. Les diverses variétés de libraires

C'est le moment de mettre en lumière les différentes variétés qu'y a fait naître la division du travail. Il faut distinguer le *libraire-éditeur,* le plus considérable de tous, celui qui fait imprimer les livres et qui les écoule ; puis le *libraire-détaillant,* qui s'approvisionne chez le précédent ; le *libraire-commissionnaire,* qui sert d'intermédiaire entre les deux et aussi entre les acheteurs et les vendeurs ; le *bouquiniste* et enfin l'*étalagiste.* On peut encore ajouter à cette liste le *colporteur.*

Il y a même, mais ce sont des cas exceptionnels, l'*éditeur-auteur* qui fait imprimer ses ouvrages à ses frais et les vend chez lui ou les met en dépôt chez un libraire moyennant une remise convenue. Ce système n'est guère pratiqué que pour des brochures, des tirages à part ou pour des plaquettes de luxe tirées à un petit nombre d'exemplaires et destinées à des bibliophiles.

On pourrait encore signaler l'*éditeur qui ne vend pas,* qui se contente de mettre au point une édition, comme fit, par exemple, Walkenaër, quand il publia et commenta pour le compte d'une grande maison les œuvres de La Fontaine.

Mais, d'ordinaire, le libraire-éditeur (qui n'est plus guère imprimeur, comme cela était commun dans les siècles passés) se borne à régler la fabrication et la vente du livre [1].

Son rôle est des plus importants. Ses qualités doivent naturellement varier suivant la spécialité à laquelle il s'est voué· Mais il est possible d'indiquer certaines qualités générales qui lui sont indispensables. Comme on l'a dit, son capital essentiel est dans sa tête. Il doit avoir du flair, pressentir le goût du public dont il est le serviteur, savoir apprécier la valeur, des écrivains et des manuscrits, les chances de succès qu'ils présentent. Il doit être à la fois hardi et prudent ; hardi, parce que ce qui est nouveau est aussi ce qui peut réussir le plus brillamment ; prudent, parce qu'il faut s'assurer des débouchés, calculer avec précision les frais de ce qu'on entreprend. Le métier est aléatoire et exige un bon administrateur. Il exige aussi un capital important, un fonds de roulement assez gros qui permette d'attendre l'écoulement des ouvrages édités : or la vente est souvent lente, surtout quand il s'agit d'ouvrages savants.

Laissons de côté pour le moment ses rapports avec les auteurs : nous les examinerons plus tard [2]. Voyons seulement ce qui lui incombe pour la confection matérielle et pour l'écoulement du livre.

D'abord il doit traiter avec l'imprimeur, choisir le format, les caractères, déterminer les interlignes,

---

[1] Voir dans les *Français peints par eux-mêmes.* (Paris, Delahays, sans date), tome II, p. 389, un intéressant article d'Elias REGNAULT, consacré à *L'Editeur*.

[2] Voir le 3ᵉ volume : Deuxième partie, chap. I, § 6.

les blancs, la disposition des titres, etc. ; fixer les délais de livraison, calculer le prix des transports. Ce sont là des calculs compliqués et délicats ; et un apprentissage sérieux est nécessaire pour établir le devis de ce que coûtera la fabrication. Si l'ouvrage est illustré, il faut s'entendre avec des dessinateurs, des graveurs, et ce sont des frais supplémentaires. Qu'on se rappelle qu'une édition de luxe comme celle du *Rabelais,* illustré par Gustave Doré, n'a pas coûté moins d'un demi-million !

Sans doute, comme en toute espèce de marchandise, il y a la belle qualité et la camelote. Le papier, la reliure, l'illustration se prêtent à des économies, voire à des truquages fâcheux et dangereux, mais qui ont été trop souvent pratiqués. Ce sont des bois qu'on emprunte, des clichés qu'on fait resservir. Le bon marché est l'ennemi de l'art et pour vendre beaucoup il faut vendre bon marché.

Voilà le livre tiré ! Broché ou relié, il est arrivé en magasin. Une seconde besogne s'impose alors au libraire-éditeur. Il s'agit de l'écouler.

Pour cela, il faut le faire connaître ; il ne suffit pas de l'étaler dans les vitrines ; il faut recourir aux journaux. Et là il y a trois sortes de publicité. C'est d'abord l'annonce payée à tant la ligne, d'après un tarif fixé ; c'est le moyen le plus simple et le plus loyal. Vient ensuite la critique littéraire. Des volumes, dédicacés ou non par l'auteur, sont expédiés, en France ou à l'étranger, à ceux qui sont chargés de rendre compte des livres nouveaux. Des articles, qu'il faut croire sincères, sérieux et indépendants, paraissent et ont plus ou moins d'importance selon le caractère et le tirage du journal, selon le nom dont ils sont signés, selon la teneur du compte rendu. Des éloges sont utiles, à condition de n'être pas exagérés : les superlatifs ont perdu de leur valeur comme des monnaies dont un trop long usage a effacé le relief. Quelquefois un bon « éreintement » vaut mieux, surtout s'il prête à la polémique. Une mise à l'index, un procès, même une condamnation peut passer pour une bonne aubaine. Le silence est ce qu'il y a de pis : un étouffoir. Ici les relations personnelles de l'éditeur ou de l'auteur avec les directeurs ou les rédacteurs de journaux ont une puissante influence. Heureux les écrivains qui appartiennent à un cénacle, à une coterie, à un petit clan régional ! Mais la librairie catholique est la mieux organisée pour atteindre le public qu'elle vise. Sur un mot d'ordre, qui vient d'un évêque ou de plus haut encore, avec cette merveilleuse discipline qui est une des plus grandes forces de l'Eglise, l'ouvrage, regardé comme utile à la foi, est recommandé, prôné ; jamais les profanes n'approchent de ce concert d'approbation, jamais un autre parti n'a su réaliser une propagande aussi unanime.

Un troisième procédé est à la disposition de l'éditeur : c'est la réclame, qui n'est autre chose que l'annonce déguisée, masquée, camouflée. Elle aussi est tarifiée; mais, comme elle se glisse jusque dans la première page, au milieu des informations qui prétendent ne relever que de la vérité, elle se paie plus cher. La ligne vaut aisément de 20 à 40 francs dans un écho d'un journal mondain très lu. Un article signé, paraissant en première page et signalant un roman nouveau, a coûté parfois 1.500 francs et davantage.

Très souvent l'éditeur a des revues à lui, dont il fait les frais en partie ou en totalité, et l'on devine qu'il ne se fait pas faute d'y insérer l'éloge intéressé des volumes qu'il publie.

Mais tout cela est insuffisant. Le livre nouveau-né est inscrit au *Manuel de la Librairie,* dans la *Bibliographie générale de la France ;* c'est pour lui comme un acte d'état civil. De plus des lettres de faire-part annonçant sa naissance sont expédiées sous forme de prospectus ou de catalogues, où il figure à côté de ses frères qui sont sortis de la même maison.

Les dépenses, faites ainsi pour la publicité, ont pour but d'atteindre une clientèle qui varie suivant la nature des ouvrages. Cette clientèle est de deux sortes : elle est tantôt *collective,* tantôt *individuelle.* D'une part, elle se compose d'institutions publiques, de sociétés, de cercles, de groupements divers, parmi lesquels les bibliothèques et les cabinets de lecture ont une place de choix. L'Etat par des souscriptions, les communes par des achats de livres de prix et de livres de classe encouragent la production, et l'éditeur a tout avantage à se tenir en relations étroites avec les Commissions qui décident de ces subventions indirectes. Quant aux acheteurs individuels, il faut toucher pour les ouvrages de luxe les riches amateurs qui ne manquent pas, et pour les ouvrages bon marché la foule des petits consommateurs qui se prennent à des appâts de toute espèce. C'est, par exemple, le volume qui se présente sous une bande avec cette inscription alléchante : *Vient de paraître.* C'est encore celui qui annonce un cinquantième mille, qu'il faudrait peut-être réduire parfois de moitié, ou qui se pavane avec ces mots flamboyants : *Couronné par telle Académie. Prix Goncourt. Prix Fémina.* Il est à craindre seulement que l'abus des prix littéraires ne les frappe bientôt d'un discrédit mérité. Les éditeurs chercheront alors et trouveront autre chose.

En attendant ils pratiquent plusieurs modes de vente, qu'on peut ramener à deux systèmes :

Tantôt ils procèdent par souscription. C'est le cas pour les volumes publiés par livraisons ou faisant partie d'une collection en cours. Ils bénéficient dans ce cas-là d'un paiement qui est, en partie, anticipé. Ils sont sûrs d'un certain écoulement, et cela leur permet de proportionner le tirage au débouché connu d'avance. Le système est avantageux pour eux, d'autant que, par décision de justice, les souscripteurs sont obligés de payer un supplément, si le nombre des livraisons ou des volumes dépasse celui qui avait été prévu, à condition du moins que ce surcroît inattendu demeure dans des limites raisonnables. Mais l'acheteur n'a pas toujours à se louer de cette manière de faire. Les livraisons tardent, s'égarent, sont suspendues par les événements qui peuvent être une guerre ou une crise intérieure. Il est arrivé que la maison a fait faillite avant d'avoir tenu ses engagements et l'ouvrage demeure incomplet sur les rayons avec l'aspect piteux d'une maison inachevée.

Tantôt (et c'est le système le plus répandu, le plus important), les éditeurs pratiquent la vente au détail et au demi-gros. Ils ont un magasin et souvent des succursales où sont étalés les volumes nés chez eux. Il existe même des endroits où sont réunis les ouvrages des principales maisons parisiennes : telles sont, à Paris, les galeries de l'Odéon, où l'étudiant sans argent peut feuilleter les nouveautés, lecture gratis qui, du temps de Balzac, était déjà d'usage courant dans les galeries du Palais-Royal. Parfois une grande maison se procure, à beaux deniers comptants, un monopole : c'est ainsi que la maison Hachette s'est assuré le privilège d'avoir dans les gares de chemins de fer des boutiques que tout le monde connaît. Dans ce cas-là et dans les cas semblables, l'éditeur a des gérants, des dépositaires, des concessionnaires qui dépendent de lui et qu'il rétribue à son gré, avec qui du moins il conclut des contrats individuels.

Ces moyens rudimentaires ne suffiraient pas pour atteindre un public éparpillé sur toute la surface de la France, sans compter ses colonies et les pays étrangers. C'est pour lui une nécessité d'entrer en rapports avec les libraires-détaillants qui ont des boutiques dans les grandes et petites villes. Ces détaillants, moyennant une remise de 30 à 40 %, se chargent d'exposer et de vendre les ouvrages qui leur viennent des maisons d'édition ; et tantôt (les plus fortunés) ils achètent ferme un certain nombre de volumes qu'ils écoulent à leur risque et péril ; tantôt ils les prennent seulement en dépôt, avec l'obligation de renvoyer les invendus au bout d'un temps déterminé. Fâcheux poids mort que ces invendus, qui reviennent quelque peu défraîchis ! L'usage est que les frais d'aller et de retour soient partagés par moitié entre la maison-mère et les marchands qui sont ses clients. Puis, une fois rentrés au giron maternel, ces *bouillons*, ces *rossignols*, comme on les appelle, s'accumulent dans les magasins. Parfois, changeant de couverture et de titre, ils reparaissent et tentent la fortune sous une forme nouvelle. Ou bien, ils sont écoulés au rabais aux étalagistes, dont nous parlerons tout à l'heure, à moins qu'avec le consentement de l'auteur ils ne finissent par être mis au pilon, pour redevenir du papier blanc sur lequel la pensée humaine s'inscrira de nouveau en noir.

Les libraires-détaillants, organes aussi nécessaires à la diffusion du livre que les canaux d'irrigation distribuant dans les prés l'eau d'un fleuve, sont-ils toujours à la hauteur de la fonction qu'ils ont à remplir ? Savent-ils donner aux acheteurs des conseils raisonnés et efficaces ; ranger dans leurs montres les ouvrages qu'ils ont en magasin, non seulement de façon que leur étalage plaise à l'œil, mais aussi qu'il mette en relief ce qui est intéressant, susceptible d'attirer le lecteur ? Je me souviens d'avoir vu dans certaines librairies de province, à Tours, à Chambéry, ailleurs encore, d'intelligents groupements de livres où tout ce qui était relatif à la région (histoire, géographie, légendes, romans) formait bloc et épargnait ainsi au passant comme à l'habitant du pays des recherches pénibles. Je ne crois pas qu'elles usent beaucoup d'un expédient fréquemment employé en Allemagne et en Suisse. Il consiste à porter la tentation à domicile, à envoyer chez des professeurs et des lettrés des volumes *à l'examen* qu'on reprend après un certain délai, mais dont plusieurs restent toujours aux mains de ceux qui ont pu les feuilleter. De bons conseils [1] pour l'amélioration de leurs procédés commerciaux leur ont été donnés récemment, et il faut espérer qu'ils en profiteront.

Autrefois les éditeurs avaient encore affaire aux colporteurs, qui allaient de village en village avec leur ballot sur le dos et pénétraient dans les coins

---

[1] *Bulletin de la Maison du Livre* (n° 16, p. 35. — *Le Peuple*, 20 août 1924.

les plus reculés. Ces ambulants ont à certains moments rendu de grands services à la propagande politique ou religieuse. Ils ont été par cela même astreints à des règlements sévères. La seconde République fit encore des lois à leur intention. Aujourd'hui, grâce au développement des voies de communication, ce mode primitif de commerce a presque disparu. On n'en retrouverait que quelques vestiges dans les foires où des marchands forains offrent aux paysans des almanachs et de petites brochures bon marché, ou encore parmi ces camelots qui, à Paris, vendent dans quelque rue barrée, avec accompagnement de violon, des chansons nouvelles ou, sur les boulevards, des écrits éphémères suscités par quelque événement actuel, par exemple le testament de quelque grand criminel, Guillaume II ou Landru, ou telle ou telle fantaisie plus ou moins spirituelle.

En déclin, mais encore utile est le rôle du libraire-commissionnaire. C'est lui qui se charge pour la province et surtout pour l'étranger de recevoir les commandes, de réunir en paquets les volumes pris dans différentes maisons et de les expédier aux destinataires : comme tous les intermédiaires, il prélève un tant pour cent sur les achats et les paiements qu'il fait pour le compte de ses correspondants.

Enfin, parmi ceux qui coopèrent à la diffusion du livre, se classent les *bouquinistes* et les *étalagistes* qu'il ne faut pas confondre.

Les bouquinistes sont ceux qui recherchent, achètent et revendent de vieux livres. Ils s'approvisionnent aux ventes publiques ou privées qui ont lieu après décès et aux soldes dont les éditeurs encombrés se débarrassent de temps en temps [1]. Les temps de troubles politiques leur sont favorables. Ainsi pendant la Révolution, lorsque les couvents furent fermés et leurs bibliothèques confisquées ou dispersées, ils purent acheter à bon compte et revendre plus tard fort cher les volumes richement reliés qui avaient longtemps dormi dans les cloîtres. Ainsi encore, lorsque le sac de l'archevêché de Paris, en 1831, fit flotter sur la Seine des missels et des antiphonaires précieux, beaucoup de ces naufragés furent recueillis, séchés, réparés et rapportèrent gros à leurs sauveteurs. Les bouquinistes, qui ont des habiletés et des joies de chasseurs, ont trois sortes de clients : les bibliophiles, en quête de livres rares ; les écrivains, qui, traitant un sujet, ont besoin d'en faire la bibliographie complète ; les *étalagistes*, auxquels ils cèdent le menu fretin de leurs marchandises.

Ces derniers, à Paris, couvrent les parapets des quais [2] de leurs boîtes qui sont des cimetières d'imprimés à ciel ouvert. Dans ces fosses communes, qui s'alignent à la suite l'une de l'autre et forment

---

[1] Ils sont obligés d'inscrire leurs achats d'occasion sur un livre de police.

[2] Voir Charles DODEMAN : *Le long des quais* (Paris, Maison Gallois).

une hiérarchie allant de deux francs à dix centimes, on trouve de tout : des livres de classe usagés, des morceaux de musique, des tomes dépareillés de quelque collection. Les flâneurs, qui les visitent, y font parfois des trouvailles ; ils y rencontrent quelque bon livre qui s'y est égaré par hasard : c'est un volume vendu par le critique auquel l'auteur l'avait offert avec une aimable dédicace ou tout simplement par le livreur auquel le magasin d'édition l'avait confié. On prétend que Villiers de L'Isle-Adam, dans ses jours de détresse, dédicaçait un de ses ouvrages à quelque écrivain connu, et qu'il allait ensuite le vendre lui-même à un étalagiste pour quelques sous qui l'empêchaient de mourir de faim. Les étalagistes sont soumis à des règlements qui datent de 1852. Ils sont une des curiosités de la vie parisienne et ils ont eu l'honneur d'être portraiturés par un illustre écrivain qui a précisément grandi dans leur voisinage, Anatole France[1]. Avec eux nous touchons au dernier degré d'avilissement où tombe le livre avant de retourner au vieux papier et de recommencer le cycle de ses métamorphoses.

---

[1] *Le Crime de Sylvestre Bonnard, membre de l'Institut.* — Voir aussi : *Les Français peints par eux-mêmes* (II, 390).

§ 3. Développement de la librairie depuis 1870

Revenons aux libraires-éditeurs. De 1870 à nos jours, trois faits essentiels me paraissent s'être produits dans leur monde : 1° *la substitution d'un capital collectif au capital individuel; 2° une spécialisation de plus en plus marquée ; 3° un groupement de leurs forces en vue de l'organisation de leur commerce.*

D'abord ils ont senti la nécessité d'avoir de plus gros capitaux et pour cela de se mettre à plusieurs à la tête d'une entreprise commune. Pour en avoir la preuve, il suffit de considérer les raisons sociales de quelques grandes maisons : Garnier frères, Plon Nourrit et Cie, Giard et Brière, etc. Peu à peu même on recourait à la société anonyme par actions. Ainsi la maison Hachette, après être restée longtemps dans la famille, a subi cette transformation. Lors de l'assemblée générale des actionnaires qui eut lieu le 23 octobre 1922, il fut constaté que 43.864 actions y étaient représentées, dont 1.945 par un seul actionnaire qui était la Banque de Paris et des Pays-Bas.

Faut-il d'autres preuves de cette concentration financière ? De grosses maisons ont acheté les fonds d'une plus petite ; ainsi la maison Alcan s'est grossie de la Bibliothèque d'Economie politique qui avait été fondée par la maison Guillaumin. D'autres se sont créé des succursales à l'étranger, par exemple la maison Garnier frères au Brésil, ou l'Agence générale, qui a d'ailleurs été rachetée par la maison Hachette, à Barcelone, à Pétersbourg, à Buenos-Ayres.

En même temps s'opérait une spécialisation dans telle ou telle branche des connaissances humaines. Elle n'était sans doute pas complète. Mais il est facile de noter une tendance des éditeurs à se confiner dans un ou deux genres de publications.

Le plus simple, pour donner une idée de la production, qui a été croissante, est de passer en revue quelques grosses maisons en indiquant au passage leur spécialité avec les principales œuvres ou collections qu'elles ont éditées.

La librairie Hachette est la plus puissante de cette époque et c'est par elle qu'il convient de commencer. J'ai dit ses origines [1] et la prospérité qu'elle conquit sous la direction de son fondateur, Louis Hachette, aidé de ses deux gendres Bréton et Templier. Bientôt la maison, outre ses livres d'école, publie des périodiques : la *Revue de l'Instruction publique*, le *Manuel de l'Instruction publique*, l'*Ami de l'Enfance*, destiné aux salles d'asile ; puis une *Bibliothèque variée*, qui, comme son nom l'indique, contient un peu de tout, des

---

[1] Même volume, 3e partie, ch. I, § 1er. Consulter la *Notice sur la vie de Louis Hachette*, par LESIEUR (Paris, 1864).

romans à côté d'ouvrages de science ; ensuite la
Bibliothèque des chemins de fer, où elle écoule ses
ouvrages et aussi, moyennant un tant pour cent
sur la vente, ceux de ses confrères. Ce fut une
grosse mise de fonds et une organisation difficile.
Il fallut trouver des tenanciers pour toutes les
librairies qu'elle installait dans les gares. Mais elle
se trouva en possession d'un monopole de fait, qui
s'établit peu à peu et qu'on essaya en vain de renverser. Quand le réseau de l'Ouest fut racheté par
l'Etat, la maison Flammarion voulut sur ce réseau
concurrencer sa rivale. Elle dut y renoncer assez
vite. Cela lui coûtait trop cher. Elle ne put faire
d'un seul coup ce que la maison Hachette avait fait
par étapes, année par année.

Celle-ci, continuant à agrandir son champ d'action, créait la *Bibliothèque rose* pour les enfants,
que la comtesse de Ségur se chargea d'amuser ;
puis la *Bibliothèque des merveilles,* à laquelle se
rattachent les noms des grands vulgarisateurs
scientifiques, Figuier, Guillemin, Camille Flammarion ; un peu plus tard la *Bibliothèque des meilleurs romans étrangers* qui ne compta pas moins
de 200 volumes ; en sus, les *guides bleus* ou *guides
Joanne* que M. Monmarché a mission aujourd'hui
de tenir au courant ; et encore le *Journal pour tous,*
créé en 1855.

Entre temps paraissaient de gros ouvrages : *Deux
dictionnaires universels* de Bouillet : l'un consacré
à l'histoire et à la géographie, auquel fit concur-

rence le dictionnaire Dezobry ; l'autre aux sciences, lettres et arts ; *L'Atlas universel* qui fut dirigé par Vivien de Saint-Martin et plus tard par Schrader ; un *Dictionnaire de géographie ancienne et moderne* par Meissas et Michelot ; un *Dictionnaire des communes de France* par Joanne ; le *Dictionnaire des contemporains* et le *Dictionnaire des littératures,* exécutés sous la direction de Vapereau. Un *Dictionnaire de la vie pratique* par Belèze. L'œuvre monumentale de Littré : son grand *Dictionnaire de la langue française.* La collection des *Grands écrivains français* qui porte le nom de Collection Régnier. Le *Dictionnaire des antiquités grecques et romaines* par Saglio.

Mentionnons ensuite d'autres dictionnaires non moins utiles : un de *pédagogie* par Ferdinand Buisson ; un de *chimie* par Wurtz ; un de *mathématiques appliquées* par Sonnet ; un de *botanique* par Baillon; un d'*agriculture* par Barral et Bugnier; une sorte d'encyclopédie des sciences naturelles, intitulée : *Les trois règnes de la nature,* par Chenu.

Chemin faisant, de grandes œuvres historiques comme les *Mémoires de Saint-Simon* en 20 volumes (édition Chéruel) ; une quantité de livres touchant à la géographie : les *Voyages* de Bonvalot, de Brazza, de Garnier, de Livingstone, de Stanley. La précieuse collection du *Tour du Monde* à laquelle Charton donna ses soins depuis 1859 et dont malheureusement les exemplaires restés en magasin ont été vendus au poids du papier pendant la guerre· *La Géographie universelle* d'Elisée Reclus, dont les documents préparatoires ont été aussi malencontreusement dispersés.

Cela n'empêchait pas la confection de superbes ouvrages de luxe : *Don Quichotte, Rabelais, Dante,* l'*Arioste, La Fontaine,* illustrés par Gustave Doré ; la *Haute-Savoie et Rome* de Francis Wey ; l'*Italie* et la *Suisse* de Gourdault ; l'*Adriatique* de Charles Yriarte ; *Bade et ses environs* de Coignet.

Depuis 1870, la série de ces éditions somptueuses s'augmente des *Saints Evangiles* de Bida, qui interprète également les livres bibliques de *Joseph,* de *Ruth,* de *Tobie,* d'*Esther* et le *Cantique des Cantiques ;* des *Récits des temps mérovingiens* par Augustin Thierry ; de la *Mireille* de Mistral, illustrée par le peintre suisse Burnand.

De 1867 à 1878, la librairie Hachette jette sur le marché 1660 volumes, et depuis lors, ce chiffre a plus que décuplé. Je citerai seulement dans cette masse les œuvres archéologiques de Perrot, Maspero, Müntz, etc. ; la collection Lavisse de l'*Histoire de France ;* puis des périodiques nouveaux, un *Almanach annuel* dont Victor Tissot fut l'arrangeur ; la *Mode pratique,* dirigée par Mme Raymond de Broutelles ; la *Bibliothèque de la famille,* les *Lectures pour tous, Mon Journal.* Je m'arrête, non que j'aie épuisé la liste des imprimés sortis de cette source intarissable, mais parce que j'ai peur de fatiguer l'attention par cette énumération, si incomplète qu'elle soit.

Pourtant je dois dire encore que la maison a organisé un grand service de *messageries* pour transporter aux gares et dans la banlieue parisienne les journaux qui n'ont pas leurs propres voitures de livraison ; qu'enfin elle a repris à son compte l'*Agence générale de librairie*, qui avait été créée 7, rue de Lille, par Nillsen et Richardin.

On voit quelle entreprise colossale est devenue la petite maison fondée par Louis Hachette et avec quelle fierté ses petits-fils et petits-neveux ont pu en fêter le centenaire au cours de l'année 1922. Il est curieux de noter qu'elle est parvenue à ce degré de prospérité en maintenant des usages qui lui sont particuliers. La librairie Hachette n'acquiert pas la propriété des livres qu'elle édite ; elle la laisse aux auteurs. « Les éditeurs ne savent pas lire », disait le créateur de la maison. Il entendait par là qu'ils ne peuvent juger, à coup sûr, de la valeur marchande d'un manuscrit, prévoir le succès qu'il aura; et il en concluait qu'il ne faut pas ravir aux écrivains leur chance d'en bénéficier.

J'ai détaillé ce qui concerne la librairie Hachette, qui a conquis de nos jours la première place, occupée avant elle par la dynastie des Didot[1], pour bien montrer quel organisme complexe est aujourd'hui une grande maison d'édition. Je ne puis nommer toutes les autres qui se chiffrent par centaines. Tout ce que je peux faire, c'est de les classer par

---

[1] Voir BRUNET : *Firmin Didot et sa famille* (Paris, 1870).

groupes d'après leur caractère principal et d'échantillonner chaque groupe en choisissant comme type une de celles qui sont le plus représentatives [1].

Donc il faut distinguer d'abord celles qui se vouent à la confection des livres classiques et qui se rangent derrière la maison Hachette.

En second lieu, viennent celles qui se consacrent à l'histoire, à la philosophie, à l'économie politique. La maison Félix Alcan peut servir de modèle. Le fondateur, qui est aujourd'hui octogénaire et suppléé par son neveu Lisbonne, est, comme Louis Hachette, un ancien élève de l'Ecole normale supérieure ; seulement il appartenait à la section des sciences. Chassé de Metz, où il avait repris la librairie de son père, par la brutale annexion de 1870, il transporta son établissement à Paris et y réussit très vite.

Si vous feuilletez son catalogue, vous y rencontrez toute une partie philosophique. Prenant la succession de Germer-Baillère, il a édité une *Bibliothèque de philosophie contemporaine* en double format, in-8° et in-16 ; une *collection des grands philosophes ;* et il a appuyé cette série d'ouvrages de deux périodiques : la *Revue philosophique,* qui fut dirigée tour à tour par Théodule Ribot et par Lévy-Bruhl ; le *Journal de psychologie,* rédigé par P. Janet et Georges Dumas.

Vient ensuite une section historique. On y ren-

---

[1] Je renvoie à l'appendice l'énumération des principales maisons de chaque groupe.

contre une *Bibliothèque d'histoire contemporaine,* un *Recueil des instructions diplomatiques,* une *Histoire universelle du travail,* en 12 volumes, publiée sous la direction de Georges Renard, et cela est complété par la *Revue historique,* qui, des mains de Gabriel Monod, a passé en celles de P. Bémont et Pfister; par la *Revue des Études napoléoniennes* (directeur Driault).

Les sciences sociales viennent ensuite. Non content d'avoir absorbé la *Bibliothèque d'Economie politique,* qui avait été constituée par la maison Guillaumin [1], la librairie Alcan a édité les conférences faites à l'*Ecole des hautes études sociales,* dont Mlle Dick May est la cheville ouvrière, et un bon nombre de revues orientées vers le même genre d'études : le *Journal des Economistes,* où M. Yves Guyot a succédé à Molinari ; la *Revue des sciences politiques* ; le *Bulletin de la Statistique générale de la France,* les *Annales de sociologie,* inspirées de Durkheim ; la revue *Athéna,* la *Française,* journal hebdomadaire, qui est un des organes du féminisme et dirigé par Mme Suzanne Babled.

Les autres sciences, les lettres et les arts, ont eu leur place. C'est d'une part, la *Bibliothèque scientifique internationale,* doublée d'une *Nouvelle collection scientifique* ; la *Revue anthropologique,* dont Letourneau et de Lanessan furent les principaux fournisseurs ; la *Revue du Mois,* que dirigeait

---

[1] Sur cette maison, voir un article des *Débats* (19 août 1928).

Emile Borel ; une *Collection médicale,* et une petite *Bibliothèque utile,* dont les volumes étaient vendus 60 centimes, un prix qui nous semble aujourd'hui préhistorique. C'est, d'autre part, la *Bibliothèque de la Faculté des lettres de l'Université de Paris,* la *Bibliothèque de philosophie et de littérature modernes,* et une collection où Jean Chantavoine passe en revue : *Les maîtres de la musique.*

En somme un ensemble qui permet de suivre durant un demi-siècle les principaux mouvements de la pensée française.

En poursuivant notre classification, nous rencontrons les maisons dont la production est surtout scientifique. On me pardonnera, dans ce volume qui paraît dans la maison Doin, dirigée successivement par le père et par le fils, de la choisir comme exemple. Elle publie une grande *Encyclopédie scientifique* à la tête de laquelle est le Dr Toulouse et qui se divise en plusieurs branches : histoire et philosophie des sciences qui se rangent dans l'ordre suivant : mathématiques, inorganiques, biologiques, d'abord normatives, puis descriptives et enfin appliquées. Elle a un journal qui s'appelle *Savoir* et édite avec la maison de cinéma Pathé des films se rattachant aux différentes sciences. Elle a aussi, par un ressouvenir de la grande Encyclopédie du XVIIIe siècle, entrepris une *Bibliothèque sociale des Métiers,* dont je suis à la fois le directeur et le collaborateur, puisque ce volume en fait partie.

Il faudrait maintenant réserver un large espace aux éditeurs qui exploitent le vaste champ de la littérature, un champ toujours très cultivé en France. Le roman, puis, en sous-ordre, le théâtre, la poésie, la critique et l'histoire littéraire ou musicale alimentent leur activité. Je n'en nommerai aucun, parce qu'ils sont trop, parce que chacun a dans sa spécialité des auteurs attitrés, des œuvres de valeur et qu'ils se distinguent les uns des autres plutôt par leur tendance en tel ou tel sens politique, religieux ou social que par la nature de leurs procédés.

Il conviendrait enfin d'accorder une place d'honneur aux éditeurs de livres d'art qui sont d'ordinaire des livres de luxe, vu les estampes et les reliures dont ils sont ornés. Ceux-là maintiennent dans la librairie française des traditions de beauté et il est juste de leur en savoir gré. Ils publient aussi des revues qui sont presque toujours des régals pour les yeux. La maison de feu Pelletan a été dans ces derniers temps une des plus fécondes parmi ces officines où viennent s'approvisionner les bibliophiles de tous pays.

Avons-nous fait le tour complet des maisons qui composent la grande armée de notre librairie ? Pas encore. Il faudrait signaler en province nombre de maisons qui méritent de n'être pas oubliées : je citerai, à titre d'échantillon, la maison Berger-Levrault, qui émigra de Strasbourg à Nancy après 1870, publia quantité de pages d'histoire et d'ouvrages militaires, et, en 1918, fut la première dans Strasbourg délivrée à faire sortir des imprimés de ses presses qui attendaient ce moment-là depuis quarante-huit ans.

Il faudrait mentionner des maisons mi-françaises mi-étrangères, comme la maison Nelson, écossaise d'origine, qui osa résoudre le problème, devant lequel reculaient les maisons parisiennes, de donner à bon marché, sous un format élégant, des rééditions de nos grands écrivains ; d'autres encore qui, ayant leurs attaches en Scandinavie, à Neuchâtel, à Lausanne, ont su se faire à Paris une jolie clientèle [1].

Il faudrait citer certaines sociétés qui s'appellent *La Renaissance du Livre*, société française d'imprimerie et de librairie, qui prennent une forme coopérative comme les *Presses Universitaires*, le *Monde Nouveau*, l'*Association Guillaume Budé*, etc.

Mais ce n'est pas tout encore. Il y a des revues, voire des journaux, qui ont édité des brochures et des livres. Ce fut le cas de la *Nouvelle Revue*, au temps où elle était menée par Mme Adam, de la *Revue socialiste*, quand j'en fus directeur (1894-1898), de la *Revue blanche* de Natanson. C'est aujourd'hui le cas de la *Nouvelle Revue Française*, du *Mercure de France*, de *la Sirène*, du *Progrès Civique*, et de certaines revues historiques comme la *Révolution française* et la *Révolution de 1848*.

____

[1] NILLSEN, PAYOT, ATTINGER,

Des universités (Toulouse, Strasbourg, Paris, etc.) ont publié des annales, des études de leurs professeurs, et, pour finir, quelques quotidiens (*L'Humanité*, *La Guerre sociale*), ont tenté par accès le métier d'éditeurs.

On comprend qu'avec une telle profusion d'hommes et de capitaux employés à la fabrication des livres, le nombre des volumes publiés en France ait été considérable et croissant. Le tableau ci-joint montre cet accroissement assez lent de 1880 à 1913, où se fait sentir déjà un certain fléchissement, qui s'accuse naturellement au cours et au lendemain de la grande guerre (1919 : 5.361 — 1920 : 6.316), mais qui remonte peu à peu, d'année en année :

Années	Livres	Nouvelles publications périodiques	Composition musicale	Gravures lithographie photographie
1880	12.414	378	4.696	2.139
1890	13.643	843	5.471	1.940
1900	13.362	929	5.910	952
1913	11.460	760	6.556	384
1921	7.626	598	2.538	271
1922	8.515	864	3.799	211
1923	8.784	»	»	»

La statistique douanière des livres exportés par la France n'est pas moins significative : elle montre que la Belgique, la Suisse, puis l'Allemagne et la Grande-Bretagne ont été ses meilleures clientes et que les années d'exposition ou de guerre ont amené une diminution de leur total :

LIVRES EXPORTÉS

EN LANGUE FRANÇAISE				EN LANGUES ÉTRANGÈRES OU MORTES (almanachs y compris)			
Années	Quintaux	Francs	Évaluation du quintal métrique	Années	Quintaux	Francs	Évaluation du quintal métrique
1880	27.728	18.300.361	660 fr.	1880	2.041	1.908.298	935 fr.
1890	33.177	19.906.476	600 »	1890	5.467	4.592.356	849 »
1900	24.497	10.337.591	422 »	1900	5.076	2.594.000	511 »
1910	30.957	13.063.854	422 »	1910	5.890	2.671.450	505 »
1913	38.748	16.351.656	422 »	1913	4.799	2.423.495	505 »
1919	19.775	17.797.500	900 »	1919	3.507	3.156.300	900 »
1920	27.510	49.518.000	1.800 »	1920	4.460	8.028.000	1.800 »
1921	21.977	39.119.060	1.780 »	1921	5.064	9.013.920	1.780 »
1922 (Chiffres provisoires)	26.555	41.585.000		1922 (Chiffres provisoires)	4.587	7.183.000	

LIVRES IMPORTÉS

EN LANGUE FRANÇAISE				EN LANGUES ÉTRANGÈRES OU MORTES			
Années	Quintaux	Francs	Évaluation du quintal métrique	Années	Quintaux	Francs	Évaluation du quintal métrique
1880	3.094	2.165.492	700 fr.	1880	2.851	2.565.963	900 fr.
1890	9.269	6.488.076	700 »	1890	1.775	1.597.581	900 »
1900	7.434	3.732.054	502 »	1900	3.218	2.066.078	642 »
1910	10.299	5.128.902	498 »	1910	4.313	2.372.150	550 »
1913	17.981	8.954.538	498 »	1913	3.666	2.016.300	550 »
1919	8.248	8.248.000	1.000 »	1919	3.023	3.023.000	1.000 »
1920	8.200	16.400.000	2.000 »	1920	5.643	11.286.000	2.000 »
1921	6.211	11.179.800	1.800 »	1921	3.642	6.919.800	1 900 »
1922 Chiffres provisoires	11.985	7.646.000		1922 Chiffres provisoires	4.287	3.415.005	

¹ Ces chiffres m'ont été fournis par M. Kundig et M. Facy, à qui j'exprime ici ma gratitude.

Livres importés

Ici, c'est la Belgique qui tient encore la tête, suivie par la Grande-Bretagne et par l'Allemagne, la première dans ces dernières années, la seconde dans celles qui ont précédé la guerre.

Il s'en faut que les livres publiés en France atteignent les totaux des pays dont la langue est parlée par une population plus nombreuse. Je donne encore des chiffres empruntés à la *Gazette de Francfort* pour les années 1919 et 1920 :

Allemagne	1919 :	26,194	1920 : 32,335
Angleterre		8,622	11,004
Etats-Unis ...:		6,422	8,594
France		5,361	6,351
Italie		6,066	6,230
Hollande		3,746	3,974
Danemark		4,465	3,974
Luxembourg		55	30
Suisse			1,453

Mais c'est assez de statistiques : les constatations en sont douteuses, parce qu'elles ne sont pas dans les différents pays obtenues par des méthodes identiques. Elles donnent du moins une idée approximative du mouvement de la librairie française et c'est à ce titre que j'ai cru devoir en grossir ce chapitre.

⁂

§ 4. — LA CONCURRENCE ENTRE ÉDITEURS ET LA CRISE DU LIVRE

J'ai dit plus haut (p. 180) qu'un des graves changements survenus dans la situation des libraires-éditeurs depuis 1870 était leur groupement en un faisceau de forces secondaires.

Il ne s'opéra pas sans difficultés. Une concurrence souvent implacable fut longtemps la coutume et la plaie de la profession. A peine une maison avait-elle découvert un bon filon à exploiter que deux ou trois autres se hâtaient de se précipiter dans la voie fraîchement ouverte. Tout ouvrage qui réussissait en faisait naître plusieurs qui lui ressemblaient comme des frères cadets à leur aîné. Une collection nouvelle suggérait l'idée d'une collection toute pareille. La compétition fut parfois si acharnée que beaucoup d'éditeurs, en publiant l'œuvre d'un auteur, refusaient d'annoncer sur la feuille de garde les ouvrages du même auteur parus dans une autre maison. Elle se manifestait encore sous une autre forme, dont du moins le public profitait ; la baisse de prix sur un livre se répercutait chez le voisin ; et c'est ainsi que des volumes à 60, à 50, à 25 centimes se succédaient dans les étalages. La lutte pour la vie sévissait en ce domaine comme en tant d'autres.

Cependant les libraires-éditeurs, à force de se ruiner, finirent par s'apercevoir que la coalition pour la vie avait du bon et ils essayèrent à plusieurs reprises de s'unir [1]. En 1840, un *dépôt central* de librairie fut créé à Paris. L'idée était bonne; on épargnait de la sorte aux acheteurs la peine de courir tous les quartiers où sont installés les éditeurs. Mais l'entreprise paraît avoir été mal conduite. Des livres étaient envoyés en dépôt dans la province ; or les dépositaires s'en occupaient fort peu ; ils préféraient écouler ceux qui étaient imprimés dans la région ou qui avaient été achetés ferme par eux. Les invendus revenaient en quantités considérables ; au bout de deux ans, le dépôt central disparut.

Il faut entendre les doléances des libraires de cette époque. Baudoin, dans un opuscule daté de Bruxelles en 1836 et tiré à 50 exemplaires seulement, reproche à ses confrères d'avoir abandonné les marchés étrangers, d'avoir négligé d'envoyer des commis-voyageurs dans les grandes foires, d'avoir attendu les commandes au lieu de les provoquer, d'avoir indûment augmenté leurs prix en oubliant que les petits ruisseaux font les grandes rivières, de s'être montrés moutonniers, routiniers,

---

[1] Voir, dans *Les Français peints par eux-mêmes,* un article d'Elias REGNAULT sur les batailles que se livraient les éditeurs sous le règne de LOUIS-PHILIPPE.

hostiles aux innovations, au point d'avoir blâmé
la vente des classiques et des romans à 3 fr. 50,
d'avoir traité les libraires étrangers de gâte-métier,
parce qu'ils vendaient moins cher ; d'avoir refusé
de se conformer aux usages et aux goûts des autres
nations, si bien que ces nations ont mieux aimé
réimprimer les auteurs français que d'acheter leurs
éditions faites en France. Werdet, de son côté,
se plaint qu'ils n'aient pas su organiser sur territoire français un grand marché des livres capable
de lutter avec la foire de Leipzig. Baudoin aurait
voulu que la librairie française eût en Allemagne
un dépôt central entretenu par une caisse commune, et même des maisons de fabrication à
Leipzig[1]. Il réclamait un catalogue général tenu
à jour, des périodiques consacrés à cette branche
de commerce, une publicité permanente, bref un
abandon de la vieille routine de marchands de livres
pour s'élever au rang de grands manufacturiers.

Après 1870, malgré les récompenses que les
libraires français cueillaient dans les expositions,
malgré les éloges mérités qu'obtenaient quelques
grandes maisons, malgré l'entente qui pouvait se
faire et se faisait depuis 1847 au Cercle de la
Librairie entre les chefs des firmes les plus importantes, un certain malaise, un certain fléchissement se faisaient sentir dans l'industrie du livre
française. Il n'était pas douteux que la librairie

---

[1] La maison DIDOT avait seule une succursale à Leipzig.

allemande et la librairie anglaise tenaient le haut du pavé.

Nos libraires sentirent alors le besoin de serrer les rangs ; et, depuis 1892, ils fondèrent une quinzaine de syndicats régionaux. En 1896 avait lieu à Paris leur premier Congrès international, où figuraient pour la France 34 Chambres syndicales ou associations comprenant 456 membres.

L'inquiétude qui existait dans le commerce du livre était révélée, en 1904, par une brochure qui avait pour auteur Henri Baillière, appartenant à une grande maison parisienne et qui portait ce titre : *La crise du livre*[1]. Elle signalait une diminution notable dans notre exportation : en 1899, 14 millions 130.000 francs ; en 1900, 10 millions 338.000 francs. Elle cherchait les causes de cette diminution et en découvrait plusieurs. C'étaient d'abord les traductions gratuites et les contrefaçons que se permettaient aux dépens de la production française certains pays (Russie, Turquie, Grèce, Etats-Unis). C'était ensuite le déclin de la critique littéraire, à laquelle se substituaient des notices bourrées d'éloges par les éditeurs, et onze fois sur dix, comme a dit Nodier, par les auteurs eux-mêmes, notices si scandaleusement exagérées que le public ne leur accordait plus aucun crédit. C'était encore un changement dans les mœurs : les sports, les voyages, les randonnées en automo-

---

[1] Bibl. Nation., 8° *q.*, 3.214.

bile accaparaient le temps et l'argent consacrés jadis à la lecture. C'était aussi une conséquence de la crise du logement qui commençait à se faire sentir : on n'avait plus assez de place pour loger le bagage encombrant formé par les livres et par les collections de revues et de journaux. Enfin le journal, avec ses feuilletons, ses contes, faisait une concurrence redoutable au volume.

Henri Baillière suivait, dans les différentes spécialités, les progrès du mal. La poésie ne nourrissait par son homme. L'histoire ne faisait pas ses frais. La librairie classique languissait, gênée par les changements de programme qui avaient été nombreux (1881-1886-1889-1890-1902). La librairie religieuse avait subi un coup terrible par la dispersion des congrégations. De plus, le commerce était mal organisé. Trop d'éditeurs, qui se combattaient au couteau ; trop de maisons qui vendaient des livres; les grands magasins, au moment des étrennes, ne s'étaient-ils pas avisés d'ajouter ce rayon à ceux qu'ils avaient déjà ? En outre, les éditeurs écoulaient au rabais les soldes qu'ils avaient en magasin. Dès 1891, quelques-uns avaient projeté de liquider par une loterie les « rossignols » dont ils étaient embarrassés. Le projet n'avait pas eu de suite ; mais souvent ces volumes, jetés dans les boîtes des étalagistes à des prix très bas, rendaient impossible la vente de ceux qui se trouvaient chez les libraires. En province surtout on se plaignait de ces procédés ; on accusait les éditeurs de porter préjudice aux marchands, qui étaient leurs dépositaires et clients, en vendant directement aux acheteurs des départements.

Ce que l'auteur ne disait pas trop haut, mais laissait entrevoir, c'était la mauvaise organisation de la librairie française : éditeurs connaissant mal leur métier, acceptant et publiant avec des tirages excessifs des ouvrages sans valeur ; commis-libraires mal instruits, parce que la France n'avait pas une école de librairie comme celle qui existe à Leipzig depuis 1853. Le fait est que certaines routines, certaines lenteurs étaient de tradition dans un commerce qui, depuis une cinquantaine d'années, avait oublié de se renouveler et de suivre l'évolution générale de la société.

La guerre fut une formidable secousse pour ce commerce quelque peu endormi et engourdi. Elle fit sans doute éclore nombre de publications de circonstance, ce qui était de nature à l'alimenter. Mais la disette de papier, la pénurie de la main d'œuvre et la hausse des salaires qu'avec la cherté de la vie elle amena derrière elle, puis les restrictions que furent obligées de s'imposer les classes jusqu'alors aisées aggravèrent singulièrement la crise qui existait déjà.

Le prix des livres subit des majorations énormes. Les éditeurs s'entendirent pour les opérer tous à la fois, et la hausse continua après l'armistice, comme le montre le tableau suivant :

Majorations du prix des livres classiques ·

Janvier 1916...............	10 %
Mai 1916..............	20 %
Janvier 1918.............	70 %
Janvier 1919............	100 %
Février 1920............	170 %
Mai 1920..............	210 %
Mai 1921	278 %

La hausse parut si inquiétante qu'en octobre 1920 une instruction judiciaire fut ouverte contre X..., pour spéculation illicite sur les livres scolaires [1]. Il fut répondu au juge que les éditeurs payaient 400 francs les 100 kilos de papier qui en 1914 leur étaient facturés à 42 francs ; que M. Honnorat, ministre de l'Instruction publique, venait de transformer brusquement les programmes d'enseignement, ce qui obligeait à refaire les catalogues et à mettre au rancart quantité de volumes ; que la loi de 8 heures et la cherté des vivres augmentaient les frais d'impression ; bref, que beaucoup d'éditeurs étaient fort mal en point et obligés d'emprunter. Les éditeurs n'en consentirent pas moins à baisser de 15 % la majoration qu'ils

---

[1] M. Georges VALOIS défendit les libraires dans un article
Voir une seconde inculpation. (*Le Matin*, 4 juin 1923.)— Voir
aussi dans *La Dépêche de Toulouse* (déc. 1923) un article
et la lettre écrite en réponse, par M. POIRÉ.

avaient décidée en mai 1920 et ils remboursèrent aux libraires-détaillants la différence entre le prix que ceux-ci avaient payé et le prix ainsi diminué.

Pour les livres de littérature générale (roman histoire, poésie, critique), le libraire Joseph Bourdel constatait qu'en 1914 un volume de 320 pages, tiré à 2.000, pouvait être établi à raison de 0 fr. 73 l'exemplaire et que, vendu 3 fr. 50, il assurait, y compris les remises aux détaillants, les droits d'auteur et les frais généraux, un bénéfice suffisant, pourvu qu'on en vendît au moins 1.200 exemplaires. Il déclarait qu'en 1921 ce même volume, tiré dans les mêmes conditions, revenait à 2 fr. 96 l'exemplaire et que l'éditeur, pour n'être pas en perte, devait tirer à 3.000 et vendre le volume au moins 7 francs [1].

Par suite, des volumes qui se vendaient auparavant 7 fr. 50 passaient à 15, 18 et 20 francs. L'écoulement en devenait naturellement plus long et il n'était plus guère question de réimprimer les ouvrages épuisés. Ajoutons que les livres de science, de médecine, de technologie avaient monté pareillement.

On conçoit les doléances des éditeurs et des libraires. Peut-être siérait-il d'y apporter quelques atténuations. S'il faut en croire les révélations des commis-libraires, au moment où ils furent en conflit avec leurs patrons, le bénéfice fait par les

---

[1] Rapport de Joseph BOURDEL.

libraires-détaillants sur la vente des fournitures scolaires aurait largement compensé ce qu'ils perdaient d'autre part. Les majorations auraient été pour les encriers et la craie de 150 %, pour les crayons d'ardoise de 80 %, pour les porte-plumes réservoirs de 60 %, pour le papier destiné aux machines à écrire et pour les plumiers de 80 %, pour les boîtes de couleurs de 300 %, pour les plumes de 50 %, pour les buvards parisiens de 100 %, pour les registres de 375 %. En admettant que ces chiffres soient exacts, il faut reconnaître qu'ils ne touchent pas les grands éditeurs qui, en général, ne tiennent pas la papeterie [1].

A ces derniers toutefois on reprochait leurs habitudes surannées et leur timidité devant les réformes nécessaires. On les accusait d'un défaut commun chez le Français du XXe siècle commençant [2] : « Même commerçant, même industriel, il garde un reflet d'âme paysanne ou bourgeoise, qui le fait trembler devant le nouveau, l'inconnu, le risque. Des machines ? Il n'en fabriquera que si elles lui sont commandées d'avance et ne les mettra en train qu'une à une : les perfectionnements viennent si vite ! Du crédit, il n'en accordera que le moins possible, avec des précautions qui paralysent et des défiances qui rebutent ! Du stock, il

---

[1] Chiffres donnés par SEITZ, secrétaire du Syndicat. (*La France Libre*, 25 octobre 1919.)

[2] Discours de M. DECOURCELLE au 1er Congrès du Livre.

n'en veut point en magasin : la mode est si chan-
geante ! Et puis le feu peut prendre et les assu-
reurs sont chicaneurs. Renouveler son outillage ?
A quoi bon ? Il fait honnêtement son service depuis
mon grand-père et durera bien jusqu'à mon fils ! »
Cette accusation générale se rabattait sur les éditeurs de livres philosophiques et scientifiques auxquels on reprochait de s'être retirés sous leur tente
depuis le début des hostilités et il fallait que les
plus importants d'entre eux — Alcan-Lisbonne,
J.-B. Baillière, O. Doin et fils, Masson, Steinheil —
se défendissent en alléguant qu'après un arrêt bien
compréhensible de quelques mois ils avaient publié
jusqu'en septembre 1916 378 ouvrages.

Il n'en est pas moins vrai que les chiffres des
importations en France d'imprimés en langue française révélaient avant la guerre un péril venant
d'Allemagne. Les voici pour l'année 1913 :

Livres	8.869.000
Périodiques	16.685.000
Imprimés divers..............	3.504.000
Lithographies	18.157.000
Cartes géographiques.........	325.000
Musique	795.000

Dans ce total impressionnant, l'Allemagne entrait
pour 19 millions de francs.

Sans doute, nos exportations de livres avaient
en huit ans augmenté de 70 % par une progres-

sion régulière et continue. Sans doute encore il était juste de mettre en ligne de compte deux choses : l'une que l'anglais et l'allemand sont parlés par des populations bien plus nombreuses que nos quarante millions de Français ; l'autre, que le traité de Francfort, subi par la France en 1871, lui avait imposé l'obligation de laisser entrer en franchise les ouvrages imprimés en langue française sur territoire allemand.

Malgré ces réserves, on ne pouvait méconnaître que nous avions trop docilement laissé libre carrière à l'invasion des livres de provenance germanique [1]. « A la faveur d'une propagande méthodique et opiniâtre, l'Allemagne avait réussi à nous faire accepter des quantités croissantes de volumes et de périodiques, édités en Prusse, en Saxe, en Bavière, et souvent imprimés en un idiome qui se donnait pour la langue française et qui en avait quelques apparences. C'est ainsi que passaient en douane, pour venir accaparer l'étalage de libraires complaisants, des quintaux de dictionnaires, d'ouvrages de droit international — où l'Allemagne nous enseignait le respect des traités — de romans populaires et policiers, de collections musicales qui réservaient aux compositeurs d'Outre-Rhin une place privilégiée et enveloppaient soigneusement

---

[1] Discours de M. Raymond POINCARÉ, alors président de la République, au 1er Congrès du Livre. (*Chronique de la Société des Gens de Lettres*, avril 1917.)

nos maîtres d'un voile crépusculaire — de journaux de modes, qui s'intitulaient cyniquement la *Façon parisienne*, les *Modèles parisiens*, l'*Idéal parisien* et qui nous donnaient des leçons de grâces françaises méditées sur les bords de la Sprée. »

On rappelait en outre la savante publicité faite par l'Allemagne en 1899 autour du *Musée du Livre* qu'elle créait à Leipzig, du *Musée de la pensée allemande* qu'elle inaugurait en 1910 à Munich, de l'*Exposition du Livre* qu'elle avait organisée, à Leipzig encore, en l'année 1914.

Il y eut donc une réaction très vive et très légitime contre ce débordement d'imprimés qui non seulement glissaient l'éloge de la culture allemande dans nos Universités, dans nos lycées, dans nos grandes Ecoles, mais faisaient une concurrence désastreuse à notre librairie nationale.

Dès 1916 avait lieu à Lyon la première *Semaine du Livre,* qui fut suivie d'une Foire du livre à Bordeaux et d'un premier *Congrès du Livre* à Paris, en mars 1917.

Ce fut une des dernières manifestations de l'éphémère Union sacrée, cimentée par la guerre. Y figurèrent maîtres et ouvriers imprimeurs, éditeurs, libraires et gens de lettres. Outre les deux orateurs cités plus haut, on y entendit MM. Haraucourt, Georges Lecomte, Max Leclerc, Keufer, Albert Cim, Jules Clère, Jules Lévy, Clouard. Mme Lapauze (Daniel Lesueur) y lut des vers à la gloire du Livre :

Livre, nous t'écrivons dans l'angoisse ou l'orgueil ;
Puis les feuillets noircis, où vivent nos tendresses,
Glissent tout palpitants sous les luisantes presses.
Tu reviens... Nous tremblons en te faisant accueil.

Nous t'ouvrons... Où donc est la splendeur de ta flamme ?
Où donc tout le martyre et toute la beauté ?
Cher Livre, nous t'aimons ; nous t'avons enfanté.
Mais le meilleur de toi pleure au fond de notre âme.

Beaucoup de belles paroles furent prononcées dans ce Congrès ; beaucoup de bonnes idées y furent émises. Mais il n'adopta guère que des vœux : sur la construction en France des machines typographiques, sur la propagande ·à l'étranger, sur l'amélioration des rapports entre les différents facteurs de la production. L'armistice de 1918 survint avant qu'ils fussent réalisés, et le malaise persista.

Il se produisit des difficultés intérieures et extérieures.

En 1919, outre une grève de linotypistes, il y eut une grève des commis de librairie· Le commis de librairie n'est plus ce qu'il était autrefois, le second du patron, mangeant à sa table, couchant dans sa maison, guide compétent de l'acheteur, lui désignant, quand celui-ci hésite indécis, le livre qu'il doit choisir, — finissant par épouser la fille de celui qui l'a vu à l'œuvre pendant des années et par hériter de son commerce. Plus d'un personnage connu a débuté par ce métier. On peut nommer le poète Millevoye, le dessinateur Daumier, les peintres Chintreuil et Français, les écrivains Saint-Germain, Champfleury, André Lemoine, Albert Cim et Zola, qui fut attaché en cette qualité à la maison Hachette.

Comme dans tant d'autres professions, l'extension des entreprises a multiplié les employés et les a séparés du patron qui les connaît à peine. Privés de l'espoir de devenir un jour maîtres, peu payés, obligés souvent de rester debout toute une journée sans avoir permission de s'asseoir, les commis de librairie fondèrent d'abord des sociétés amicales, puis un syndicat. Eux aussi, comme les ouvriers, s'affilièrent à la Confédération Générale du Travail ; ils formèrent la section de la librairie dans le Syndicat général du Papier, du carton et des industries similaires, et ils élaborèrent un cahier de revendications. On y relève trois requêtes principales : un minimum d'appointements pour tout employé âgé d'au moins 23 ans (400 francs par mois pour les hommes, 350 francs pour les femmes) ; l'application loyale de la journée de huit heures, indûment et illégalement prolongée par la mauvaise volonté des patrons ; un congé annuel et payé de quinze jours.

Il y eut des pourparlers, une tentative de transaction ; mais, en octobre, ils réclamèrent l'acceptation totale de leurs desiderata. Les libraires (maisons Hachette, Flammarion, Armand Colin, Delagrave, Nathan, Tarride, Masson, etc.), refusèrent de discuter avec les représentants d'un groupement faisant partie de la C. G. T. Les commis fixèrent un délai pour la réponse qu'ils réclamèrent, et, comme aucune réponse ne vint, leur assemblée générale vota la grève par 1.104 voix contre 45 et 8 abstentions.

Cette grève s'étendit bientôt. Les employés des Messageries Hachette, par solidarité avec leurs camarades, voulurent appuyer le mouvement. Mais la maison Hachette l'enraya en déclarant renvoyés tous ceux qui abandonneraient leur besogne. Les grévistes firent alors appel au Ministre du Travail pour obtenir que leurs propositions fussent au moins discutées : elles comprenaient, outre les demandes ci-dessus résumées, la rétribution des heures supplémentaires, le paiement des absences justifiées, la titularisation de tout emploi au bout de trois mois de présence, la création d'un conseil de discipline et une retraite à 55 ans d'âge et après 25 ans de bons services.

La maison Maloine et, avec elle, quelques maisons secondaires acceptèrent ces requêtes. Mais la grosse majorité des autres s'y montra opposée. Elle voulait bien consentir des concessions individuelles ; elle se refusait à une convention collective. Les commis furent obligés de se soumettre ; ceux d'entre eux qui s'étaient mis en avant pen-

---

[1] Voir dans *La France Libre* du 11 octobre 1919 le détail de ces propositions.

dant la grève furent renvoyés ; la maison
Hachette se sépara de 400 employés dont plusieurs travaillaient chez elle depuis 15 et 25 ans ;
les maisons Nathan, Taillandier, Berger-Levrault
mirent à pied tout leur personnel. Ces exécutions
ont ramené un calme superficiel. Mais quoique un
certain nombre de réintégrations aient eu lieu à
la demande du Ministère du Travail, le commerce
de la librairie a pâti à la fois de l'inexpérience des
nouveaux venus qui ont remplacé les congédiés
et des rancunes des anciens qui sont rentrés sous
le joug à contre-cœur [1].

Outre ces querelles avec leur personnel, les éditeurs ont eu à lutter contre la cherté du papier et
leur syndicat, en octobre 1919, publiait une brochure intitulée : *Pour la défense de la pensée et du
commerce français*. J'ai dit, en parlant du papier,
les résultats auxquels contribua cet appel aux
pouvoirs publics.

Mais des difficultés plus graves subsistaient
pour la diffusion des livres français à l'étranger.

En 1921, *La Renaissance du Livre* entama une
enquête sur la situation de la librairie française à
l'étranger. Elle demandait à ses correspondants :
« Quels sont les livres français qui se vendent le

---

[1] M. Albin MICHEL a fondé pour les commis-libraires des
prix annuels (1.000, 500, 250 francs), à condition qu'ils répondent à ces questions : Quel livre de la librairie Albin MI-
CHEL ils préfèrent ; combien ils en ont vendus, etc. La portée
de ce geste serait plus grande, s'il paraissait moins intéressé.

plus chez vous ? Que faut-il faire pour diffuser la librairie française ? » Des réponses, qui vinrent nombreuses, il résultait que nos classiques et les mémoires tenaient la tête ; qu'au-dessous se plaçaient les romans, les ouvrages touchant aux lettres, aux arts, aux sciences, à la vulgarisation des métiers ; qu'en revanche notre poésie moderne était fort peu demandée. Quant aux procédés pouvant activer la vente, on recommandait la baisse des prix, la réduction des frais et des difficultés d'expédition, des crédits à long terme, la renonciation aux paiements exigés d'avance, un emploi plus large des circulaires, catalogues, prospectus, voire des réclames dans les journaux des pays qu'on désire atteindre, surtout une nouvelle organisation du commerce comportant des envois de volumes à l'examen, des expositions et la création à Paris d'une maison centrale de commission où l'on pourrait se procurer toutes les nouveautés et aussi tous les livres anciens.

Toutefois il faut distinguer ici les pays à monnaie dépréciée et ceux où la monnaie a un cours élevé.

Parmi ces derniers, comme le franc perdait relativement au dollar américain, à la livre sterling anglaise, au franc suisse, au florin hollandais, à la peseta espagnole, les habitants de ces contrées pouvaient acheter en France à bon compte. Mais les libraires étrangers, servant d'intermédiaires entre les acheteurs de leur pays et les éditeurs parisiens, gardèrent longtemps pour eux le bénéfice du change et majorèrent même à leur profit les prix déjà très hauts des livres venant de France. Ce n'est guère qu'à partir d'octobre 1919 que les libraires suisses, par exemple, ont consenti à faire bénéficier leurs clients du fait qu'un livre, vendu 10 francs à Paris, ne coûtait pas plus de 4 francs en monnaie suisse. Encore y furent-ils forcés, parce que les acheteurs avaient pris le parti de commander directement à Paris les volumes dont ils avaient besoin ou envie [1]. Ailleurs les libraires renoncèrent à faire venir de France des volumes décidément trop chers ; l'un d'eux écrivait du Brésil, en septembre 1919, à un éditeur de Paris : « En vue de l'incroyable augmentation des prix de la librairie de votre pays, portés maintenant au double de ce qu'ils étaient avant la guerre, nous avons décidé de suspendre à l'avenir l'importation et la propagande de la littérature française, importation et propagande que nous faisions depuis vingt ans...

« Veuillez donc suspendre les commandes existant encore chez vous. »

Les choses se passaient autrement dans les pays où le change était favorable à la France, où le franc français gagnait sur leur monnaie. C'était le cas pour l'Allemagne, l'Autriche, la Pologne, la Tchéco-Slovaquie, la Yougo-Slavie, les Etats bal-

---

[1] *Pour la défense de la Pensée et du Commerce français,* p. 10.

tiques, la Roumanie, la Bulgarie, la Turquie, la Grèce, l'Italie.

Quand l'écart du change était petit, l'exportation était encore possible ; mais dès qu'il devenait considérable, elle était paralysée. En Allemagne, un livre français exigeait un débours de 100, 150, 200 marks, suivant les cours du jour, et cela n'était pas pour faciliter la vente dans un Etat où des ultra-patriotes prêchaient le boycottage des marchandises françaises. En 1919, un ouvrage vendu en France 5 francs coûtait en Roumanie 40 leis ; or, le lei avant la guerre était l'équivalent de notre franc. Un livre de 6 francs à Paris revenait à 37 couronnes dans la ville de Prague. A Vienne, un livre de 7 francs se vendait, en 1921, de 2.000 à 2.500 couronnes. En Pologne, où l'on aime et voudrait avoir les ouvrages français, un franc de chez nous a valu, à certains moments, 480 et 500 marks polonais. Multipliez par ce chiffre le prix d'un volume valant 10 francs à Paris, vous arrivez à 5.000 marks, sans compter les frais de transport et le bénéfice légitime du libraire.

La conséquence fut qu'en beaucoup d'endroits les livres français furent supplantés par les livres allemands. Ce n'est pas que ceux-ci fussent mieux conditionnés ni même établis à meilleur marché. Mais par cela seul que le mark avait subi une dépréciation énorme, les pays acheteurs pouvaient se libérer à bon compte de la somme à payer. Pologne, Hongrie, Tchéco-Slovaquie, etc., furent inondés de livres germaniques ; il en fut de même de l'Amérique du Sud. Bien plus ! Les maisons allemandes, profitant de la dépréciation du mark et aussi du bon marché des matières premières en leur pays, publièrent des livres français à des prix qui défiaient la concurrence des maisons françaises. En Allemagne, où la propriété littéraire cesse d'être garantie après trente ans, en Autriche où cette protection ne dépasse pas vingt-cinq ans, on peut non seulement rééditer gratis nos classiques, mais presque tous nos écrivains du XIXe sècle. La maison Manz, à Vienne, a pu lancer ainsi toute une collection française. *L'Internationale Bibliothek* de Berlin (en 1920) a jeté sur le marché une masse de volumes à six et neuf marks, où l'on trouve les œuvres de Balzac, de Murger, de Béranger, de Chénier, de Rousseau, de Voltaire. A Leipzig, en 1921, *L'Insel Verlag* publiait au prix de 35 marks (le mark avait déjà fortement baissé) des œuvres de Musset, de Stendhal, de Baudelaire et même les discours et lettres de Napoléon. Un éditeur allemand, en 1919, a demandé à un libraire de Genève de se procurer le droit de reproduction de 300 romans français récents, non encore tombés dans le domaine public. Il proposait de faire réimprimer ces ouvrages en Allemagne, et, tout en lui réservant 5 % pour la vente, il croyait pouvoir lui livrer ces volumes au prix de 1 fr. 25 (monnaie suisse).

En France même, ces éditions allemandes sont

avantageuses pour les acheteurs. Que pouvaient faire nos éditeurs pour lutter contre cette concurrence ? Faire imprimer leurs livres à l'étranger, là où les frais de production étaient moindres. Mais c'était porter préjudice à l'imprimerie française. Il y eut un tollé contre une maison qui avait essayé cette opération à Vienne. Tout au moins des succursales françaises pouvaient se fonder à l'étranger, y éditer des ouvrages destinés à être vendus hors de chez nous. C'était faire concurrence à l'Allemagne sur son propre terrain. Je crois que la maison Larousse a tenté l'aventure à Varsovie. Faute de mieux, les éditeurs français, d'accord sur ce point avec les auteurs ont demandé que les livres français, édités hors de France par des maisons étrangères, fussent à leur entrée sur notre territoire frappés, du moins, d'une taxe.

*
* *

§ 5. — La réorganisation de la vente du livre

Outre ces moyens de parer au mal, ils en ont imaginé un autre, qui pourrait bien être plus efficace. C'est de réorganiser la vente du livre en France en la centralisant.

En 1920, M. Caullery, au nom de la *Fédération des Sociétés savantes*, M. André Mayer, au nom de la *Fédération des Sociétés de Chimie et de*

Sciences naturelles, jetaient un cri d'alarme. Il devenait impossible aux jeunes savants, peu pourvus d'écus, de publier leurs thèses, dont le prix se montait à 13 et 14.000 francs. Il devenait très difficile aux professeurs de se tenir au courant des travaux scientifiques paraissant dans le monde entier.

Alors la *Confédération de l'Intelligence et de la Production françaises* organisait une seconde *Semaine du Livre,* et en juin 1921, se tenait à Paris le second *Congrès du Livre.* Cette fois le Congrès prit des résolutions. Entre autres choses, sur un rapport de Léon Michaud, libraire à Reims, il s'efforça de régler les relations de la librairie de détail soit avec le public, soit avec les éditeurs. Il lui donna des conseils précis sur la façon de disposer et de renouveler incessamment l'étalage, sur l'utilité qui existe à envoyer aux clients des catalogues, des prospectus et même des nouveautés en communication. Il invita les libraires à s'instruire, à se préparer à leur métier, à être sévères pour le recrutement de leurs employés. Il les engagea à former des syndicats qui agiraient en harmonie avec ceux des éditeurs, etc.

Tout cela devait aboutir à une création, qui est le plus important progrès réalisé en ce domaine : c'est *La Maison du Livre.*

L'idée de créer à Paris un dépôt central où l'on rencontrerait toutes les publications récentes et d'où l'on pourrait les expédier à toute destination n'était point neuve. Elle avait eu un commencement d'exécution en 1840. Elle avait reparu vers 1885. En ce temps-là, Charles Bayle fonda rue de l'Abbaye un vaste entrepôt dont le but était de répondre à ce besoin de concentration. Mais les éditeurs, soit inertie, soit mauvaise volonté à l'égard les uns des autres, ne soutinrent pas l'entreprise qui se termina par un échec.

Le moment était maintenant plus favorable. Déjà, en pleine guerre, s'était constituée la *Société d'exportation des éditions françaises, et,* après l'armistice, était née une *Société mutuelle des éditeurs* qui entendait travailler à la diffusion du livre. En 1919, on s'avisa qu'il fallait associer les libraires-détaillants à cette œuvre d'union, si l'on voulait qu'elle vécût, et un Comité d'études fut chargé de préparer les statuts et l'organisation d'*une Société centrale des éditeurs et des libraires français,* où la librairie, la musique et les estampes devaient être représentées.

Elle choisit pour siège social *La Maison du Livre,* rue Félibien, dans le 6e arrondissement. Société anonyme par actions, elle se constitua le 31 mars 1920 au capital de 1.700.000 francs. Elle absorbait bientôt les sociétés dont je viens de parler et, subventionnée par le Ministère du Commerce, par le Conseil municipal de Paris, elle s'installait dans un grand bâtiment attenant au marché Saint-Germain. A ses débuts elle comptait 119 actionnaires éditeurs et 639 actionnaires libraires. Elle se donnait un conseil d'administration composé de 24 membres, 12 éditeurs de spécialités diverses, 12 libraires de régions différentes. Elle avait pour président M. Gillon, de la librairie Larousse, pour secrétaire général M. Jean-Paul Belin, appartenant à une famille bien connue dans la profession. Il serait injuste d'oublier parmi ceux qui contribuèrent le plus à la mettre debout M. Georges Valois, libraire et publiciste.

Depuis lors le capital a été porté à 3 millions. Les statuts se sont élargis de façon à comprendre fabricants de papier, imprimeurs, brocheurs, relieurs, toutes les branches de l'industrie du livre. C'est aujourd'hui un organisme vivant en pleine action, comme va le prouver un aperçu de ses différents services.

Ils sont tous calculés en vue de simplifier et d'accélérer les relations entre les éditeurs et libraires et, par suite, entre auteurs et acheteurs de livres. Voici les avantages qu'elle offre aux libraires : elle groupe tous les bulletins de commande qui lui sont adressés par eux et elle les distribue entre les différentes maisons qu'ils concernent. Elle fait de même pour les abonnements aux journaux et revues. Elle assure ensuite l'expédition de ces commandes ; elle a pour cela conclu des accords avec toutes nos Compagnies de chemin de fer qui viennent prendre chez elle tous les ballots réunis dans un bureau unique, commun à tous les réseaux. Elle reçoit de même tous les retours de livres invendus et les répartit entre les maisons auxquelles chaque paquet est destiné. Elle se charge de toutes les formalités de dédouanement pour les retours venant de l'étranger. Puis de même qu'elle groupe les commandes, elle groupe les paiements. Chaque libraire adhérent peut, en un seul chèque ou bordereau, acquitter tout ce qu'il doit aux différentes maisons d'édition. C'est la Maison du Livre qui fait le départ de ce qui revient à chacune.

Elle a de plus un service de contentieux qui se charge de régler les créances litigieuses entre éditeurs et libraires et qui, au besoin, intente les actions nécessaires. Elle offre encore aux libraires des tables bibliographiques, soigneusement tenues au courant, et si un ouvrage rare est demandé, elle prend en mains la recherche, ce qui peut servir aussi aux auteurs traitant tel ou tel sujet. Elle a une salle spéciale réservée aux libraires de province qui sont de passage à Paris. Elle accorde le titre de correspondants à ses clients et leur donne un panonceau signalant à tout venant qu'ils sont ses affiliés.

Un bulletin mensuel renseigne les abonnés sur toutes les questions intéressant l'industrie du livre et un annuaire est annoncé, qui contiendra les adresses de toutes les maisons d'édition et de librairie.

Enfin, l'organisation doit se compléter par une *école de la librairie* où l'on dressera non seulement les commis, mais encore les patrons de l'avenir.

Tel est le suprême effort de centralisation fait pour la vente et la diffusion du livre français, tant sur notre territoire que dans les pays étrangers. Il ne reste qu'à lui souhaiter persévérance et bon succès [1].

---

[1] A signaler, dans le sens catholique : *L'office central de librairie et de bibliographie,* avec son organe: *Les fiches du mois,* et aussi, dans le sens régionaliste, les vœux émis par l'*Union des Fédérations des Syndicats d'Initiative* pour créer une entr'aide entre la littérature et le tourisme. Une *Ecole préparatoire de librairie* a été ouverte en 1924 par les soins du *Cercle de la librairie.*

CHAPITRE II

L'ÉVOLUTION ÉCONOMIQUE DE LA PRESSE PÉRIODIQUE

§ 1. — LA QUESTION D'ARGENT DANS LA PRESSE AVANT 1836

La presse, comme le livre, a toujours à compter avec la question d'argent. Un périodique, journal ou revue, qu'il soit un organe d'information ou d'opinion, est en même temps une affaire. Il faut qu'il couvre ses frais pour vivre. Il faut, comme toute entreprise commerciale, qu'il équilibre ses recettes et ses dépenses, sous peine de sombrer dans la faillite.

Le journal, depuis 1789, s'était lentement, mais continûment transformé. Son format avait grandi. Sous la Révolution, on le voit in-4°, in-8° et même in-12. C'est le plus souvent un petit volume de 4 ou 5 pages divisées en deux colonnes, complété très souvent par un supplément où sont renvoyées les annonces et aussi les polémiques. Quand *Le Moniteur*, édité par Panckoucke, parut in-folio, ce fut une avalanche de railleries contre ce « papier gigantesque ». Mais l'abondance des matières nécessitait cette extension. *Le Journal des Débats*, acheté par les frères Bertin en 1799, voulut d'abord garder le format in-4°; mais il s'augmenta bientôt d'un feuilleton dramatique, qui dans les journaux du temps était imprimé tantôt en long, tantôt en large, mais de façon à pouvoir en être détaché, et qui, dans *Les Débats,* s'installa définitivement au rez-de-chaussée, en leur donnant du même coup le format in-folio. Les dimensions et la disposition des quotidiens restèrent à peu près telles durant toute la Restauration [1].

Quant au prix, l'abonnement pendant la Révolution coûtait de 3 à 72 livres par an, et le numéro se vendait trois sous et parfois davantage. Les abonnés étaient alors l'essentiel ; ils formaient une troupe fidèle de gens ayant les mêmes opinions politiques. Un journal qui avait quelques milliers d'abonnés pouvait alors être considéré comme ayant un honnête rendement. Sous l'Empire, le *Journal des Débats* et quelques autres payèrent cher, comme nous l'avons vu, ce genre de succès, puisqu'ils furent confisqués par l'Empereur et que leurs bénéfices furent partagés entre les gens de lettres dévoués à sa personne.

Sous la Restauration, le régime parlementaire, qui développa dans la nation le souci des affaires

---

[1] Voir HATIN pour plus de détails,

publiques, fit des journaux des entreprises lucratives. En février 1827, à l'occasion du tarif postal, dont le barème a toujours pour la presse une sérieuse importance, le ministre de Villèle crut pouvoir, à l'aide de renseignements fournis par sa police, révéler du haut de la tribune des détails curieux et indiscrets sur les bénéfices réalisés par les différents journaux. Il déclarait que pour *Le Constitutionnel*, ayant 20.000 abonnés, les dépenses s'élevaient à un total de 686.405 francs ; et que, le produit des abonnements étant de 1.440.000 francs, il restait 753.595 francs pour payer les rédacteurs et pour fournir des dividendes aux bailleurs de fonds. Pour *Les Débats*, qui comptaient 12.600 abonnés, pour *La Quotidienne* qui en avait 6.500, pour *Le Journal de Paris*, qui descendait à 4.000, pour d'autres qui ne dépassaient pas 3.000, les bénéfices, au dire du ministre, étaient respectivement, frais de rédaction exceptés, de 458.784, 179.900, 86.158, 76.380 francs.

On ne saurait garantir l'exactitude de ces chiffres, malgré leur précision apparente. Mais on ne peut douter qu'un journal devenait une exploitation avantageuse. Seulement il exigeait un capital de plus en plus gros. De Villèle l'évaluait à 20.000 francs, chiffre certainement insuffisant. Déjà tel ou tel appartenait à deux propriétaires (c'étaient les frères Bertin pour *Les Débats*) ou même à des groupements politiques plus encore que financiers. Les annonces (il ne faut pas oublier que le journal,

dès ses débuts, servait les intérêts du commerce)
formaient une partie non négligeable des profits
que directeurs et rédacteurs tiraient de leur
feuille. Elles étaient encore peu nombreuses ;
mais la réclame, qui se glissait dans les pages où
l'annonce ne pénétrait pas, apportait des gains
supplémentaires, plus forts et plus cachés.

Les romanciers sont les historiens des mœurs,
de la vie privée d'une nation. On me permettra
donc de renvoyer ceux qui veulent étudier la situation de la presse vers l'année 1830 au roman de
Balzac où il nous conte les déceptions et les chutes
d'un grand homme de province brusquement jeté
dans le tourbillon de la vie parisienne [1].

Oh ! le tableau de ce qu'était alors la petite
presse n'est certes pas flatté ! Il s'agit d'abord de
recruter des actionnaires. Un éditeur qui veut lancer ses ouvrages, un marchand enrichi qui veut
lancer une danseuse, voilà ceux qui fournissent les
fonds ! Pour directeur, un homme léger de scrupules, prêt à se faire à volonté ultra ou libéral et
décidé à faire suer à sa feuille tout ce qu'elle peut
rapporter. Par quels moyens ? En vendant l'influence de son journal aux ministres ou bien à
leurs adversaires. (De Villèle s'était montré un
maître dans l'achat, je n'ose dire des consciences,
mais des journaux qui le gênaient.) En exigeant
des théâtres, pour qu'il soit rendu compte de leurs

---

[1] *Les Illusions perdues.*

pièces, un certain nombre de loges qu'on revendra, et, en sus, la prise d'une certaine quantité d'abonnements qu'on encaissera sans les servir. En faisant payer aux éditeurs, en volumes, en argent, en manuscrits qui leur seront imposés, les éloges qu'on fera des ouvrages publiés par eux, éloges qui se changeront en féroces éreintements, si ces messieurs font mine d'être récalcitrants. En extorquant aux commerçants le prix du bien qu'on dira de leurs produits et du mal qu'on dira de ceux de leurs concurrents, à moins que lesdits commerçants ne préfèrent pour leurs chers confrères le régime du silence. En se faisant donner par surcroît des échantillons de ces produits (vin fin, cirage supérieur, crême de beauté, pâte des Sultanes) qu'on recédera pour moitié prix à des détaillants.

Telles sont les ressources du directeur, sans compter son traitement officiel. Il en a d'autres encore. Il gagne sur le salaire de ses rédacteurs. Il leur fait attendre aussi tard que possible leur paiement. « Finot, mes cent sous ! », dit un dessin affiché dans la salle de rédaction. Et ce sont d'interminables discussions sur les *blancs* que comportent les articles, sur les lignes plus ou moins courtes qu'ils contiennent. Au reste s'il leur alloue 300 francs par mois, il en compte 500 à ses actionnaires.

Les simples journalistes, au point de vue politique, se divisent en deux catégories que Musset

définit ainsi[1] : « Deux sortes de journaux se
publient : journaux d'opposition, journaux ministériels ; c'est comme qui dirait arme offensive,
arme défensive ou, si vous voulez, le médecin
Tant-Pis et le médecin Tant-Mieux. Ce que font
les ministres, les Chambres, votes, lois, canaux,
projets, budgets, les uns critiquent tout sans compter, frappent deçà, delà (rien ne passe) à tort et
travers ; mais non pas les autres, bien au contraire ; tout est parfait, juste, convenable ; c'est
ce qu'il fallait ! Le temps en était venu, ou bien
n'en était pas venu, selon le thème... Voilà ce
qu'on fait à Paris, à trois pas de nous, en cent
lieux divers, non pour un homme, mais pour la
plus vaste, la plus inextricable, la plus effrayante
machine animée qui existe, celle qu'on nomme gouvernement. » Voilà donc les journalistes parqués
en deux camps adverses qui se combattent sans
répit[2] !

Au point de vue économique, ce sont de pauvres
hères plus riches de talent que d'écus, plus pourvus d'appétits que de convictions, qui pour se faire
connaître, pour avoir un nom, gage d'une vie moins
mesquine et moins dure, sont prêts à toutes les
capitulations de conscience et serrent les coudes
pour barrer la route aux nouveaux venus, pour les

---

[1] Troisième lettre de Dupuis et Cotonet (9 mars 1837).

[2] Les caricaturistes du temps représentent les premiers,
maigres, traqués, harcelés, et les seconds gras, fleuris, « nourris des immondices du budget » (*Estampes de la Bibliothèque
Nationale*).

empêcher de rogner leur part du gâteau. Ils recourent, eux aussi, à toute espèce d'expédients. Ils ont pour arme leur plume qui peut devenir une arme empoisonnée. Ecoutez ces conseils d'un dessalé à un novice qu'il s'agit d'opérer de sa candeur et de ses scrupules : « Je ne vous parle pas du plaisir d'aller au spectacle sans payer, car ce plaisir deviendra bientôt une fatigue ; mais vous aurez vos entrées dans les coulisses de quatre théâtres. Soyez dur et spirituel pendant un ou deux mois ; vous serez accablé d'invitations, de parties avec les artistes ; vous serez courtisé par leurs amants... Vous ne saviez où donner de la tête à cinq heures ; vous êtes à la veille de devenir une des cent personnes privilégiées qui imposent des opinions à la France. Dans trois jours, si nous réussissons, vous pouvez, avec trente bons mots imprimés à raison de trois par jour, faire maudire la vie à un homme ; vous pouvez vous créer des rentes de plaisir chez toutes les actrices de nos théâtres ; vous pouvez faire tomber une bonne pièce et faire courir tout Paris à une mauvaise... Voilà les bénéfices du métier de journaliste... ! »

Voulez-vous voir maintenant l'installation d'un de ces petits journaux ? Représentez-vous un bureau de rédaction où personne ne vient, mais qui est barré par cette inscription : *Le public n'entre pas ici.* Le journal se fait partout ailleurs que dans ce désert, au café, dans les coulisses des théâtres, à l'imprimerie, de onze heures à minuit. A l'adresse

de son siège social, on ne trouve qu'un caissier
pour recevoir le montant des abonnements, et un
gérant, vieux grognard, dont la mission est de
faire les mois de prison et d'accueillir à la pointe
de l'épée, voire par une provocation en duel, les
réclamations des victimes étrillées par les rédacteurs. Un diplomate étranger [1] nous a laissé cette
description de l'officine où se fabriquait *Le Temps*,
journal modéré, et où le duc d'Orléans, héritier
présomptif de la couronne, ne dédaignait pas de
venir de temps en temps fumer une pipe : « Vous
y entrez au risque d'être asphyxié par toutes
sortes d'exhalaisons et la fumée des pipes et des
cigares. Couchés sur des canapés sales et déchi-
rés, des gens mal vêtus discutent bruyamment. Il
ne faut pas mal de temps pour se reconnaître dans
cet antre obscur et enfumé et rempli d'un brouillard
plus épais et mille fois plus méphitique que celui
de Londres. » Le journal « se fait entre la bou-
teille et la pipe ; les débris des unes et des autres
se trouvent çà et là sous les tables et les canapés.
Le vin exalte MM. les journalistes... Que ne fait-on
pas dans ce repaire d'où sortent tous les malheurs
qui accablent l'humanité ! »

---

1 *Mémoires* du comte Rodolphe Apponyi, (T. II, p. 232).

*
**

§ 2. — LA PRESSE A BON MARCHÉ
ÉMILE DE GIRARDIN

C'est dans ce monde de la presse, monde très remuant, très intelligent, mais affamé et corrompu, que s'accomplit, en 1836, une véritable révolution économique.

Elle répondait, on peut. le dire, à l'évolution de la société qui devenait industrielle et mercantile. Sous le règne de Louis-Philippe, âge d'or de la bourgeoisie, le souci des intérêts matériels, respectable, quand il n'est pas exclusif, prime tous les autres dans la classe dirigeante. C'est le temps où l'argent est un titre nécessaire pour être électeur et éligible, où l'argent dispense du service militaire et permet de s'acheter un remplaçant, où l'argent gouverne, fait les députés et les lois. Il est naturel que la presse subisse alors une transformation profonde amenée par la question d'argent.

Déjà, au lendemain de 1830, un homme d'affaires des plus entreprenants, un homme à idées et à combinaisons financières, Emile de Girardin, proposait aux ministres de mettre *Le Moniteur* à un sou, afin que tous les Français pussent au moins lire le *Journal officiel* et connaître la loi que nul citoyen n'est censé ignorer. Il fut regardé comme un utopiste : mais l'idée, qui s'accordait avec les premiers efforts sérieux tentés pour développer l'instruction primaire, était, pour ainsi dire, dans l'air. Le 15 mars 1836, Léonce de Lavergne publiait un numéro spécimen du *Journal général de France*, journal conservateur qui coûtait 48 francs par an au lieu de 80 et qui vécut jusqu'en 1840.

Quelques mois plus tard, Girardin, bâtard d'un grand seigneur dont il avait fièrement revendiqué et arboré le nom, revenait à la charge. Connu par des procès et des duels, élu à la Chambre des Députés, peut-être agent du ministère, il avait déjà créé deux entreprises curieuses de vulgarisation : il avait fondé *Le Voleur*, un journal qui vivait uniquement de reproductions, puis *Le Journal des connaissances utiles* qui avait brillamment réussi. Il se dit qu'en exploitant mieux la publicité on pouvait abaisser de moitié le prix des abonnements, le ramener de 80 francs à 40, et vendre le numéro au-dessous du prix de revient : le déficit devait être comblé et au delà par ce que pouvaient rapporter les annonces [1]. Avec un financier nommé Dutacq il dressa le devis d'un journal sur ces bases nouvelles. Seulement les deux hommes ne purent s'entendre sur le choix du directeur. Girardin tenait à l'être et l'accord fut rompu. Dutacq,

---

1 Voir à ce sujet *Armand Carrel et Emile de Girardin*, par Louis FIAUX (Paris, M. Rivière, sans date), et *Journaux et journalistes* (Paris, 1866, in-12, chez Cournol), par SIRVEN (Alfred).

se retirant, fit affaire avec *Le Siècle,* et constitua un capital de 600.000 francs en actions de 200 francs. Girardin riposta en constituant, pour son journal qui devait s'appeler *La Presse,* un capital de 800.000 francs en actions de 250 francs, capital pour lequel son imprimeur et son fabricant de papier avaient fourni 50.000 francs.

Les deux journaux rivaux parurent le même jour, le 1ᵉʳ juillet 1836. Ce fut un grand émoi dans le milieu vibrant du journalisme parisien. La chose était, en effet d'importance, et elle avait, comme il arrive presque toujours à une innovation, son bon côté et son mauvais.

Voici le premier, celui que faisaient valoir les auteurs et les partisans de la réforme : D'abord, elle était *démocratique.* Dans une nation, composée non plus de sujets, mais de citoyens, ayant à sa tête un souverain qui s'intitulait non plus roi de France, mais roi des Français, tout le monde était intéressé à la bonne marche des affaires publiques. Il était séant et juste que le petit boutiquier, l'ouvrier, le paysan pussent suivre dans les journaux les péripéties de la politique. Puis la réforme était *favorable au commerce et à l'industrie.* La publicité avait été jusqu'alors un moyen de propagande dont Anglais, Américains, Allemands avaient tiré grand profit. Il importait à la prospérité de la France de mettre en lumière et par suite en valeur des produits qui ne le cédaient en rien à ceux des pays voisins.

Enfin la réforme devait *agréer aux femmes*, cette moitié de l'humanité jusqu'alors trop négligée. Les journaux, voués presque uniquement aux discussions politiques, accordant tout au plus une petite place à la critique des livres et des pièces de théâtre, étaient pauvres en fait d'agrément et parlaient peu à l'imagination. Mais les journaux nouveau modèle entendaient donner asile au roman-feuilleton, au roman débité en tranches et tenant l'abonné par ces mots magiques : *La suite au prochain numéro*. Quel débouché ouvert dès lors aux littérateurs et même aux dessinateurs ! Car bientôt le roman-feuilleton allait paraître illustré.

Il est certain que cette presse à bon marché était en un sens un progrès. Mais il faut mettre en regard le revers de la médaille. Girardin a dit plus tard : « Le journalisme n'est pas une puissance; c'est une profession. » En devenant un métier comme un autre, il risquait de perdre sa vertu éducative et son autorité sur les esprits. En prenant pour but sinon exclusif, du moins principal, de gagner beaucoup d'argent, il était en grand danger de se rabaisser, de s'avilir ; au lieu d'être l'organe d'une conviction politique ou religieuse, il était menacé de devenir une simple affaire, une pure entreprise commerciale, de tomber sous la domination de la finance, de sombrer dans la vénalité.

Il ne manqua pas d'hommes perspicaces pour annoncer et déplorer cet abaissement probable du journalisme. Balzac, dans le roman que j'ai cité plus haut, rappelait un mot terrible du général prussien Blücher, quand il arriva devant Paris en 1814 !: « Saacken, qui était un brutal, dit : « Nous allons donc brûler Paris ! » « Gardez-vous en bien, la France ne mourra que de *ça !* répondit Blücher, en montrant ce grand chancre qu'ils voyaient étendu à leurs pieds, ardent et fumeux, dans la vallée de la Seine. »

Et la conversation qui suit n'est pas moins pessimiste :

« L'influence et le pouvoir du journal n'est qu'à son aurore, dit Finot ; le journalisme est dans l'enfance ; il grandira. Tout, dans dix ans d'ici, sera soumis à la publicité. La pensée éclairera tout ; elle...

« Elle flétrira tout, dit Blondet en interrompant Finot...

« Blondet a raison, dit Claude Vignon. Le journal, au lieu d'être un sacerdoce, est devenu un moyen pour les partis ; de moyen, il s'est fait commerce, et comme tous les commerces, il est sans foi ni loi. Tout journal est une boutique où l'on vend au public des paroles, de la couleur dont il les veut. S'il existait un journal des bossus, il prouverait soir et matin la beauté, la bonté, la nécessité des bossus. Un journal n'est plus fait pour éclairer, mais pour flatter les opinions. Ainsi tous les journaux seront, dans un temps donné, lâches, hypocrites, infâmes, menteurs, assassins ; ils tueront les idées, les systèmes, les hommes et fleuriront par cela même... »

Des opinions semblables furent énoncées par les adversaires de Girardin. Il est probable que tous n'étaient pas animés de nobles sentiments, que plus d'un, sans le savoir, sans se l'avouer, en voulait à un concurrent dangereux. Il faut reconnaître aussi que Girardin ne s'était pas interdit une attitude provocante. Il reprochait aux administrateurs des autres journaux d'être ou rapaces ou incapables, puisque ou bien ils s'assuraient des bénéfices exagérés ou bien ils ne savaient pas bien mener leur barque, en obligeant le public à payer 80 francs ce qu'il se faisait fort de lui offrir à 40.

Chose curieuse ! Ce fut dans le camp démocratique que cette réforme soi-disant démocratique suscita les plus vives objections. Ce fut *Le Bon Sens* qui commença l'attaque. C'était un journal de gauche où écrivaient François Arago, Louis Blanc et dont Cauchois-Lemaire était directeur. Un des rédacteurs était Capo de Feuillide, poète et journaliste, qui était né aux Antilles et se qualifiait lui-même de « Gascon des Tropiques ». Il avait eu un duel héroï-comique avec Gustave Planche à propos d'un article où il avait malmené George Sand. Le duel était encore à la mode. « Les querelles de plume sentent l'épée en France », disait Musset. Toujours est-il qu'en quatre feuilletons Capo de Feuillide, avec un grand luxe de chiffres, prétendait démontrer que l'entreprise lancée avec fracas devait aboutir à la faillite. Le tout était agrémenté d'allusions peu courtoises à la vie publique de Girardin.

Les articles manquaient assurément de gravité et de mesure.

D'autres journaux prenaient part à la polémique : *Le Temps, Le Constitutionnel, L'Impartial, Le Journal du Commerce, Le Corsaire, Le Charivari,* et quelques satiriques affectaient d'appeler Girardin Emile Lamotte ou M. de Blaguardin. Mais celui-ci avait répondu d'une manière qui était peu ordinaire dans ces querelles de journalistes ; il avait assigné en police correctionnelle, pour diffamation, le gérant du *Bon Sens*.

Cela s'était passé dans la première quinzaine de juillet. Le 19, à 11 heures du soir, à l'instant où Carrel quittait le journal, on lui rappela qu'il avait promis de mettre dans le *National* une note sur le procès engagé. Il écrivit alors une note dont voici l'essentiel : « Comme premier moyen de succès, M. E. de Girardin a cru devoir publier des prospectus dans lesquels il parle de journaux qui existent depuis six, dix, quinze et vingt ans, en termes que nous nous sommes contentés de mépriser pour notre compte, mais qu'un de nos confrères, le *Bon Sens*, a relevés dans une série de feuilletons fort piquants. ». Carrel s'étonnait ensuite qu'au lieu de répondre dans son journal M. de Girardin eût fait appel à un tribunal où la condamnation était certaine.

Girardin répondit en menaçant : « Si l'on nous y force, dit-il, nous publierons ce que *Le Bon Sens, Le National* et *Le Temps* ont coûté à leurs actionnaires ; nous ferons à notre tour les comptes de ces journaux, puisqu'ils prennent la peine de faire les nôtres ; les renseignements sur ce point ne nous manqueront pas plus que ceux qui nous seraient nécesaires pour la biographie de plusieurs rédacteurs de ces journaux, si nous étions jamais contraints de la publier. » Girardin avait en outre parlé « de la loyauté attribuée au caractère de M. Carrel. » Carrel était le chef du parti républicain et jouissait de l'estime universelle à cause de son caractère droit et courageux. Friand de la lame, il avait eu, lui aussi, plusieurs duels. Mais, assagi par l'âge, il se rendit chez Girardin pour lui demander une explication. Elle eut lieu en présence de plusieurs témoins. L'entrevue fut très courtoise. L'affaire paraissait arrangée.

Mais que se passa-t-il ensuite ? Suivant la version ordinaire, une discussion se serait élevée pour savoir qui publierait le premier la note destinée à faire connaître l'accord intervenu. On n'aurait pu s'entendre à ce sujet et un duel aurait été résolu. Suivant M. Louis Fiaux, ce ne serait là qu'une façade. Il faudrait appliquer l'adage judiciaire fameux : Cherchez la femme. Il y aurait eu une seconde visite de Carrel à Girardin, probablement parce que celui-ci avait menacé de publier la biographie de ses adversaires. L'arme empoisonnée des petits papiers a maintes fois servi en matière politique. Or Carrel, au su de ses amis intimes, vivait avec une femme séparée de son mari,

Mme Amélie A..., qu'il ne pouvait épouser, parce que le mari était vivant et que le divorce n'existait pas en France. Allait-on ébruiter cette liaison, livrer la femme qu'il aimait aux commentaires malveillants du public ? C'est ce que Carrel voulait empêcher à tout prix. Il semble bien que ce motif d'ordre privé fut ce qui envenima les choses. Demanda-t-il à Girardin de renoncer à ce moyen de polémique ? Essuya-t-il un refus ? On est réduit à des conjectures. Mais ce qui est certain, c'est que dans cette seconde visite une rencontre fut décidée. C'est alors que Girardin, en réponse à Carrel qui lui disait : « Vous cherchez une affaire ? » aurait répondu : « Un duel avec vous serait une bonne fortune pour moi. »

Le duel eut lieu à Saint-Mandé, au pistolet. Au moment du combat, Carrel prononça ces mots, qui paraissent bien accréditer la version d'un motif étranger à la presse à bon marché : « Monsieur, nous devons nous battre; vous m'avez menacé d'une biographie ; la chance des armes peut m'être contraire ; cette biographie, vous la ferez alors ; mais, si vous la faites loyalement, dans ma vie privée, comme dans ma vie politique, vous ne trouverez rien qui ne soit honorable, n'est-ce pas, monsieur ? — Oui, monsieur », répondit Girardin.

Carrel tira le premier. Girardin, blessé à la cuisse, riposta. Carrel fut atteint au ventre et la blessure devait être mortelle.

Cette mort d'un des plus redoutables adver-

saires de la monarchie, tué par un homme qui était
à ce moment dans les meilleurs termes avec le
ministère, eut un énorme retentissement. Girardin,
qualifié de duelliste trop heureux, de spéculateur
en duel, eut beau se désister de sa plainte contre
Le Bon Sens, refuser deux nouveaux duels avec
Capo de Feuillide et un ami de Carrel; il eut beau
dire : « Cette tombe demeure ouverte et cachée
en mon cœur. » Il resta suspect aux républicains.
Les affiches de *La Presse* furent lacérées. Sa
réforme fut traitée d' « entreprise ruineuse et insen-
sée d'un homme qui mesure la pensée à l'aune. »
C'est seulement en 1848, sur la tombe de Carrel,
où se réunissaient les amis du mort, qu'il prononça un discours expiatoire et obtint la réconci-
liation qu'il désirait.

Cependant, après ce baptême sanglant, le succès
de *La Presse* fut indéniable. Elle eut au bout d'un
an 20.000 abonnés : elle compta parmi ses rédacteurs Théophile Gautier, Balzac, Eugène Sue, Capo
de Feuillide lui-même, et le vicomte de Launay
qui n'était autre que Mme de Girardin. *Le Siècle*
avait réussi plus brillament encore : il comptait
38.000 abonnés. Les autres journaux, à l'exception
des *Débats* qui s'adressaient à une clientèle riche,
abaissaient à 40 francs leur prix d'abonnement.
Tous se lançaient dans le roman-feuilleton, où
triomphaient Alexandre Dumas avec *Les trois
Mousquetaires* et le *Comte de Monte-Cristo*,
Eugène Sue avec *Les Mystères de Paris* et le *Juif*

Errant, Frédéric Soulié avec les *Mémoires du Diable. Les Débats,* qui avaient résisté, cédaient au courant et *Le Constitutionnel* illustrait son feuilleton.

Puis il y eut des essais pour augmenter la dimension des journaux. C'est une des circonstances assez nombreuses où la presse anglaise a influé sur la nôtre. On créa un journal qui eut la prétention d'être encyclopédique, de faire entrer dans son cadre toutes les matières possibles, de fournir chaque jour à ses lecteurs un volume à dévorer. *L'Epoque,* annoncée à grand bruit, parut avec un format qui fut qualifié d'énorme et qui était à peu près celui du *Temps,* tel qu'il est aujourd'hui. Elle força ainsi les autres journaux à s'agrandir en proportion ; mais, bien qu'elle eût recruté 15.000 abonnés, elle fut fort peu goûtée des Français qui trouvèrent indigeste cette pâture intellectuelle si facilement absorbée par les estomacs anglo-saxons.

Toutefois, on ne peut nier que la presse française violemment secouée dans ses habitudes et ses traditions, prit de 1836 à 1848 un essor inattendu. Au dire de Paul Dupont, 1.600 journaux furent créés de 1833 à 1845, à Paris seulement, et l'augmentation fut plus sensible encore dans la province. C'était le signe qu'elle commençait à ne plus mériter les paroles dédaigneuses de Henri Heine : « Ce que pense la province importe autant que ce que pensent mes jambes. »

*
* *

§ 3. — LA PRESSE INDUSTRIALISÉE

Mais on pouvait voir déjà quelques-unes des conséquences de la part croissante prise par la spéculation dans la vie des journaux. En 1845, Ch. Duveyrier, un saint-simonien qui se révélait homme d'affaires comme la plupart de ses confrères, affermait les annonces des *Débats*, du *Constitutionnel*, de *La Presse*. Des banquiers, les frères Péreire et Arlès-Dufour, participaient à l'opération. Ils ouvraient 60 bureaux pour recueillir cette manne commerciale et une grande compagnie se formait, qui, après 1852, aura en mains un véritable monopole. L'intrusion de la finance dans le journalisme allait ainsi grandissant. On vit les actionnaires se disputer la possession d'un journal avec la même âpreté que celle d'un réseau de chemins de fer ou d'une mine d'or. Le vieux *Constitutionnel* avait un directeur et un rédacteur qui n'étaient pas propriétaires. Or le nombre de ses abonnés avait décru ; de 1831 à 1843, il était descendu de 22.000 à 3.720 abonnés. Un groupe d'actionnaires réclama un changement de direction. Les titulaires, Etienne et Jay, deux journalistes vieillis sous le harnais, étaient soutenus par un autre groupe de porteurs d'actions : mais il était en minorité ; Louis Véron fut intronisé à la place de ses deux chefs de la veille ; et ce fut alors la mise à pied d'un bon nombre de rédacteurs et même une orientation politique nouvelle, dont les abonnés qui n'étaient point consultés devaient tant bien que mal s'accommoder.

Cette main-mise de la finance sur la presse s'aggrava encore sous le second Empire. Le gouvernement, pour consoler la France du deuil de la liberté, tâche de lui procurer du moins la prospérité matérielle. Une fièvre de spéculation agite la classe possédante, fièvre des chemins de fer, dont les grandes compagnies viennent de recevoir en cadeau du souverain des concessions de 99 ans ; fièvre des terrains, dans les grandes villes éventrées et assainies. La presse, comme la société environnante, continue à s'industrialiser.

Le financier Mirès, qui finit plus tard par une culbute fameuse, achète *Le Constitutionnel* et *Le Pays*. Le duc de Morny, frère naturel de l'empereur et complice de son Coup d'Etat, cède sa part d'actions du *Pays* pour 500.000 fr., ce qui représente pour lui un bénéfice de 400.000 francs. Mirès met ensuite ses deux journaux (comme qui dirait ses deux régiments) à la disposition du gouvernement, qui désigne comme rédacteur en chef, d'une part Arthur de la Guéronnière, un ex-légitimiste rallié à l'Empire, et Granier de Cassagnac, un bonapartiste de la veille. Le banquier Aguado est propriétaire du *Messager* et du *Journal du Commerce*. Un autre banquier, Delamare, qui a joué en 1848 un rôle assez louche, se rend maître de *La Patrie* qui devient, elle aussi, un organe gouvernemental. Un banquier encore acquiert pour 800.000 francs, versés à Emile de Girardin, sa part de propriété de *La Presse*, qui sera bonapartiste aussi, mais avec tendance à suivre les inspirations du prince Napoléon, autour duquel se réunit un groupe demi-libéral et anti-clérical, dont Sainte-Beuve, Renan, About, Emile Augier, Taine font partie.

Qu'on relise à ce propos la vigoureuse comédie d'Emile Augier, intitulée *Les Effrontés,* et l'on y verra les belles combinaisons que l'honorable non-lieu Vernouillet y élabore avec son ami, le bohème Giboyer !

Si l'on veut voir sous une autre face cette domination de l'argent, voici Emile de Girardin qui propose à l'Administration de fonder un journal à 18 francs, qui serait transporté gratuitement par la poste, qui écraserait toute concurrence et façonnerait à son gré l'opinion publique ; et si l'Administration n'ose adopter ce projet d'une crudité trop éclatante, du moins aura-t-elle des journaux, comme *Le Moniteur du Soir* ou *Petit Moniteur,* qu'elle vendra un sou et cédera ainsi à perte. On peut citer d'autres échantillons de cette dégénérescence mercantile de la presse. *L'Etendard,* pour 64 francs, donne à ses abonnés le moyen d'en récupérer 40, en leur offrant le choix entre vingt-huit articles de lingerie. *Le Nouveau Commerce* se distribue gratis ; car la quittance de l'abonnement

(6 francs) [1], est acceptée en paiement par certains magasins de nouveautés. *L'Etincelle*, qui se vend un sou, joint à chacun de ses exemplaires des bons de rabais qui vaudront une diminution de 5 % chez des pharmaciens, bouchers, épiciers, etc., dont elle publie la liste.

C'est le temps où se fonde *Le Petit Journal*, dont le créateur Milhaud avait débuté de façon originale dans une petite feuille de Nantes, qui, à la suite des décès, imprimait les noms des médecins qui avaient soigné les défunts. Il paraît que les abonnés étaient venus nombreux du monde médical. *Le Petit Journal* était né le 1ᵉʳ février 1863; il se piquait de neutralité politique et allait devenir, pour un sou, l'aliment quotidien du petit peuple des villes et surtout des campagnes. Sous le nom de Timothée Trimm, un pseudonyme qui servit en commun à Léo Lespès et à quelques autres, se publiaient des articles de tout repos. Les crimes y étaient longuement détaillés. Le type du journal incolore et endormeur était créé.

D'autres journaux à un sou (*La Petite Presse, Le Petit Moniteur*) le suivaient dans la voie du bon marché. Mais antithèse vivante, *Le Grand Journal* fondé par Villemessant, grand entrepreneur de publicité, paraissait imprimé sur calicot, si bien que, par un simple lavage, les acheteurs pouvaient transformer leur exemplaire en serviette.

---

1 J'emprunte ces détails au livre de HATIN.

La Troisième République, restée bourgeoise, ayant changé le régime politique, mais non le régime économique de la France, n'a pas vu diminuer le rôle corrupteur que l'argent joue dans la presse. L'affaire du Panama vint le prouver d'une façon qui fit scandale.

L'origine en est bien connue. La société par actions, fondée par de Lesseps pour percer l'isthme américain, avait rencontré des difficultés énormes. Les terres coulaient dans la tranchée ouverte pour le canal ; les fièvres décimaient les travailleurs ; les chantiers étaient des cimetières de Chinois et de machines inutilisées. Ces obstacles naturels, aggravés par une mauvaise administration, avaient grossi démesurément les frais ; l'argent des souscripteurs était mangé, la société était menacée de faire faillite ; il s'agissait de savoir si elle serait autorisée à faire une nouvelle émission d'actions.

A la Chambre, où l'on hésitait, Henri Maret, chargé du rapport, avait conclu en faveur de l'autorisation. Alors, suivant l'usage, la société accorda une forte commission aux banques qui ouvraient leurs guichets à la souscription et aux journaux qui, par des articles, engageaient le public à souscrire. Ces procédés étaient entrés dans les mœurs. Thiers, pour lancer l'emprunt destiné à la libération du territoire, avait sacrifié de la sorte [1] 253 millions.

---

[1] Chiffre donné par CHIRAC : *Les rois de la République.*

La Société de Panama n'en avait dépensé que 83, dont 21 pour la presse, sans compter, dit-on, les sommes payées aux rabatteurs qui dans les salons faisaient de la propagande orale.

Mais on était en pleine crise boulangiste. Les partis d'opposition avaient le désir d'abattre la République et de déconsidérer le Parlement. Un député de droite, M. Delahaye, déclara du haut de la tribune que des députés, et surtout des députés journalistes, avaient touché des sommes variables pour faciliter une opération qui menaçait d'être désastreuse pour les souscripteurs.

Henry Maret, accusé d'avoir reçu 50.000 francs pour faire un rapport favorable, intenta un procès pour diffamation, d'où il sortit vainqueur, mais soupçonné quand même. Déroulède s'en prenait à Clémenceau dont il dénonçait des rapports suspects avec Comélius Herz et le baron de Reinach, dont le suicide suscita de nombreux commentaires. Un duel eut lieu entre eux : mais quand donc un duel a-t-il prouvé quelque chose ? Un peu plus tard, le député boulangiste Millevoye apportait contre le même Clémenceau des documents terribles, mais qui furent reconnus forgés de toutes pièces. Puis un homme de Bourse, Arton, qui avait été chargé de distribuer, au nom de la Société, la manne des gratifications et des pots-de-vin, déclara avoir dressé la liste des députés qui avaient reçu quelques bribes de ces fonds secrets d'une espèce particulière. M. Andrieux, ex-préfet de police, se vanta d'avoir cette liste entre les mains, arme d'autant plus dangereuse qu'un des noms y avait été coupé. Quel était le mystérieux bénéficiaire de cette coupure ? M. Andrieux prétendait le savoir, mais refusait de le dire. Les soupçons s'égaraient alors de droite et de gauche. Chacun indiquait quelqu'un du parti adverse. Un des députés incriminés, Baïhaut, ancien ministre, avoua avoir passé à la caisse de la Société et fut condamné. D'autres firent tête. Paul de Cassagnac, mis en cause, confessa avoir reçu une certaine somme, mais en ajoutant que c'était la rémunération légitime de la publicité faite par son journal en faveur du Panama ; il se plaignit même d'avoir été lésé, de n'avoir pas touché tout ce à quoi il avait droit, vu le tirage du journal dirigé par lui. Floquet, président du Conseil des ministres, fut à son tour mis sur la sellette, et il paraît certain que, Arton versant avec une indifférence éclectique aux journaux gouvernementaux comme aux journaux boulangistes, la caisse ministérielle avait encaissé 300.000 fr., non pas certes au profit de Floquet, mais de quelques feuilles qui soutenaient sa politique[1]. Godefroy Cavaignac fit à cette occasion un vigoureux discours contre l'ingérence de la finance dans la vie publique de la

---

[1] D'après LAJEUNE-VILAR : *Les coulisses de la presse* (Paris, 1895), le *Radical* aurait reçu 100.000 francs; le *Parti ouvrier*, 75.000 fr. ; *Paris* (CANIVET, directeur), 100.000 fr., etc. Il serait resté un solde de 25.000 fr.

nation. Nous n'avons ici qu'à la suivre dans la presse.

La publicité, depuis la combinaison dont Girardin a été le parrain, sinon le père, est la vache à lait de tout journal. Les annonces s'y paient plus ou moins cher, et l'on peut citer tel courtier qui, en les recrutant moyennant une commission convenue, s'est fait une fortune : Poidatz, qui commença par ce métier modeste, devint un important personnage pour avoir augmenté de plusieurs centaines de mille francs les traités que *Le Petit Journal* avait avec les grands magasins et d'autres maisons de commerce importantes. Les annonces peuvent déjà prêter à la critique : quand elles recommandent des produits mauvais pour la santé, des livres dangereux pour la jeunesse, ou quand elles donnent l'adresse de maisons interlopes, quand elles servent d'entremetteuses pour rendez-vous clandestins ou d'indicatrices pour espions en temps de guerre.

La réclame, qui n'est que l'annonce camouflée, est encore plus sujette à caution. Elle vise à escroquer le succès pour un méchant livre, une pièce médiocre, une denrée douteuse. Elle peut être assez innocente, quand elle est simplement un moyen d'attirer l'attention du public, quand elle se décèle aux yeux les moins avertis pour ce qu'elle est, un éloge suspect, parce qu'il est payé. Si vous lisez, par exemple, qu'un chapeau, tombé d'une nacelle de ballon, a flotté dans l'air comme le ballon lui-même, et que ce chapeau de liège, d'une légèreté invraisemblable, est fabriqué par telle maison, vous savez immédiatement à quoi vous en tenir. Ou bien, si l'on vous dit qu'au salon de peinture on remarquait une toile où les personnages avaient les joues les plus rubicondes, et que, informations prises, les personnages ayant servi de modèles ont coutume d'avaler certaines pilules, certains breuvages dont suit l'adresse, vous n'avez pas le moindre doute sur la valeur de cette allégation. C'est quand elle se cache, comme un serpent sous les fleurs, que la réclame peut faire du mal.

Mais il y a bien pis. Dans une enquête parlementaire, Allain-Targé, qui fut un des fondateurs de notre Troisième République, a dit ceci : « Quand nous avons discuté la loi sur la presse, je soutenais, moi, que la presse violente n'est pas très dangereuse, mais que la presse vénale est très dangereuse pour la bourse et pour la moralité publiques. .»

Elle a bien des formes, cette vénalité ! Je cite pour mémoire le procédé pratiqué par tous les gouvernements, qui consiste à subventionner plus ou moins ouvertement certaines feuilles. En général, ces générosités intéressées, pour dissimulées qu'elles veulent être, ne font guère illusion ; on connaît les journaux qui les reçoivent, sauf, quand le ministère par machiavélisme soudoie quelque journal extrémiste, quelque ennemi sûr dont il a besoin pour épouvanter les naïfs. Tel fut le cas de M. Andrieux, soutenant des subsides de la police le journal *La Révolution sociale,* ou de M. Ch. Dupuy, qui fut véhémentement soupçonné d'avoir aidé à vivre *La Cocarde,* organe des boulangistes qu'il combattait.

On imagine volontiers que le Ministre de l'Intérieur, dispensateur des mensualités gouvernementales, doit les réserver aux organes qui ont quelque influence. Le fait est que Constans se bornait à allonger quelques louis aux journalistes sans portée qui essayaient de le « taper ». Mais il existe à Paris des journaux qui n'ont plus d'abonnés, qu'on ne voit pas dans les kiosques, qui tirent à 40 ou 50 exemplaires, qui parfois ont trois pages sur quatre communes à plusieurs d'entre eux, et qui pourtant s'obstinent à vivre ou à vivoter. Ceux qui dirigent ces journaux-fantômes sont appelés les *fossoyeurs.* Plus d'un émarge aux fonds secrets. On peut se demander pourquoi, n'étant plus que des ombres, ils jouissent de ce privilège. C'est tantôt parce qu'ils sont inscrits sur une liste dressée une fois pour toutes et machinalement conservée, tantôt parce qu'ils peuvent faire du mal, sinon du bien, tantôt parce qu'ils ont à leur tête un député ou un sénateur influent qu'il est utile de ménager. Tel d'entre eux retrouve parfois une vie imprévue, quand son titre est acheté par quelque directeur entreprenant.

Après ces ressources qui lui viennent d'en haut, la presse en a qui lui viennent de simples particuliers. Rien à redire, quand ce sont des hommes du

même parti qui soutiennent un journal chargé de
défendre leurs opinions [1]. Mais il arrive bien souvent que les bailleurs de fonds poursuivent un but
personnel. C'est chose courante dans les groupements politiques ou industriels. Il n'est pas rare
que des banquiers, désireux de se créer un para-
tonnerre contre une révolution éventuelle, aident
de leurs deniers une publication révolutionnaire.
Quand Rochefort fonda *L'Intransigeant,* on rencontrait parmi ses actionnaires des financiers, croyant
sans doute au succès et escomptant des dividendes,
mais aussi contractant une sorte d'assurance [2].
D'autres fois, c'est donnant donnant, un véritable
marché. La comtesse de Castiglione, qui avait été
du dernier bien avec Napoléon III, laissa par testament une certaine somme aux journalistes pour
qu'ils ne parlassent pas d'elle. Le cas contraire est
plus fréquent chez les gens du monde ; la citation
de telle belle dame dans le compte rendu d'une céré-
monie de gala ne se fait pas toujours gratis. Ce
qui est plus grave, tel richard subventionne un
journal pour se faire décorer, tel banquier pour se

---

[1] On a fait toutefois des objections, quand les fonds sont
fournis à un parti international par une section étrangère de
ce parti. La pente est dangereuse. Que la caisse d'où ils
sortent soit rouge ou noire, il y a là dans notre politique
intérieure une intrusion extérieure qui peut fausser la volonté
nationale. Le péril n'est pas moins grand, lorsqu'un journal
est en secret payé par une ambassade.

[2] Du nombre furent ROTHSCHILD, OSIRIS, ERLANGER, POIDATZ,
etc.

faire inscrire sur une liste de candidats à la députation.

Cela nous amène insensiblement à des procédés plus blâmables encore. Ce sont des campagnes payées qui concernent et compromettent l'intérêt général. Ainsi les Compagnies de chemins de fer n'aiment pas qu'on parle des accidents qui sont imputables à leur incurie, à leur mauvaise administration. Un de leurs agents rend alors visite aux journaux et achète leur silence. Suivant une expression courante dans les bureaux de rédaction : « Monsieur Chut a passé par là[1]. » Ou bien il s'agit de renouveler les conventions que ces Compagnies ont avec l'Etat. Il importe non plus seulement de faire taire les opposants, mais de persuader au bon public qu'on travaille pour le mieux en sa faveur. Il faut des articles qui convainquent la masse des lecteurs. C'est plus cher ; mais on y met le prix. Edmond Magnier, conseiller général du Var, sénateur et directeur de *L'Evénement,* fut condamné à un an de prison pour avoir cédé aux tentations dont l'assaillirent les administrateurs des Chemins de fer du Sud. Il déclara, pour sa défense, avoir touché 100.000 francs pour 11.000 lignes de réclame, avoir ainsi livré sa marchandise à un taux raisonnable ; cela ne parut pas suffisant au

---

[1] On a remarqué le silence gardé par presque toute la presse au moment où certains grands magasins, coupables de hausses illicites, furent l'objet de perquisitions policières (1919).

tribunal. *Le Figaro,* en 1881, fut condamné à son tour, pour avoir vanté les huîtrières du Morbihan, donné des nouvelles de l'exploitation, alors qu'il n'existait là d'autres huîtres que les actionnaires.

Des faits analogues se passent avec les banques. Qu'il soit question de renouveler le privilège de la Banque de France ou simplement d'un emprunt russe, ottoman, grec, haïtien, que sais-je ? la presse est toujours copieusement arrosée : le prétexte est la publicité qu'elle donne à la discussion pendante ou aux conditions de l'emprunt ; mais le motif réel est souvent l'appui qu'elle prête à une opération aventureuse. Nul n'ignore que certaines maisons de jeu — comme celle de Monte-Carlo ou celle qui existait naguère à Enghien — achètent le silence sur les suicides et les scandales qui s'y mêlent au tintement de l'or et aux sons joyeux des orchestres [1].

La facilité avec laquelle la presse peut ainsi soutirer de l'argent a non seulement diminué la considération et l'autorité dont elle pourrait et devrait jouir, si elle était strictement honnête. Mais de plus elle a suscité chez des journalistes peu scrupuleux des tentatives de chantage. Un coin de la Bourse fut quelque temps appelé Académie nationale de chant. Tel capitaliste est devenu commanditaire

---

[1] *L'Humanité* (d'octobre 1923 à janvier 1924) a publié une série de documents sur la façon dont furent cuisinés les emprunts russes.

d'une feuille agressive, afin d'être épargné par elle. Vous lisez dans un journal une série d'articles contre les poêles mobiles qui causent de graves malaises, des asphyxies ; puis tout à coup les articles cessent et, pure coïncidence, le fabricant a signé avec le journal un traité de publicité. Des allusions perfides, des délations voilées visent la vie privée d'un homme politique ou d'une femme du monde : on finance ; médisances ou calomnies s'arrêtent et l'éditeur de ces vilenies empoche un argent salement gagné.

Plus graves, parce qu'elles nuisent, non plus seulement à quelques individus, mais à la collectivité tout entière, sont les campagnes entamées, tantôt pour renverser un ministère, tantôt pour combattre ou soutenir telle mesure agréable ou défavorable à un groupe de commerçants et qui cessent subitement. En ces cas là il y a présomption pour que cette accalmie soudaine succédant à un vent de tempête ait des motifs peu avouables. Mais allez donc faire la preuve ! Ceux qui trempent dans ces tripotages, acheteurs et vendeurs de prose frelatée, laissent derrière eux aussi peu de traces que possible de leur improbité.

Je laisse de côté les petits profits que les journaux grappillent de ci et de là : billets de théâtre, permis de chemins de fer, livres reçus et revendus ; mais on ne saurait omettre les querelles de boutique qui ont causé trop souvent entre eux de terribles batailles.

En 1900, *Le Journal,* bâti sur un plan nouveau et paraissant deux ou trois jours par semaine à huit pages, inspira des craintes jalouses au *Petit Journal,* que dirigeait M. Prévet et au *Petit Parisien,* que dirigeait M. Jean Dupuy. Il fallait tuer cette concurrence. Ces deux potentats mirent en demeure les dépositaires et marchands de journaux de renoncer à vendre la feuille rivale, sous peine de ne plus recevoir les deux autres ; et c'est après une longue lutte que cessa ce boycottage implacable[1].

Un peu plus tard, la guerre s'alluma entre *Le Journal* et *Le Matin.* Des rédacteurs passèrent d'un camp à l'autre et révélèrent les mystères de la maison qu'ils quittaient en faisant claquer les portes. C'est ainsi que M. Mouthon, transfuge du *Matin,* écrivit contre lui un violent réquisitoire intitulé : *Du bluff au chantage.*

Plus récemment, en 1920, j'ai dit[2] comment le directeur du *Petit Parisien,* propriétaire de grandes papeteries sises à Nanterre et maître avec quelques autres industriels du marché du papier, non seulement s'assura de beaux bénéfices en vendant très cher ses produits, mais essaya de peser sur la conduite politique de ses confrères, en leur faisant des

---

1 Un boycottage analogue a été pratiqué contre le *Quotidien,* à la fin de l'année 1922, et a retardé de plusieurs mois son apparition. On voulait, cette fois, l'empêcher de s'imprimer.

2 Page 118.

conditions inégales, selon qu'ils étaient plus ou moins favorables à ses propres idées et intérêts.

Ce ne fut pas la seule tentative pour accaparer les moyens de former l'opinion publique et pour porter un coup mortel à des concurrents gênants. En 1920, la presse de province fut visée et *Le Petit Parisien* fut encore l'assaillant. Non content d'avoir, avec ou après *Le Daily Mail,* le plus gros tirage du monde entier, il annonça tout à coup l'intention de faire imprimer des éditions spéciales et, d'avoir des imprimeries à lui, d'abord à Tours, et ensuite dans la plupart des grandes villes de France. Il espérait ainsi faire périr d'inanition les petits et les grands journaux paraissant dans les départements. La conséquence eût été que dans toute la France les lecteurs et les électeurs n'auraient plus eu qu'une source d'information ; un seul journal, en possession d'un monopole de fait, aurait acquis de la sorte un pouvoir écrasant. Reprenant un procédé qu'il avait inauguré vingt ans plus tôt, *Le Petit Parisien* prétendait imposer à tous ses dépositaires l'obligation de ne vendre aucun autre journal.

Les directeurs des quotidiens menacés s'émurent, se réunirent et une commission nommée par eux publiait en novembre 1921 le manifeste suivant :

La Presse française se voit contrainte, dans l'intérêt à la fois du public, des journaux et des journalistes, de prendre des mesures d'ensemble contre un journal : Le Petit Parisien.

Justiciable de l'opinion, elle entend exposer ses motifs à l'opinion.

Le Petit Parisien, *concevant le journalisme comme une entreprise uniquement commerciale, s'est donné pour but de supprimer la concurrence. Il a pensé réaliser ce programme en publiant à la même heure, sur plusieurs points du territoire, des éditions régionales destinées à supplanter tous les autres journaux. Ayant mesuré les difficultés que connaissent beaucoup de confrères des départe-ments, étant assuré qu'aucun ne dispose d'un capital comparable au sien,* Le Petit Parisien *prétend créer à son profit un monopole nouveau : le monopole de l'opinion.*

Le calcul du Petit Parisien *pourrait être exact, si la presse était une industrie comme une autre, un commerce comme un autre, et si le dernier mot du journalisme était de vendre des nouvelles comme on vend des légumes ou de la viande.*

Mais, pour que notre pays se soit montré si ardent en faveur de la liberté de la presse, pour qu'il ait fait des révolutions au nom de cette liberté, il a fallu qu'il la comprît autrement. Il a fallu qu'il y vît le moyen d'émanciper l'esprit humain, de lui permettre la discussion des pensées et le choix des croyances, de le soustraire aux dogmes d'Etat, aux vérités autorisées par ordre, en un mot, à toute espèce de tyrannie intellectuelle.

Voici cependant où échouerait, si le désir du Petit Parisien *se réalisait avec toutes ses consé-*

quences, ce grand mouvement libérateur : un journal, une pensée pour toute la France : l'Argent Maître.

Supposons un instant que dans le journal souverain s'introduise quelque jour un capital étranger, ce n'est plus la liberté de l'opinion seulement qui se trouverait en péril, c'est l'indépendance de la nation.

Il n'est donc pas possible de laisser faire Le Petit Parisien.

La Presse française a commencé par penser que MM. Paul et Pierre Dupuy, directeurs-gérants du Petit Parisien, n'envisageaient pas exactement la portée de leur tentative ; elle a nommé des délégués chargés de la leur montrer.

A tous les arguments de ces délégués, M. Paul Dupuy n'a opposé que des marchandages et un refus catégorique d'abandonner son programme de trust commercial et d'impérialisme intellectuel et politique.

Il fut vite évident que Le Petit Parisien ne parlait pas la même langue que l'ensemble des journaux français. Quand on évoquait la ruine d'un grand nombre de journaux, il répondait : commerce et intérêt ; quand on évoquait les journalistes jetés sur le pavé, perdant à la fois leurs ressources et la faculté d'exercer un métier qui était leur honneur, il répondait : commerce et intérêt ; quand on évoquait les droits de la pensée indépendante, il répondait : commerce et intérêt.

*C'était si bien sa formule qu'il en vint à convo-
quer à Paris un grand nombre de ses dépositaires
pour leur enjoindre d'avoir à opter entre la vente
du* Petit Parisien *et celle des autres journaux.*

*La généralité de la Presse française s'est vue
contrainte d'accepter la lutte. Elle a fait appel à
ses collaborateurs de tous les ordres ; ceux-ci lui
ont répondu qu'entre l'hégémonie d'un journal et
la liberté de la presse, ils choisissaient la liberté.*

*Il restait à saisir directement le public français[e];
il sait maintenant que notre cause est sa cause.*

Le Syndicat des Débitants de tabac, qui sont
pour la plupart vendeurs de journaux, protestait
contre le boycottage auquel on voulait les con-
traindre. A Lyon, les vendeurs refusaient de se
prêter à cette manœuvre. MM. Paul et Pierre
Dupuy, après une démarche faite auprès d'eux par
M. de Nalèche, président du *Syndicat de la Presse
parisienne*, crurent prudent de céder. « Nous ne
voulons pas, dirent-ils, soutenir une lutte, même
victorieuse, si elle doit avoir pour résultat d'apporter une entrave à la prospérité de la presse de province. » C'était s'aviser un peu tard de ce danger.
Mais l'essentiel était acquis. L'édition de Tours,
qui devait paraître le matin du 26 novembre, était
contremandée, et le principe était dès lors admis
que les journaux de Paris ou des départements
s'engageaient à ne pas publier d'édition spéciale
en dehors de leur siège social .

Dans le même ordre d'idées, c'est-à-dire dans les querelles causées par la question d'argent, qui se mêle indûment à la question politique, il faudrait encore signaler les changements brusques de direction et d'orientation qui se produisent, lorsque la majorité des actions passe d'un homme ou d'un groupe à un autre. On vit ainsi *Le Figaro* — d'où Capus fut renvoyé — passer des mains de M. Prestat en celles de M. Coty, parfumeur. (La parfumerie est à l'heure qu'il est une grande puissance pécuniaire.) On vit de même *L'Ere Nouvelle,* organe du bloc des gauches, reprise tout à coup par M. Dubarry, remplacer ses rédacteurs par une nouvelle équipe. On vit *L'Humanité* valser des majoritaires aux minoritaires, des socialistes unifiés aux communistes, puis, parmi ceux-ci, d'un peloton à un autre plus extrémiste. Mais nous retrouverons ces révolutions de palais quand nous parlerons de la vie des journalistes. Nous ne touchons pour l'instant qu'à la vie des journaux et nous en avons dit assez pour qu'on apprécie le trouble qu'y apporte l'habitude de les considérer avant tout comme des affaires commerciales [1].

---

[1] Consulter *Les Diurnales* de SCHOWB, les *Souvenirs d'un vieux journaliste* (GENTY MAGRE) et *Le Monde des journaux* par André BILLY et Jean PIOT (Paris, G. Crès et Cⁱᵉ, 1924).

§ 4. — L'ORGANISATION
D'UN GRAND QUOTIDIEN PARISIEN

Nous allons maintenant pénétrer dans les coulisses de la presse, voir comment se fondent, se fabriquent, s'exploitent ces feuilles publiques, attendues avec impatience par des millions d'abonnés et de lecteurs, et portant dans les coins les plus écartés des nouvelles du monde entier, des faits, des idées, des commérages et des œuvres récréatives.

Il va de soi que l'organisation d'un grand journal n'est pas identique à elle-même, quand on passe de l'un à l'autre. Mais il y a des traits qui se retrouvent en chacun. On peut dégager un type général et c'est ce que nous allons tâcher de faire.

D'abord comment se fonde un grand journal ? En 1914, M. Latzarus, un spécialiste en la matière, devenu co-directeur du *Figaro*, estimait qu'il fallait, pour lancer convenablement un quotidien à 6 pages, une somme de 5 millions. Il faudrait sans doute aujourd'hui tripler ce chiffre.

Mais, avant d'aller plus loin, il faut parmi les quotidiens distinguer deux variétés principales :

1° *Les journaux d'information*, dont les quatre plus importants sont *Le Petit Parisien, Le Petit Journal, Le Matin* et *Le Journal*. Ils affichent la prétention de n'être inféodés à aucun parti, à aucune école politique, économique, littéraire, artistique, philosophique, de vouloir se borner à renseigner impartialement le public sur les hommes et les choses du jour. Ils ont à cause de cela les plus forts tirages, car ils s'adressent à tout le monde [1];

2° *Les journaux d'opinion,* qui défendent une cause, propagent certaines doctrines, poussent leurs lecteurs dans un certain sens. Ils sont naturellement de couleurs différentes. Comme types, on peut prendre *L'Action Française,* royaliste ; *L'Humanité,* jadis socialiste et maintenant communiste; *Le Temps, Les Débats,* partisans d'une république rose; *La Croix,* fougueusement catholique. Ceux-là et bien d'autres, qui arborent toutes les nuances de l'arc-en-ciel, ont des fidèles, mais moins de lecteurs, parce qu'ils s'adressent seulement à un parti ou à un groupe.

D'ailleurs, cette classification courante n'est pas très exacte. La distinction est loin d'être nette entre les deux catégories. Car, d'un côté, les *journaux d'opinion* sont obligés de renseigner leurs lecteurs, de leur fournir des nouvelles ; et, d'autre part, les *journaux d'information,* malgré leur neutralité apparente, présentent souvent les faits de façon tendancieuse et reflètent presque toujours les opinions qui plaisent au gouvernement du moment.

---

[1] On pourrait y joindre *L'Écho de Paris,* bien que sa tendance conservatrice soit plus accentuée.

Mais, s'ils veulent ouvertement se prononcer pour telle ou telle ligne de conduite, ils risquent de perdre une partie de leur clientèle, comme il est advenu au *Petit Journal,* quand son rédacteur en chef combattit violemment la révision du procès Dreyfus.

Cela dit, commençons par ce qui est le nerf de la presse comme le nerf de la guerre, par l'argent. D'où vient-il ?

Il vient d'ordinaire d'une société anonyme par actions. Des capitalistes, soit désir de tenter une aventure lucrative, soit conviction politique ou religieuse, fournissent des fonds à l'entreprise, dont ils seront, suivant une expression anglaise, les associés dormants. Les commanditaires, dans bien des cas, ne songent qu'à se créer un placement avantageux, qu'à se procurer des dividendes éventuels, et les bénéfices de certains journaux, qui se chiffrent annuellement par plusieurs millions, prouvent que ce calcul a sa raison d'être.

La Société ainsi formée a ses statuts, son assemblée générale des actionnaires devant laquelle sont portés les comptes, son Conseil d'administration élu. La majorité des actionnaires est, dans l'assemblée, maîtresse de l'orientation économique et politique du journal. Aussi gare aux surprises, aux changements brusques qui peuvent déplacer cette majorité ! C'est pourquoi, très souvent, un des actionnaires ou un petit groupe d'entre eux, solidement uni, s'arrange pour avoir en sa possession plus de la moitié des actions ; et c'est alors cet actionnaire ou ce petit groupe qui a la haute main sur le journal. Des batailles à coups d'actions se livrent donc dans l'assemblée générale, et il en est de même, dans les journaux de parti, créés pour défendre telle ou telle politique : seulement l'argent vient alors de personnes affiliées au parti, des cotisations de ses membres, comme c'est l'ordinaire pour les journaux socialistes ou syndicalistes.

Supposons la caisse du journal remplie [1]. Il faut lui trouver un local avec une imprimerie voisine, si possible, ou, ce qui vaut mieux, une imprimerie qui lui appartienne et soit dans le même bâtiment. Après quoi, il lui faut choisir un titre qui sonne bien. Quand Clémenceau et ses amis voulurent, pendant l'affaire Dreyfus, avoir leur journal, ils discutèrent le nom dont il devrait s'appeler ; on proposa *Demain, L'Aube, La Révision, L'Aurore,* et ce titre sonore fut celui qui l'emporta. Le titre choisi est déposé au parquet avec une déclaration sur papier timbré qui porte le nom et l'adresse de l'imprimeur et du gérant. Le gérant est souvent un pauvre diable, un homme de paille qui, moyennant une modeste rétribution, signe le journal et fait les mois de prison, quand une condamnation frappe un article qu'il n'a pas seulement

---

1 J'ai indiqué, p. 250, quelques-uns des moyens qui servent à la remplir.

lu. En même temps on communique au parquet un échantillon de ce que sera le journal ; c'est ce qu'on appelle en argot journalistique : *le monstre.*

Ces formalités accomplies, par des notes dans les journaux, par des affiches grandiloquentes, on annonce la naissance et le programme du nouveau périodique. Les frais de cette publicité étaient évalués en 1914 à 100.000 francs. Ils ont été bien dépassés depuis.

Le Conseil d'administration a nommé un directeur. C'est un personnage considérable, qui est chargé de maintenir la ligne politique et économique du journal. Il écrit parfois et, en ce cas là, peut être dangereux, en ce sens qu'il est tenté d'abuser de sa copie, de pondre tous les jours 100 ou 200 lignes pour que sa signature paraisse perpétuellement. On a connu un directeur-député qui publiait ainsi tous ses rapports parlementaires, ce qui flattait sa vanité, mais raréfiait les lecteurs. Le plus souvent le directeur écrit peu ou n'écrit pas ; il se contente d'être l'inspirateur des articles. D'ailleurs dans les journaux de parti, il est contrôlé par le parti même qui veille à ce qu'il ne déroge pas aux principes dont il doit être le gardien. *L'Humanité,* les journaux de la C. G. T., comme les journaux catholiques, sont soumis à ce contrôle qu'une Commission spéciale exerce avec rigueur.

§ 5. — La Rédaction

Au-dessous du directeur, vient le personnel qui se divise en deux branches : *la Rédaction, l'Administration.*

Etudions d'abord la première. A sa tête est placé le rédacteur en chef, qui est tantôt à côté du directeur, tantôt directeur lui-même. Ce dernier cas est commun dans les journaux qui reposent tout entiers sur un seul homme, favori du public : on peut citer comme exemples Rochefort à *L'Intransigeant,* Drumont à *La Libre Parole,* Paul de Cassagnac à *L'Autorité.*

En général, c'est le rédacteur en chef qui fait chaque jour ce qu'on appelle l'*éditorial* (un mot venu d'Angleterre où *Editor* signifie rédacteur en chef). C'est un article très court, parfois non signé, qui donne l'opinion du journal sur la question du jour. Dans certains grands journaux, la besogne du rédacteur en chef est partagée entre deux personnes : ainsi au *Matin,* MM. Stéphane Lauzanne et Henry de Jouvenel remplissent tour à tour la fonction durant une quinzaine.

Immédiatement au-dessous du rédacteur en chef vient le secrétaire de la rédaction : c'est la cheville ouvrière du journal. C'est lui qui lit et reçoit les articles, qui souvent les commande. C'est lui, en tout cas, qui en règle la publication ; qui demande, au besoin, des corrections et des coupures ; qui, avec l'aide du metteur en pages, fixe l'ordre et la place dans lesquels ces articles paraîtront, les caractères avec lesquels ils seront composés, les titres qui seront mis en manchette, les dessins qui accompagneront le texte. Armé de ciseaux, il découpe dans d'autres journaux les passages à reproduire, à commenter ou à combattre. Il est obligé de rester jusqu'au moment où arrivent les nouvelles de la dernière heure qui, suivant leur importance, exigent des déplacements, des sacrifices, forcent à laisser des articles composés sur le marbre qui est d'ordinaire une plaque de fonte. Si le journal paraît le matin, il est occupé jusqu'à deux heures de la nuit et il rentre chez lui comme il peut. Si le journal paraît le soir, il est à la besogne jusqu'à 2 heures de l'après-midi et il déjeune quand il peut. Son labeur, très fatigant, est assez bien rémunéré ; mais il meurt ou se retire assez jeune. Il est en rapport avec les rédacteurs qui le redoutent et aussi avec les ouvrires qui exécutent ses ordres. Il est ainsi l'agent de liaison entre les travailleurs intellectuels et les travailleurs manuels du journal.

Nous arrivons maintenant aux rédacteurs proprement dits, à ceux qui fournissent la copie. Ils sont parfois assez nombreux. En 1914, ils étaient 150 au *Matin*, 75 au *Petit Parisien*.

En premier lieu, il faut mentionner les *leaders* (encore un mot qui trahit l'influence anglaise), ceux dont les articles paraissent en première page et qu'en langage technique on appelle les *articliers*. Ce sont des écrivains ou des hommes politiques connus et dont l'avis sur les questions à l'ordre du jour a par suite un certain poids. D'anciens ministres, voire d'anciens Présidents de la République, figurent parmi eux. Ainsi J. Simon fit l'article de tête au *Matin*, comme M. Viviani l'a fait au *Lyon Républicain*, comme le faisait à *La Dépêche de Toulouse* M. Poincaré, qui le jour de son élection à la présidence disait au délégué de la presse, venu le féliciter : « Ne me rayez pas, je vous prie, de vos listes confraternelles. » Ces leaders sont payés à l'article, parfois assez grassement : Zola, vers la fin de l'affaire Dreyfus, touchait 1.000 francs à chaque fois. Ils ont leurs coudées franches, et souvent représentent toute une gamme d'opinions qu'ils expriment en pleine liberté. Isolés les uns des autres, ils ne se rencontrent pas et se connaissent à peine. Ils ne viennent guère au bureau de la feuille où ils écrivent, se bornent à y envoyer leur copie qu'ils signent en général. Il faut cependant excepter *Le Temps*, où leurs articles paraissent anonymes, parce qu'il sacrifie la renommée des individus à la renommée collective du journal.

En première page l'on renconfre fréquemment la *chronique*, c'est-à-dire la revue plus ou moins spirituelle et vivante des événements petits ou grands de la semaine. Parfois rimée, elle exige de l'auteur du brio, de la verve, de l'éclat. Villemot et Rochefort furent des maîtres en ce genre très parisien.

On a connu un chroniqueur qui se plaignait d'être obligé de faire gris, parce que son rédacteur en chef, qui écrivait dans le même journal, avait un talent plutôt terne. Mais, d'ordinaire, on demande à la chronique une façon piquante et originale de voir et de dire les choses. C'est ce qu'on exige aussi de ces fantaisies qui sont chargées d'apporter la note amusante sur les faits du jour : Hardouin et Louis Forest au *Matin*, Clément Vautel au *Journal* se sont fait un nom dans ces pimpantes bagatelles, comme Jules Claretie et Jean-Bernard ont réussi par les *Variétés* dans *Le Temps* et par *La Vie de Paris* dans *L'Indépendance Belge*.

Tous ces rédacteurs que nous venons d'énumérer travaillent à domicile : mais il n'en est plus de même pour les rédacteurs *appointés*, payés au mois ou à la ligne. Ce sont les ouvriers du journal, et, comme les ouvriers, en cas de faillite de l'entreprise, ils ont rang de créanciers privilégiés et sont payés avant tous les autres, au contraire des *articliers*, auxquels est refusée cette prérogative. Ceux-là se connaissent, se fréquentent, forment une équipe compacte et solidaire.

Entrons dans la salle de rédaction, où à certaines heures ces rédacteurs se trouvent réunis [1]. C'est une

---

1 Dans les grands quotidiens parisiens, l'élégance et le luxe se sont donnés carrière. Antichambre, cabinet du rédacteur en chef et du directeur munis d'appareils téléphoniques,

grande salle, obscurcie par la fumée des cigarettes et des cigares, avec une grande table où s'étalent pêle-mêle quantité de journaux. Aux murs, des fleurets et des masques, car on fait volontiers de l'escrime ; cela peut servir un jour. Dans des casiers, des *Bottin,* le *Dictionnaire Larousse,* des atlas. De petites tables, avec encriers, papier et boîtes de pains à cacheter, où l'on bâcle quelque entrefilet au milieu des discussions et du bruit. Çà et là des box, voire des chambres, où peuvent se retirer ceux qui composent des articles plus longs ou qui ne peuvent pas travailler dans le vacarme. Le long des parois, des portraits, des caricatures, des découpures relevant quelque bévue d'un confrère : ainsi *une porte qui s'ouvrait lui ferma la bouche,* ou bien *il se promenait les mains derrière le dos en lisant son journal* (Ponson du Terrail) ; ou encore, dans le combat d'un sauvage contre un fauve : *D'une main il lui lança un javelot, de l'autre un regard terrible.* Les coquilles des typographes figurent parfois dans ce musée. Il en est d'historiques. En 1812, dans *Le Journal de l'Empire,* après le traité de Tilsitt entre Napoléon et le czar Alexandre, on put lire avec étonnement : *L'un* des deux empereurs dominera l'Europe. Il fallait lire : *l'union.* Une autre fois, c'est un journal officieux déclarant que Guizot est au bout de ses *farces.*

____

garnis de tapis et de fauteuils confortables, ornés d'objets d'art, font penser aux bureaux d'un grand capitaine d'industrie.

(Lisez ses forces.) *L'Officiel,* sous le second Empire alors que le roi Jérôme Napoléon était malade, imprima : *Le vieux persiste.* C'était le *mieux* qu'il voulait dire. De je ne sais plus quel giand personnage enrhumé on annonçait qu'il ne pouvait pas recevoir à cause du *rhum* qu'il avait pris la veille. Ces cocasseries font l'amusement des bureaux de rédaction.

De ces rédacteurs, parmi lesquels à certains moments le gouvernement a glissé des policiers, auxquels on tendait des pièges et qu'on chassait, dès qu'on les découvrait, les uns ont des opinions à exprimer, les autres sont de simples informateurs.

Les premiers ont chacun leur rubrique, qui a parfois sa place à jour fixe. Tel est le critique dramatique, dont le compte rendu paraît le dimanche soir dans *Le Temps* et dans *Les Débats,* datés du lundi. Seulement comme il a paru trop long d'attendre huit jours son avis sur les pièces nouvelles, on l'a, vers 1880, doublé du *soiriste* (on l'appelle aussi *courriériste*), qui apporte toutes chaudes les impressions de la première représentation ou même de la répétition générale. Le critique dramatique, muni de la carte rouge qui lui donne ses entrées dans les théâtres, n'a pas une besogne commode. Il a maille à partir avec l'ombrageuse vanité des acteurs et des actrices, à laquelle ne cède guère celle des auteurs. Qu'on se rappelle les démêlés de Sarcey et d'Octave Mirbeau, le duel d'Adolphe Brisson avec Emmanuel Arène, le procès intenté par Sardou se plaignant des comptes rendus prématurés, la décision de certain directeur de spectacle refusant une place à des critiques qui avaient malmené ses pièces ou les interprètes de ces pièces. Ces difficultés ont eu des conséquences assez graves : les réclames payées se sont de plus en plus substituées à l'opinion bonne ou mauvaise, mais motivée, des juges attitrés. La claque, qui a été supprimée dans plusieurs théâtres, a passé du parterre aux journaux.

Plus difficile encore est devenue la situation du critique littéraire. Il faut avouer que parfois il rendait ses arrêts sur des livres qu'il n'avait pas lus ni même coupés. Mais tout de même les *Lundis* de Sainte-Beuve, les feuilletons d'un Paul de Saint-Victor ou d'un Jules Lemaître étaient souvent des régals pour les lettrés. Hélas ! on peut compter les journaux qui en ont gardé la tradition. Presque partout la bibliographie, de courtes notices rédigées par les éditeurs ou les auteurs, ont remplacé la critique que l'on essaie de galvaniser, mais qui agonise frappée de coups mortels par les superlatifs dont on accable des œuvres médiocres ou pires encore.

J'indique rapidement les autres rubriques : comptes rendus des salons de peinture, de sculpture, de gravure ; critique musicale ; puis critique ou plutôt vulgarisation scientifique ; chronique des modes avec conseils aux dames inspirés souvent par de grands couturiers ou par des modistes en renom ; conseils médicaux, recettes culinaires et vie sportive qui occupe aujourd'hui dans tous les quotidiens un espace démesuré. Ajoutez pour certains journaux des conseils agricoles, des informations maritimes, des prévisions météorologiques, etc. Autant de compartiments qui sont dévolus à des spécialistes.

J'omets à dessein le bulletin financier, dont directeur et rédacteurs répudient fréquemment la responsabilité. Nous le retrouverons sur notre route.

Nous sommes conduits de la sorte jusqu'aux rédacteurs qui sont simplement des informateurs. Ici apparaît la légion des *reporters* (encore un mot qui trahit leur origine anglaise ou américaine). Le reportage [1] consiste en racolage de nouvelles, en interviews de quelque personnage dont on parle, en comptes rendus de fêtes, de solennités, de voyages présidentiels ou ministériels, de batailles, en enquêtes sur telle ou telle question d'actualité. Le reportage a failli étouffer les articles de doctrines et d'éducation. Ses admirateurs auraient dit volontiers de lui ce que Siéyès disait du Tiers-Etat : « Que doit-il être ? Tout [2]. » Son triomphe coïncida avec celui de la littérature naturaliste, friande de documents humains, et de

---

[1] Voir *Le Reporter*, roman de Paul BRULAT, et *Bel Ami* de MAUPASSANT.

JEAN-BERNARD : *La vie de Paris*, 1899, p. 322.

la peinture dite impressionniste. On a raillé son excès d'ambition[1]. On a représenté un reporter débutant, qui avoue n'avoir ni style, ni orthographe, mais qui se fait fort de pénétrer dans l'intimité des diplomates, des ministres, voire des souverains, de forcer l'entrée des maisons les plus fermées, de connaître une pièce avant qu'on la représente, dût-il pour cela séduire une actrice, le souffleur, les machinistes, ou même dérober par effraction le manuscrit de l'auteur[2].

Sans aller jusque là, il a eu ses jours de gloire. Stanley, envoyé par le *New-York Herald* à la recherche de Livingstone et le découvrant au fond de l'Afrique, a été son héros et son modèle. On a cité ce reporter italien qui se fit domestique, à l'hôtel Majestic, pour surprendre les confidences d'Edmond Rostand qui, avant *Chantecler*, y fut logé gratis ; une femme, Marie-Louise Néron, qui, pour arriver auprès de la reine de Madagascar, Ranavalo, prit le costume et l'attirail d'une modiste ; Georges Labruyère, qui fit évader de France et conduisit en Italie un nihiliste russe, coupable de je ne sais plus quel attentat ; un autre qui alla chercher jusqu'au bagne un forçat réhabilité, pour être le premier à publier les impressions de ce ressuscité. N'en a-t-on pas vu un se

---

[1] DE CHAMBURE (ouvrage cité).

[2] GOUNOD définissait le reportage: *l'effraction de la vie privée.*

jeter à la Seine pour éprouver par lui-même ce que valaient comme sauveteurs les chiens de Terre-Neuve, postés sur ses bords par la police ? Les roueries des reporters pour saisir au vol et apporter quelque nouvelle inédite sont innombrables. Un d'eux qui suivit M. Loubet, lorsque celui-ci fit en Espagne et en Portugal un voyage où l'on craignait qu'il ne fût assassiné, avait préparé pour ses télégrammes un alphabet convenu avec son journal. *Tout va bien* signifierait : On a jeté une bombe. *Très bien* voudrait dire : Le Président a reçu un coup de poignard. *Bonjour :* Il est mort. Heureusement il n'eut pas à utiliser ce chiffre macabre.

Le reporter, coutumier de ces tours de force, bien que l'indiscrétion soit le plus saint de ses devoirs professionnels, ne dit pas tout ce qu'il a vu. Il sait taire ce qu'on lui a dit sous le sceau du secret. Mais ces derniers temps il a usé et abusé d'un nouveau moyen de documentation. Armé de son appareil photographique ou même cinématographique, il guette l'arrivée d'un ministre ou la sortie d'un criminel condamné par la cour d'assise ; et l'un comme l'autre se trouvent bon gré mal gré devant une véritable batterie braquée sur leur visage.

Peu payé, le reporter travaille souvent pour deux journaux. Il pourrait dire en dérangeant quelque peu une phrase de Musset :

Mon verre n'est pas grand : mais je bois dans deux verres.

Il est toutefois exposé à des bévues fâcheuses.
Il lui arrive de publier un discours, dont il a arraché la copie à l'orateur, et ce discours, pour une
raison imprévue, n'a pas été prononcé. Au matin
de la nuit où M. Deschanel tomba d'un train en
marche, on put lire dans un journal de Paris :
« Le Président descend de wagon avec le sourire
épanoui qui lui est habituel. » Ce qui est plus
grave, il s'attire des démentis des personnes dont
il a mal compris, mal interprété, ou parfois trop
exactement reproduit les paroles [1].

Quoi qu'il en soit, l'armée des reporters se
divise en plusieurs services, qui opèrent chacun
sous la direction d'un chef. Nommons les principaux :

1° *Service politique* : Ceux qui en font partie
ont pour champs d'action le Parlement, le Conseil
général de la Seine et le Conseil municipal de
Paris. Ils sont répartis en trois sections. Les premiers assistent aux séances des assemblées. Ils y
occupent une tribune spéciale où ils sont très ser-
rés et souvent très bruyants. A la Chambre, de
quart d'heure en quart d'heure, les reporters des
grands journaux leur transmettent les notes qu'ils
ont prises au vol, les autres attendent qu'on leur
communique le procès-verbal analytique et ils
le résument. Les seconds errent dans les couloirs,

L'éditeur Albin MICHEL a lancé une collection de volumes
intitulée : *Les grands reportages*.

dans la salle des Pas-Perdus et glanent des renseignements auprès des hommes politiques qu'ils rencontrent. Les troisièmes vont dans les ministères et y recueillent les nouvelles qu'on veut bien leur donner ;

2° *Service des départements :* Il est assuré par des correspondants attitrés qui habitent la province et envoient par la poste ou par le télégraphe les nouvelles locales ;

3° *Service de l'étranger* : Pour quelques grands journaux, il est fait par des correspondants qui résident dans les capitales des pays voisins ou lointains, ou par des envoyés spéciaux, quand se déroule quelque affaire d'importance exceptionnelle. De plus, en temps de guerre, se joignent aux armées des correspondants militaires qui suivent les opérations, parfois au péril de leur vie, témoin, pour n'en citer qu'un, Serge Basset qui, dans la dernière guerre, fut tué devant Lens, en travaillant pour *Le Figaro*. En sus, *Le Temps*, *Les Débats*, *Le Figaro* ont un *bulletinier*, qui,, aidé par un ou plusieurs traducteurs, découpe dans les feuilles étrangères ce qui lui paraît intéressant. Il faut avouer pourtant que la presse parisienne est assez mal outillée à cet égard. La preuve en est que la plupart des journaux du matin attendent avec impatience *Le Temps*, qui paraît à cinq heures du soir, pour avoir de quoi remplir le lendemain leurs colonnes de politique étrangère ;

4° *Service judiciaire* : Il consiste à rendre compte des procès. M. Millerand a débuté comme reporter judiciaire à la *Justice* et, dans une autre note, la note caricaturale, Jules Moinaux s'est fait connaître par ses *Tribunaux comiques* dont son fils Courteline a gardé la saveur ;

5° Je ne dois pas oublier ceux qu'on nomme de ce vocable funèbre : *les charognards*. Ce sont ceux qui sont chargés des articles nécrologiques. Il leur arrive d'enterrer prématurément quelque malade qui s'obstine à ne pas mourir. C'est un accident du métier. Mais *Le Figaro*, par précaution, a tout prêt dans les cartons de quoi bâcler au pied levé la biographie des personnages qu'on sait être près de leur fin ;

6° Viennent ensuite les *échotiers* qui rédigent de petites nouvelles en deux ou trois lignes. La nature de ces échos varie extrêmement de journal à journal. Au *Figaro*, l'abonné veut des comptes rendus de bals, de fêtes, de mariages, de soirées mondaines, de grands enterrements. A *L'Humanité*, ou dans *Le Peuple*, ce qu'exigent les lecteurs, ce sont les résumés des réunions syndicales, les convocations de comités ou de congrès ouvriers, tout ce qui concerne le monde du travail ;

7° N'omettons point le chapitre des *faits-divers* : accidents, vols, assassinats. Des reporters spéciaux vont chaque jour pour les connaître à la Préfecture de police, à la Sûreté ; et il en est qui, entraînés par la fonction, se font détectives amateurs, quand

il s'agit de quelque crime mystérieux dont il faut
débiouiller l'énigme et démasquer les auteurs ; les
débutants font, comme on dit, *les chiens écrasés* ;

8° Je n'ai plus à mentionner que les *passants*,
qui apportent une information qu'on leur paie à
tant la ligne, et aussi les demi-fous, inventeurs
détraqués, femmes de lettres incomprises, auteurs
inédits, qui assaillent les journalistes de leurs
visites et les accablent de leurs manuscrits redoutés,
dont le sort ordinaire est d'être jetés au panier.

Reste à parler de la partie récréative du journal,
de celle qui s'adresse à ce besoin de distraction
inhérent à la nature humaine, surtout à la nature
féminine, je veux parler de la part donnée à l'imagination, à la fiction, au rêve. C'est le feuilleton
qui, suivant le public visé par le journal, est une
œuvre vraiment littéraire, ou, suivant l'expression
que Jules Lemaître appliquait à Georges Ohnet,
une triple essence de banalité, ou encore un tissu
d'aventures extraordinaires agrémenté d'un style
qui ne l'est pas moins. Le feuilleton, qui se paye
de cinq centimes à un franc la ligne, est pour un
journal populaire d'une telle importance que des
inspecteurs ont mission d'en aller vérifier le succès. Ce roman-amorce, ces derniers temps, s'est
mué en roman-cinéma, où l'action, souvent épi-
leptique, est tournée en film et offerte en tableaux
vivants aux lecteurs devenus spectateurs. On sait
que ces romans se fabriquent à la grosse dans de
véritables usines ; qu'ils sont parfois signés d'au-

teurs qui n'y ont mis que leur signature ; mais que le véritable fabricant, le *nègre,* ainsi dépouillé de ce qu'il a créé et voyant la grosse somme aller à celui qui lui vole le profit et l'honneur de sa création, se venge de temps en temps ; témoin celui qui, mal payé par une femme de lettres dont il était le fournisseur habituel et anonyme, inséra dans sa prose plusieurs pages de Flaubert, ce qui fit rire tout Paris aux dépens de la dame obligée d'avouer ou un plagiat éhonté ou le secours demandé à la plume d'autrui.

A côté du roman ou des romans en cours, la plupart des journaux admettent aujourd'hui le *conte* ou la *nouvelle,* qui est un petit drame ou une minuscule comédie condensée en une centaine de lignes. Maupassant a été le roi du genre et a été plus imité qu'égalé.

Si nous ajoutons les dessinateurs qui illustrent les journaux de caricatures à légendes drôlatiques ou tragiques ou qui croquent au vol les portraits de tel personnage du Parlement, de la Cour d'assises, nous aurons à peu près terminé la revue du personnel qui travaille à la confection intellectuelle du journal.

Mais, pour finir ce chapitre comme je l'ai commencé, il ne faut pas oublier que le type, tel que je viens de l'esquisser, se modifie suivant la nature et le but de chaque feuille, suivant la mode aussi. Toute innovation heureuse se propage, fait tache d'huile. Le journal est l'esclave de l'actualité ; et la souplesse qui lui permet de se métamorphoser est une de ses qualités essentielles.

§ 6. — L'ADMINISTRATEUR. — LES AGENCES

Abordons la seconde équipe qui coopère à la vie d'un grand quotidien, l'*administration*.

L'administrateur d'un journal en est la cheville ouvrière au point de vue économique, comme le secrétaire de la rédaction l'est au point de vue intellectuel. Il a sous ses ordres une quantité d'employés (comptable, caissier, garçons, grooms, vendeurs, etc.). *Le Matin,* en 1914, avait, à côté de ses 150 rédacteurs, 550 employés, sans compter 200 ouvriers pour l'impression. *Le Petit Parisien,* avec 75 rédacteurs, occupait 400 employés et 370 ouvriers. L'administrateur commande à tout ce personnel et il lui arrive aussi d'empiéter sur la rédaction ; la séparation des pouvoirs n'est pas plus parfaite dans la presse que dans la politique [1].

Sa fonction capitale est d'équilibrer recettes et dépenses, en obtenant, si possible, un bénéfice net, et ce bénéfice est parfois considérable. Celui du *Petit Parisien,* en 1913, je crois, fut de

---

[1] Consulter à ce sujet: LATZARUS, *Le journal moderne,* dans la *Revue de Paris* (1er septembre 1914). — Hugues DESTREM: *Les conditions économiques de la Presse.* — Robert DE JOUVENEL : *Le journalisme en vingt leçons* (Payot, Paris, 1920).

3.342.264 francs [1]. Mais, dans la plupart des cas, le problème est difficile à résoudre. Il s'agit de combler par la publicité, dont le produit dépend en grande partie du tirage du journal, le déficit régulier de chaque numéro, dont la vente se fait au-dessous du prix de revient.

Avant la guerre, on calculait qu'un journal à un sou ne pouvait vivre que s'il tirait à 80.000 ou 100.000. En 1914, *L'Humanité*, avec 65.000 exemplaires, ne parvenait pas à couvrir ses frais. *L'Aurore* — à 10 centimes — travaillait à perte. M. Latzarus estimait qu'il n'y avait pas à Paris dix journaux qui fissent de brillantes affaires ; et il résumait ainsi leur difficulté de vivre : « Soixante tonnes de marchandises ont été préparées en douze heures, exécutées en trois heures, expédiées en cinq heures à 20.000 personnes. Il s'agit de vendre dans la journée, parce qu'alors la marchandise vaut 75 francs les 100 kilos et que le lendemain elle ne vaudra que 6 fr. 75. »

Examinons à notre tour le budget d'un grand journal.

Voici, d'abord, les dépenses auxquelles il doit faire face :

---

[1] *Le Petit Parisien,* 1918, bénéfices : 4.696.685 fr. ; dividende : 45 fr. — 1919, bénéfices : 3.958.741 fr. ; dividende, 38 fr.

Le Petit Journal, 1918, bénéfices : 1.425.261 fr. — 1919, bénéfices : 1.506.022 fr. Dividende pour chacune des deux années : 16 francs.

Aménagement du local où sont les bureaux. Installation coûteuse, dont les dépenses ne se renouvelleront pas, il est vrai, mais frais continus pour entretenir la propreté et la coquetterie du local, pour le chauffer, l'éclairer. Paiement du loyer, si l'on est locataire, des impôts sur la propriété bâtie, si l'on est propriétaire de l'immeuble.

Cet immeuble contient, en général, un grand hall, souvent une salle de dépêches ouverte au public ; des vitrines où sont exposées des gravures et des photographies ; des panneaux où sont inscrites, à mesure qu'elles arrivent, les dernières nouvelles de la journée ; de plus, des salles pour le directeur, les rédacteurs, des salles pour les machines, si le journal a son imprimerie à soi. Il faut alors compter l'aménagement en matières premières, encre, papier, plomb pour les clichés, l'amortissement pour les engins perfectionnés et très chers que l'on a dû acheter. Si le journal n'a pas son imprimerie, il n'y gagne rien ; au contraire. Car il est obligé de traiter avec un imprimeur et, suivant une loi constante, l'intervention d'un intermédiaire qui a son bénéfice à prélever se traduit par une hausse des prix.

L'administrateur doit ensuite payer les abonnements aux agences qui fournissent les nouvelles et les dépêches télégraphiques.

Ces agences méritent qu'on s'y arrête. La plus connue, la plus ancienne est l'agence Havas. Elle fut fondée à Paris en 1835, par Havas, qui rem-

plissait l'office de traducteur au *Constitutionnel.*
Il eut l'idée (Renaudot avait eu la même deux cents
ans plus tôt) de centraliser les nouvelles qu'il pouvait recueillir dans un petit bureau qui eut son
siège rue J.-J. Rousseau et de les vendre à qui voudrait les acheter. Pour avoir rapidement des renseignements venant de la province et de l'étranger,
il créa en 1840 un service de pigeons voyageurs,
qui reliait Paris à Londres et à Bruxelles. Le télégraphe vint lui offrir bientôt un moyen plus rapide
et plus sûr, et deux de ses employés fondèrent des
succursales qui devinrent indépendantes, l'une à
Londres (c'est l'agence Reuter), l'autre à Berlin
(c'est l'agence Wolf). A partir de 1856, l'agence
Havas se développe en fusionnant avec une entreprise de publicité qui était entre les mains de
Bullier. Elle crée des sous-agences et se munit de
correspondants dans les principales villes de
France et d'Europe.

En 1873, Lebey succède à Havas dont le nom
reste attaché à sa création et il se charge de fournir aux journaux abonnés des articles, des feuilletons, des romans, des informations accommodées
à la couleur politique de chacun d'eux, voire même
des clichés de gravures. Il communique, non plus
seulement avec les capitales européennes, mais par
câble avec l'Amérique. Depuis le 17 juillet 1879,
l'agence est acquise par le financier Erlanger et
elle est gérée par une société anonyme au capital
de 8.500.000 francs.

On devine sans peine qu'une entreprise aussi utile et aussi lucrative devait avoir des imitateurs. Et en effet les agences de même nature sont nombreuses. L'Agence Fournier existait dès 1879. Et depuis lors, dans les dernières années du XIXe siècle et dans les premières du XXe, se sont fondées : l'Agence nationale (Martin) ; l'Agence économique et financière (Yves Guyot) ; Paris-Télégramme, l'Agence télégraphique universelle ; l'Agence Paris-Londres, l'Agence européenne, l'Agence Dalziel, l'Agence Radio, née pendant la guerre, etc. ; et l'on voit flamboyer aujourd'hui dans Paris en lettres de feu ces hiéroglyphes, T. S. F., qui indiquent des agences de télégraphie sans fil.

Il faut ajouter une quantité de *correspondances* qui se chargent, elles aussi, d'approvisionner de nouvelles les journaux. Beaucoup d'entre elles ne s'adressent qu'à une catégorie spéciale : telles sont *La Correspondance conservatrice* qui date de 1885, et, de 1900 à nos jours, *La Presse associée* de Jean-Bernard, *La Correspondance quotidienne* de Paul Bluysen, *La Correspondance politique et agricole* de Pallu de la Barrière, *L'Action républicaine*, *L'Association nationale républicaine*, etc.

Tous les journaux qui recourent à ces agences ou correspondances, lesquelles sont des marchandes de nouvelles, leur paient une redevance plus ou moins forte. En outre certains grands journaux se sont assuré le droit exclusif de reproduire des dépêches provenant de source étrangère. Ainsi *Le Matin* a conclu avec *Le Times* un accord de ce genre qui lui a coûté 125.000 francs, plus 25.000 pour l'établissement d'un fil spécial avec Londres. *L'Echo de Paris* a fait de même avec *Le Daily Telegraph*.

Faut-il encore mentionner *Le Courrier et l'Argus de la Presse*, qui se chargent de dépouiller 28.000 publications, puis de découper et d'envoyer à l'intéressé qui s'y abonne tout passage où est cité tel article, tel livre, telle personne ? Mais ils sont utiles aux particuliers, aux auteurs et éditeurs, plus qu'aux périodiques, et il suffit d'en signaler l'existence.

Après cette digression, qui a sa raison d'être, revenons à l'administrateur.

Il a encore à régler les frais de transport du journal. Ce n'est pas mince affaire. *Le Petit Parisien* en un an a payé de ce chef 2.756.400 francs. Le transport est chose compliquée. Quand le journal est imprimé, plié (par des plieuses ou à la machine), il s'agit de le mettre sous bande pour les abonnés, puis de timbrer chaque numéro et c'est une dépense sérieuse qui dépend du tarif postal. Après quoi l'on entasse les exemplaires destinés à la banlieue dans des voitures qui les emportent ; on groupe ceux qui doivent aller dans la province en colis-postaux ou en paquets qui sont envoyés à toutes les gares par des automobiles spéciales. Le *chef du départ* est l'employé responsable de ce service qui n'admet pas une minute de retard. Des conditions particulières sont faites à la presse par l'administration des P. T. T. En bénéficient : « les imprimés *périodiques,* qui comprennent les journaux, recueils, annales, mémoires et bulletins remplissant les conditions de la loi sur la presse, paraissant une fois par trimestre et dont la fin ne peut être prévue d'avance [1] ». Les tarifs diffèrent, suivant que le numéro à taxer est expédié dans le département originaire et ses limitrophes ou dans un autre département. Ces privilèges consentis à la presse sont payés par elle en bons offices : elle insère gratuitement les annonces de concours et les avis d'adjudication relatifs à la poste et aux postiers.

Ce service des transports aux gares exige tant de soins que beaucoup de journaux parisiens, à partir de 1897, l'ont remis aux mains de la maison Hachette. Ses messageries occupent des centaines d'employés, qui de trois à six heures du matin et de cinq à sept heures du soir traversent en vitesse les rues de Paris.

Pour en finir avec les dépenses ordinaires que doit régler l'administrateur, il faut compter le prix des affiches qui sont parfois apposées pour le lancement d'un feuilleton nouveau et le paiement de leurs salaires aux rédacteurs, employés et ouvriers.

---

[1] B. LAURENT : *Postes et Postiers,* p. 325 (Paris, 1922. Librairie Doin).

Je ne dis rien des dépenses extraordinaires que peut causer une contravention ou un procès. Autrefois les amendes infligées ont servi souvent à tuer un journal : mais ce procédé est pour le moment hors d'usage.

Traçons maintenant la contrepartie, c'est-à-dire la liste des recettes.

Je signale d'abord les économies qu'un administrateur est volontiers enclin à faire. Elles portent généralement sur ce qui est le plus compressible, le traitement des rédacteurs. Mais ce genre de restrictions n'est pas sans danger. En écartant un écrivain qui se fait payer cher, mais qui amène avec lui toute une clientèle, en refusant à un reporter les frais d'un voyage en un endroit où se passe quelque chose de très intéressant, de même qu'en maintenant jusqu'à usure complète un outillage suranné, un administrateur économe, mais maladroit, risque de tuer la poule aux œufs d'or. Malheureusement cette tendance à mal payer les rédacteurs est encore fort commune en France. Elle fait l'étonnement des journalistes anglais et américains accoutumés à de larges rémunérations. On cite avec admiration à Paris *Le Times* payant 40.000 francs une dépêche, dépensant à Alexandrie 500.000 francs en une semaine pour être rapidement renseigné sur les événements d'Egypte, et, en Argentine, trouvant bon que son envoyé lui présente pour deux jours une note de 50.000 francs. Il est vrai que Gordon Bennet du *New-York Hérald* posséda 150 millions, que lord Northcliffe, propriétaire du *Times* et de plusieurs autres feuilles, était puissamment riche : seulement leur fortune était gagnée par des dépenses utiles faites en temps opportun.

Des moyens plus efficaces que la compression des salaires sont à la disposition de l'administration pour remplir sa caisse ; ce sont *l'organisation de la vente, l'augmentation du tirage* et la *publicité,* y compris *le bulletin financier.* Considérons-les tour à tour.

Il s'agit d'abord de fixer le prix de vente, qui varie selon le public qu'on veut atteindre. Avant 1914, *Le Temps, Le Figaro,* qui s'adressent à la classe riche, pouvaient maintenir le numéro à 15 centimes et le montant de l'abonnement en proportion. Mais les journaux, qui visaient la classe populaire, étaient forcés de se vendre 5 centimes. Ces prix ont beaucoup haussé pendant la guerre, nous avons vu pourquoi [1].

Les abonnements, à six mois ou à un an, sont ce que préfèrent les administrateurs de journaux. Cela leur assure des rentrées régulières, payées d'avance. Aussi multiplient-ils les facilités pour encourager ce mode de paiement ; ils ne reculent pas devant des abonnements de vacances, voire des abonnements d'un mois. Mais, à Paris surtout, le public préfère l'achat au numéro, parce que cela lui permet de changer de journal, si celui qu'il lit

---

[1] 2ᵉ partie, § I.

vient à lui déplaire, aussi parce que l'employé ou l'ouvrier allant à son travail est ainsi servi plus tôt qu'il ne le serait à domicile.

Cette préférence crée aux administrateurs des obligations nouvelles. Il lui faut trouver à Paris, dans la banlieue, en province, à l'étranger, des dépositaires qui vendent les journaux reçus en paquets. *Le Petit Parisien,* en 1914, n'avait pas moins de 25.000 dépositaires, approvisionnant à leur tour des sous-dépositaires. Naturellement, ces vendeurs et revendeurs demandent une remise pour leur peine et de plus ils renvoient ce dont ils n'ont pu se défaire, ce qu'on appelle *le bouillon,* estimé, suivant les cas, de 5 à 13 %. *Le Siècle* accordait un centime de remise par exemplaire vendu. Il faut compter en sus environ 10 francs par 100 kilos pour le renvoi des invendus. A Paris, une armée de vendeurs, de crieurs, de camelots se rassemble rue du Croissant, de bon matin et vers cinq heures du soir. Un *chef de vente* leur confie souvent deux ou trois journaux à débiter. Ils se répandent alors en courant dans tous les quartiers. Ils ont surtout à fournir les *kiosques,* qui, au nombre d'environ 40.000, sont concédés par la Ville de Paris et de rapport fort inégal, suivant la place qu'ils occupent. Autrefois les vendeurs se contentaient d'un maigre bénéfice. Aujourd'hui syndiqués suivant la mode du jour, ils réclament des remises plus grosses, font, eux aussi, du commerce ; il n'est pas rare qu'un vendeur cède à un sous-vendeur une partie de son paquet moyennant un petit profit supplémentaire. L'administrateur a donc à défalquer une certaine somme sur la vente des numéros, sans compter qu'aux invendus il convient d'ajouter ceux qui, pour une raison ou une autre, sont servis gratuitemnt, non pas seulement aux rédacteurs, mais à un certain nombre de personnes désignées par le directeur. En revanche, il peut encaisser des gains inattendus, quand une crise politique ou quelque événement susceptible de passionner la foule permet d'écouler deux ou trois éditions d'un même numéro, tirages extraordinaires qui coûtent peu, parce qu'il y a seulement quelques mots changés ou ajoutés dans la composition primitive.

Ce n'est pas tout d'organiser la vente le mieux possible. L'administrateur, d'accord avec le directeur, cherche à *augmenter le tirage ordinaire du journal ;* car il sait qu'il vaudra d'autant plus cher sur le marché qu'il aura plus de lecteurs. C'est alors qu'il empiète et influe sur la rédaction.

Parfois c'est une campagne politique ou économique qu'il fait ou laisse entamer. Le journal est mis à la disposition d'un groupe commercial ou industriel et c'est rarement gratis. Mais cela non plus n'est pas sans danger. Si l'on attire une certaine catégorie de lecteurs et d'abonnés, on en écarte nécessairement une autre. Ainsi je ne sais plus quel journal, ayant commencé une grande campagne contre toute liqueur fermentée, fut boycotté par les marchands de vin et perdit en un mois 100.000 lecteurs. Les marchands de vin n'ont-ils pas cité en justice le Préfet de la Seine pour une affiche anti-alcoolique placardée sur son ordre [1] ?

Aussi les administrateurs recourent-ils plus volontiers à des moyens moins périlleux.

Ce sont des primes consistant en livres, en objets utiles, bicyclettes, appareils de photographie, billets de loterie. *La Petite République,* au temps où elle fut dirigée par Gérault-Richard, offrait à ses abonnés des paletots au rabais. *L'Humanité* a offert aux siens des montres cotées 12 francs. On s'entend alors avec quelque grand magasin qui écoule de la sorte des rossignols : le magasin et le journal y trouvent leur compte. Une feuille, intitulée *Le Bien-Etre,* avait trouvé mieux [2]. Elle promettait à ses clients : une pension viagère en cas de blessure accidentelle ; une pension de retraite après 30 ans d'abonnement ; un enterrement de huitième classe à celui qui se laisserait mourir et 100 francs à sa veuve. Appâts trompeurs, hélas ! Le journal ne vécut que six mois.

On a imaginé d'autres amorces. Les loteries ayant été interdites, on leur a substitué des succédanés. On a pu voir les Parisiens se précipiter dans certaines avenues, parce qu'un journal cachait une certaine somme au pied de certains arbres

---

[1] Henry MICHEL : *Propos de morale* (Librairie Hachette. 1905 (3e série, p. 222).

[2] DE CHAMBURE (ouvrage cité).

qu'on pouvait découvrir à l'aide d'indications à dessein voilées. On les a vus chercher dans un dessin embrouillé la marque d'une fabrique d'automobiles qui s'y trouvait dissimulée et qu'il fallait repérer sept ou huit fois, ce qui valait au lecteur perspicace un cadeau en argent. De grandes randonnées de cavaliers, de voitures attelées, de bicyclettes, d'automobiles, ont été organisées de façon à tenir en haleine, pendant des journées et des semaines, les habitants des villes et villages où passe la course et les lecteurs engageant des paris sur les résultats. C'est en ce cas-là une invite à la curiosité du public et à l'émulation des sociétés de sport ; en d'autres cas, c'est un appel à la sagacité des lecteurs ou simplement au hasard. Par exemple, des prix sont promis à qui aura indiqué les dix plus grands hommes de France, les futurs maréchaux ou le plus mauvais patron de Paris. Le gagnant (et c'est une véritable loterie) sera celui dont les indications coïncideront avec la liste qui aura recueilli le plus de voix parmi les concurrents. D'autres concours aussi bizarres ont été proposés : Quel sera le nombre des entrées au salon de peinture tel jour ? Quel est le nombre des grains de blé contenus dans un litre dûment rempli et cacheté ? Une année ce fut la mode de laisser des mots en blanc dans le texte du feuilleton. Les lecteurs étaient invités à combler ces vides ; des prix étaient décernés à ceux qui avaient trouvé le plus de mots justes. Je cueille dans *L'Ouest-Eclair,* qui paraît à Rennes, quelques-unes des questions soumises au referendum des lecteurs : Comment dort-on le mieux, sur le dos, sur le côté, etc. ? Quelle manière l'emportera et par combien de voix ? — Quels sont les 10 métiers les plus utiles à notre société moderne ? — En combien de parcelles visibles à l'œil nu peut-on briser une coque d'œuf avec les doigts ? — Qui récoltera la plus grosse pomme de terre ? — Des prix en espèces attendent les heureux dont la solution sera la plus voisine de celle qui sera donnée par la majorité.

Parfois on se borne à poser au public ce que dans l'argot des étudiants on appelle « une colle ». Un journal posa cette question : De qui est cette phrase ? *La parole est un laminoir qui allonge toujours les sentiments.* Il n'eut rien à débourser. Personne ne reconnut l'auteur de cette phrase qui est pourtant Flaubert. Quelquefois ce fut par un grand match qu'on s'efforça de conquérir et de retenir les lecteurs. Je n'en rappellerai qu'un seul exemple. *Le Matin* et *Le Journal,* rivaux acharnés, s'il en fut, instituèrent une lutte entre deux journalistes à qui ferait le plus vite le tour du monde. Les deux *globe-trotters* devaient partir de Paris le même jour, à la même heure, l'un dans la direction de l'Orient, l'autre dans celle de l'Occident. Les deux concurrents furent Henri Turot et Gaston Stiegler. Ils envoyaient des télégrammes des points où ils étaient parvenus ; des paris s'engageaient. Ce fut Stiegler, représentant du *Matin,* qui l'emporta, ayant effectué son voyage en **63** jours, comme il l'a raconté dans un volume amusant. Turot avait été victime du fleuve Amour. Ayant à le remonter, il l'atteignit au moment des basses eaux, perdit là deux semaines et fut vaincu.

Ces inventions [1] et d'autres analogues, sur lesquelles je crois superflu d'insister, ont un effet temporaire. Je ne dirai pas qu'elles augmentent la considération des journaux qui les mettent en œuvre ; elles procurent du moins aux administrateurs dans l'embarras quelques recettes qui sont les bienvenues.

Toutefois leur ressource principale et régulière, c'est la *publicité*. Sur ce terrain, la presse française reste bien loin de la presse anglaise ou américaine. *Le Times*, comme *Le New-York Herald* (édition de New-York, paraît sur 32 pages, dont 24 sont consacrées aux annonces. *Le Times*, à lui seul, vers 1914, gagnait de ce chef environ 15 millions par an : la presse française toute entière ne dépassait pas 150 millions.

Le commerce en notre pays n'a pendant longtemps usé de l'annonce qu'avec sobriété, presque avec répugnance. Pendant que les Américains réduisaient en formules les différents moyens d'api-

---

[1] Elles ont en partie remplacé les énigmes, rébus, logogriphes, mots carrés, problèmes d'échecs qui ont été longtemps en vogue. La nouveauté est que ces jeux d'esprit et de hasard valent, à ceux qui y réussissent, des avantages pécuniaires. Signe des temps ! Ils se sont aussi industrialisés.

geonner le client, pendant qu'ils créaient la science et l'art de la publicité, nos compatriotes procédaient à l'aventure. Ce n'est pas qu'ils aient manqué d'imagination : lignes imprimées à l'envers au milieu de la quatrième page, ce qui suggérait l'envie de retourner la feuille pour les lire ; images parlant aux yeux de mille manières, comme cet homme armé d'un grand seau qui lave à grande eau des intestins, enseigne d'un médicament destiné, comme dit M. Fleurant, « à nettoyer et déterger les entrailles » ; affiches gigantesques où un bébé joufflu rit à belles dents, parce qu'on le lave avec un savon évidemment incomparable. Mais c'est seulement, dans ces dernières années, que la publicité est entrée chez nous dans la phase scientifique ; qu'on l'a dotée de principes ; qu'on a discuté ses chances de rendement, selon la disposition des caractères, la couleur du papier, la légende explicative, selon aussi qu'elle est faite pour un quotidien qui a plus de lecteurs, pour une revue où elle est conservée plus longtemps, pour un journal technique où elle touche un public moins nombreux, mais plus directement intéressé [1].

Les annonces, que nos journaux commencent à classer, de façon que les lecteurs s'y retrouvent aisément, sont assurément d'un bon rapport. Plusieurs d'entre eux les exploitent directement : *Le*

---

[1] L. ANOÉ : *La publicité* (Paris, J.-B. Baillière, 1922). — Voir aussi Francis ELVINGER : *La Marque* (collection de l'Université de Louvain 1924.)

Figaro, Le Petit Journal, Le Petit Parisien. D'autres les afferment. C'est ce qu'a fait *Le Matin* pour 5 millions. D'autres recourent à des courtiers, à des agences, qui touchent naturellement une commission. Mais peu à peu cette industrie s'est concentrée. La Société Générale des annonces Lagrange, Cerf et Cie (capital 20 millions) tenait en mains la majeure partie de la publicité des journaux parisiens'; elle a été absorbée en 1919 par l'Agence Havas.

Cette publicité est très inégalement distribuée et ce ne sont pas toujours les journaux à gros tirage qui sont le plus avantagés ; ce sont ceux qui ont une clientèle riche. Proportionnellement *Le Figaro* et absolument *Le Journal* récoltent plus d'annonces que *Le Petit Parisien.* Elles sont assez nombreuses au *Temps* et aux *Débats,* qui ont un tirage médiocre, rares dans les journaux socialistes, même quand ils sont très répandus.

Plus lucrative est encore la réclame. Autrefois elle était soulignée par le mot : communiqué ; puis elle fut encadrée d'un triple filet. Aujourd'hui elle dissimule le plus qu'elle peut son identité. De la quatrième page, elle s'est faufilée dans les autres ; elle se glisse parmi les articles politiques et littéraires ; elle prend toutes les formes, appelle parfois la poésie à la rescousse, se dissimule sous le manteau de la chronique. A cause de son caractère à demi-clandestin, elle se paye plus cher, surtout quand elle est signée d'un nom connu. J'ai déjà dit ses méfaits [1]. Elle dégénère aisément en tromperie sur la marchandise et la chose devient grave, quand des brasseurs d'affaires, plus habiles qu'honnêtes, la font servir à lancer des spéculations véreuses.

C'est pourquoi le *bulletin financier* dans beaucoup de journaux a une allure louche. Directeur et rédacteur en chef en déclinent la responsabilité. C'est comme un terrain réservé à l'administrateur qui le loue aussi cher que possible. Ainsi sont affermés pour des sommes très coquettes les bulletins financiers des grands quotidiens. En 1919, *Le Journal, Le Petit Parisien, Le Petit Journal* touchaient pour cela 600.000 francs chacun. *L'Echo de Paris passait* de 27.000 francs à 300.000 francs. *Le Gaulois* encaissait de ce fait 250.000, *L'Eclair* 150.000, *La Petite République, La Libre Parole, La France* chacune 100.000 [2]. Ce sont des suppléments de gain qui ne sont pas négligeables ; il est fâcheux que cela induise trop souvent les lecteurs à des placements périlleux, comme ce fut le cas pour les emprunts russes, ottomans et beaucoup d'autres affaires aventureuses. C'est une source de recettes impure autant qu'abondante.

J'en ai fini avec les fonctions de l'administrateur ; elles sont multiples et délicates. Il ne faut pas s'étonner si un bon administrateur de journal est

---

1 3ᵉ partie, chapitre II, § 3.

2 J'emprunte ces chiffres à JEAN-BERNARD : *La Vie de Paris*, 1919, tome II, p. 169.

un oiseau rare, et si, parmi les feuilles parisiennes, qui sont trop nombreuses, il en est beaucoup qui ont de la peine à vivre.

Mais il est bon de jeter un coup d'œil d'ensemble sur la multiplication progressive de ces périodiques jusqu'à nos jours, en y ajoutant un aperçu nécessaire sur les revues et sur la presse de province.

§ 7. Nombre des journaux a différentes époques

Le nombre des périodiques en France n'a pas eu une croissance régulière et continue. Il y a des époques où ces feuilles éclosent avec une vigueur printanière ; il y en a d'autres où elles tombent comme le feuillage des bois en automne.

Les époques fécondes sont celles où une grande crise politique ou sociale agite le pays ; toute révolution fait surgir par centaines et milliers des journaux qui reflètent et entretiennent les passions du moment ; en temps normal, une période électorale est toujours l'occasion d'une petite éruption de presse. Les époques stériles sont celles de calme sous un gouvernement qui paraît solidement assis ou d'assoupissement sous un régime qui opprime la liberté.

Notre première révolution vit d'abord pulluler les papiers publics. Puis cette surabondance se restreignit pour se réduire presque à rien sous le Consulat et l'Empire. La Restauration et le règne de Louis-Philippe virent le mouvement reprendre. Il eut son maximum aux approches de la Révolution de 1848 et dans la première année de la seconde République, pendant lesquels 600 journaux naquirent brusquement [1]. Cette activité fébrile fut suivie d'une accalmie qui dura jusque vers 1860, sous la férule de Napoléon III. Depuis lors la production journalistique, avec des alternatives de baisse et de recrudescence, mais beaucoup moins marquées, a été presque constamment grandissante.

Il n'entre pas dans le cadre de cet ouvrage de suivre année par année ces vicissitudes. Il nous suffira de jeter quelques coups de sonde dans le passé du siècle et demi qui s'est écoulé depuis 1789. Nous aurons ainsi à pénétrer dans le domaine aride de la statistique ; mais nous n'abuserons point des chiffres, en nous rappelant qu'ils sont le plus souvent d'une exactitude approximative [2].

En 1810, il n'existe que 176 journaux français pour tout l'Empire qui couvre pourtant un immense territoire. En 1818, une notice contemporaine évalue à 150 le total des journaux parisiens. En 1835,

---

[1] Voir J. WALLON : *Revue critique des journaux publiés à Paris depuis la Révolution de Février jusqu'à la fin de décembre 1848* (Paris, 1849).

[2] Voir pour plus de détails HATIN : *Histoire de la Presse* et *Bibliographie de la Presse*.

il monte à 347, et il faut ajouter 258 feuilles pour les départements.

En 1845, selon Hatin, on compte en France 756 journaux, dont 230 à Paris et 520 en province. En 1846, selon Paul Dupont, Paris en a 400, la province 600. Comme d'une année à l'autre l'écart des deux chiffres est assez gros, la prudence conseille d'accueillir avec quelque réserve des recensements qu'il est toujours très difficile de faire complets.

Vingt ans après, au 1er janvier 1866, on signale en France 1.637 journaux dont 330 politiques et environ 1.300 littéraires et scientifiques. En 1880, les publications périodiques y sont évaluées à 2.500, dont 1.200 à Paris. Cela représente un périodique par 14.000 âmes, alors qu'en 1826 la proportion était de un par 64.000. La proportion est la même pour l'Allemagne, elle est supérieure en Suisse et aux Etats-Unis [1], pays démocratiques (1 pour 5.000) inférieure en Angleterre, en Autriche, en Italie.

En 1888, Paris a 1.811 périodiques, la province en a 3.300. En 1895 (1er mai), on en compte à Paris 2.401, en province et dans les colonies 3.386. En 1900, Paris a 2.709 journaux plus 185 revues ; la province et les colonies en ont 3.972, ce qui fait un total de 6.866 périodiques. En 1914, *Le Petit Parisien* tire à 1.400.000 exemplaires, *Le Petit Journal,* qui a baissé, à 1.100.000.

---

[1] Le nombre des journaux dépasse aux Etats-Unis 23.000, dont environ 2.500 quotidiens.

Sautons brusquement à l'année 1922 et aux chiffres publiés pour cette année-là par l'Annuaire qu'édite *L'Argus de la Presse*. Ils trahiraient, s'ils sont exacts et recueillis d'après les mêmes méthodes que ceux cités plus haut, un certain déchet : en effet ils donnent pour Paris (journaux, revues, bulletins) : 2.100 ; pour les départements : 2.240 ; pour les colonies : 239 ; pour les pays étrangers : 764. On arrive de la sorte au total général de 5.343 périodiques en langue française, total notablement inférieur à celui de l'année 1900.

Supposons que ces chiffres répondent à peu près à la réalité et analysons-les :

Si l'on tient compte de ce fait que le département de la Seine (hors Paris) entre dans le chiffre provincial pour 55 périodiques, on peut dire que l'agglomération parisienne, à elle seule, en publie autant que le reste de la France, et encore faut-il ajouter que ses journaux et revues ont, de beaucoup, les plus forts tirages (*Petit Parisien*, chiffre constaté, 1.600.000 ; *Petit Journal*, chiffre donné, 1.150.000).

Paris a 100 quotidiens, y compris *Le Daily Mail, Le New-York Herald, Paris-Telegraph* (éditions françaises), y compris également les feuilles publiées par les agences d'information.

Les 2.000 périodiques, qui restent après cela, paraissent à des intervalles divers : on y trouve cotes de la Bourse, bulletins de sociétés savantes, journaux corporatifs, journaux faits à Paris par les originaires des différentes provinces, journaux de modes, de sport, de commerce, journaux pour rire, revues créées par de petits cénacles littéraires ou artistiques, presse médicale, coloniale, etc.

Pour les départements, du total de 2.240 périodiques il faut détacher 22 grands régionaux, qui rayonnent chacun sur une vaste région et ont jusqu'à 15 et 19 éditions par jour, et 38 grands départementaux, qui s'étendent dans un cercle plus restreint et s'impriment dans des villes plus petites.

Les départements où la presse est la plus développée sont naturellement ceux où existe un grand centre économique ou intellectuel. Les voici par ordre d'importance : Rhône, Bouches-du-Rhône, Seine-Inférieure, Nord, Haute-Garonne, Gironde, Loire-Inférieure, Alpes-Maritimes, Bas-Rhin, Calvados, Isère, Côte-d'Or. Ceux où les journaux sont le moins nombreux sont situés dans les montagnes ou en pleine mer, isolés ainsi des grands courants qui traversent le pays. La liste comprend : Hautes-Alpes (3 journaux), Corse (5), Ardennes (6), Haute-Saône, Haute-Loire, Lozère et Lot (8 chacun).

Pour les colonies et pays de protectorat, où l'on constate l'existence de 239 périodiques, l'Algérie vient en tête avec 83 ; puis à la suite se rangent l'Indo-Chine (44), la Tunisie (31), le Maroc (11). Les autres colonies, y compris Tahïti et la Nouvelle--Calédonie, en ont pour leur part 70.

Cela fait un nombre estimable de périodiques.

Les titres les plus répandus sont : Journal ou Revue, suivis d'un nom de pays ou de société ;

France et Paris, avec un nom de contrée étrangère ou une indication de matières ; puis Bulletin, Echo, Courrier, Gazette, Feuille, Dépêche, Annales, Indépendant, Progrès, Moniteur, Croix, Semaine, Action, Union, Vie, Voix, etc.

Parmi ces périodiques, il en est beaucoup de petits et plusieurs arborent cette épithète. C'est comme une poussière de journaux. Il n'y en a guère qu'une soixantaine qui aient de l'importance.

Il est intéressant de savoir aussi où paraissent les journaux de langue française à l'étranger : car partout où l'on parle et écrit notre langue, la pensée et l'influence de la France se propagent. Ici, c'est la Suisse qui se place au premier rang (383). Viennent ensuite la Belgique (119), le Canada où domine la presse catholique (114), l'Egypte (23), l'Italie (19), le Luxembourg (16), la Roumanie (11), la Grande-Bretagne ainsi que la Grèce (10), les Etats-Unis (9), la Turquie et la République Argentine (8), l'Espagne et le Brésil (7). Les autres pays s'échelonnent de 6 à 1. Ce dernier chiffre s'applique à la Suède, à l'Autriche, au Japon, à l'Uruguay, au Portugal, à la Colombie. L'Allemagne arrive à 3.

Est-il besoin de dire que ces chiffres varient d'année en année? Ce qui reste constant, c'est que, proportionnellement à la population, les Etats où les périodiques sont le plus nombreux sont ceux où la constitution démocratique oblige les citoyens à se tenir au courant des affaires publiques, ceux aussi où l'instruction primaire est le plus développée. La Suisse et les Etats-Unis d'Amérique passent ici avant la France, qui occupe le troisième rang [1]. Il faut dire encore qu'au point de vue du tirage certains journaux anglais (*Le Daily Mail* par exemple) égalent les plus répandus des nôtres, et qu'au point de vue des dimensions, du volume, les journaux d'Angleterre, d'Amérique et parfois d'Allemagne dépassent singulièrement nos feuilles les plus volumineuses. Ils paraissent sur 32 et 44 pages avec un index, une table des matières [2] qui permet au lecteur d'y trouver rapidement ce qui l'intéresse. Ils contiennent aussi de 20 à 28 pages d'annonces qui leur assurent une vie confortable. On conserve à la Bibliothèque d'Aix-la-Chapelle un de ces géants de la presse mondiale, probablement le plus grand qui ait été jamais fabriqué. C'est un journal américain, qui parut en 1859, à New-York, avec

---

[1] Le plus vieux journal du monde, d'après l'*Opinion* (août 1923), paraît être le journal chinois : *Tsen-Tze-Kwan-Pao*, gazette officielle de Pékin. Il a célébré, il y a longtemps déjà, son millième anniversaire. Un exemplaire de chaque numéro de cette gazette est précieusement conservé dans les archives du palais de Pékin, depuis sa fondation jusqu'à nos jours.

On affirme qu'un certain nombre de rédacteurs de ce journal payèrent de leur vie les erreurs imprimées dans *Tsen-Tze-Kwan-Pao*. La publication a eu à subir plusieurs transformations, et depuis la République son titre est devenu *Tsen-Fou-Koun-Pao*, c'est-à-dire *Journal officiel du gouvernement*.

Aucun journal français, ni même européen, ne saurait être comparé, sous le rapport de l'ancienneté tout au moins, avec le *Tsen-Fou-Koun-Pao*.

[2]. *Les Débats*, chez nous, prennent cette précaution, quoiqu'elle soit moins nécessaire.

ce titre bizarre : *The Illuminated Quadruple Constellation.* Il a 8 pages de 13 colonnes chacune, et 2ᵐ55 de haut sur 1ᵐ80 de large. Je ne pense pas qu'il faille donner pour modèle à la presse française ces Léviathans, ces cuirassés du journalisme étranger. Chaque peuple a ses goûts, ses habitudes d'esprit et je crois que le lecteur français s'accommoderait assez mal de ces feuilles qu'il faut mettre vingt-quatre heures à parcourir d'un bout à l'autre. Mais avant de rechercher comment notre presse pourrait être améliorée, nous avons à examiner deux catégories de périodiques qui méritent de n'être point oubliées : les revues et la presse de province.

⁎
⁎⁎

§ 8. — LES REVUES

Il faut d'abord marquer en quoi elles diffèrent des quotidiens.

Paraissant toutes les semaines, toutes les quinzaines, tous les mois, et parfois tous les deux ou trois mois, elles ne peuvent viser à l'information rapide. C'est donc l'étude réfléchie des choses et des hommes, la doctrine et l'action qui prédominent dans leur activité.

Elles ont comme les journaux des bailleurs de fonds, qui peuvent être des individus riches ou des sociétés anonymes. Mais quand les commanditaires ne sont pas eux-mêmes directeurs et ne cherchent pas ainsi à conquérir une dose d'influence et de considération, on peut dire que ce sont des gens qui placent leur argent à fonds perdus. Il était rare, surtout au début, que ces périodiques fussent une source de revenus. Un Rothschild, qui était actionnaire de la *Revue des Deux-Mondes*, alors encore jeune, eut un jour la surprise de recevoir des dividendes et il s'écria, dit-on : C'est invraisemblable ! Ce ne sont pas des gens de lettres. — Depuis lors les actions de cette Revue et de quelques autres ont acquis une valeur sérieuse.

Toutefois le directeur d'une revue, à l'exception des revues commerciales qui vivent d'annonces et de réclames [1], n'est point un faiseur d'affaires. Il est heureux, s'il couvre ses frais. Il n'a pas à compter beaucoup sur la publicité ; elle n'entre que pour une faible partie dans le calcul de ses recettes. Longtemps elle fut réduite à quelques réclames de librairie sur les pages intérieures de sa couverture. Cependant la publicité qui envahit tout, se glisse aujourd'hui dans des feuillets de couleur spéciale où sont les annonces. *La Revue des Deux-Mondes* s'est longtemps refusée à ce compromis, et ce fut presque une petite révolution dans le cours de sa paisible existence, lorsqu'en 1918 elle se décida à admettre, à la seconde et à la troisième pages de son immuable couverture, de courts

---

1 *L'Exportateur français, La fabrication française,*

articles d'actualité et, dans l'intérieur du numéro, l'orthographe de tout le monde, consistant à écrire *enfants* et non plus *enfans*.

Une Revue n'a pas non plus à compter sur la vente au numéro. L'abonnement est pour elle le principal, et elle cherche non seulement des abonnés individuels, mais encore et surtout des abonnés collectifs qui sont des cercles, des cabinets de lecture, des hôtels, des bibliothèques publiques, des universités.

Le directeur n'est pas nécessairement un écrivain. Buloz, le tenace et madré Savoyard qui lança *La Revue des Deux-Mondes,* ne maniait guère la plume. Il est quelquefois dangereux pour une revue d'avoir un styliste à sa tête. M. Ganderax, qui dirigea *La Revue de Paris,* refaisait presque en entier les romans et les articles qu'on lui apportait ; il les corrigeait avec une minutie telle qu'il était devenu la terreur de ses collaborateurs et qu'il y ruina sa santé. Je me souviens d'avoir vu des épreuves, où dans le désir d'éviter, suivant le précepte de Flaubert, deux *de* se gouvernant l'un l'autre, il avait souligné avec horreur à l'encre rouge cette phrase de J.-J. Rousseau, qu'il n'osait pourtant pas modifier : « Tout est bien sortant *des* mains *de* l'auteur *des* choses ; tout dégénère entre les mains de l'homme ».

Les rédacteurs d'une revue ne sont pas cependant des journalistes forcés de bâcler leur ouvrage à la hâte. Ce sont des écrivains, des savants, des

hommes politiques connaissant et respectant l'art
d'écrire. Leurs *essais* (encore un mot venu d'Angleterre) sont moins substantiels que les chapitres d'un
livre et moins superficiels que les articles d'un journal ; ils peuvent s'étendre, s'espacer sur plusieurs
numéros ; ils sont souvent les fragments d'un
volume offert en détail aux lecteurs avant de leur
être livré en bloc.

De plus, la revue, grâce à son prix qui la réserve
aux gens aisés, grâce au public instruit qu'elle vise,
a, en général, le souci du style ; elle publie des
romans qui ont une valeur littéraire ; elle s'assure
quelquefois par traité la production de tel ou tel
romancier qui devient son fournisseur attitré. Elle
laisse une petite place à la poésie. Elle en donne
une grande à l'histoire, aux pages inédites que l'on
peut découvrir dans les tiroirs d'un mort. Elle
accueille même la caricature, le portrait, le paysage.
Elle n'a garde de négliger l'actualité. Non seulement elle commande des études sur les questions
politiques, économiques, artistiques du moment.
Mais elle a des chroniques, signées souvent de
noms illustres : ainsi M. Poincaré, après avoir été
Président de la République et avant d'être devenu
Président du Conseil des ministres, émettait tous
les quinze jours dans la *Revue des Deux Mondes*
son avis sur la conduite des affaires publiques.
C'est là aussi que s'est réfugiée la critique littéraire, musicale, artistique, dramatique, réduite
dans la plupart des quotidiens à la portion congrue,

quand elle n'y a pas été purement et simplement supprimée.

La revue, qui a ainsi sa fonction propre, paie ses rédacteurs à des prix très variables, selon la notoriété des auteurs et selon sa richesse. En général, les revues savantes les paient peu ou ne les paient point du tout. Elles leur épargnent seulement les frais d'impression de leurs articles ; elles leur fournissent en sus gratuitement quelques exemplaires et la possibilité de tirages à part faits à bon compte, parce qu'ils n'ont plus à acquitter que le coût du papier. D'autres offrent des salaires qui s'échelonnent de 25 à 10 francs la page et qui descendent même au-dessous. J'en connaîs où l'article se paie 100 francs pour 10 pages ; si l'on dépasse cette étendue, on *crève*, comme on dit en l'argot consacré, c'est-à-dire que l'on ne touche rien pour tout ce qui est au delà de la limite fixée. Il en est d'autres encore qui se contentent de rétribuer quelques articles et qui refusent toute rémunération au reste de la copie. Il en est même qui, pour la publication d'une nouvelle, d'un roman, se font payer et exigent, par exemple, que l'auteur prenne tant d'abonnements. Mais le procédé n'est pas aussi avantageux pour elles qu'on pourrait croire. Elles se condamnent de la sorte à accueillir des manuscrits médiocres ou tout à fait mauvais. Elles se déconsidèrent et se perdent par cette lésinerie mal entendue.

On n'attend pas de moi, je suppose, que je

fasse ici l'histoire des revues françaises ; ce
serait faire l'histoire de tout le mouvement intellectuel en France durant un siècle et demi. Elles
sont, en effet, aussi diverses que les quotidiens ;
elles reflètent toutes les opinions; elles correspon-
dent à toutes les branches de l'activité humaine [1].
Je dois me borner à en indiquer les principales
variétés et les dates où elles ont pris naissance.

Celles qui sont consacrées aux sciences, aux
lettres, aux arts, au commerce, ont toujours été
les plus nombreuses et couru la carrière la moins
accidentée. Même pendant la tourmente révolutionnaire et sous la chape de plomb que Napoléon
fit peser sur la France, des périodiques comme
Le Journal des Savants ou *Le Mercure* échappent
à la mort. Les orages ont beau se déchaîner autour
d'eux, ils passent à travers les gouttes. On peut
leur appliquer ces vers de la complainte populaire du *Juif Errant* :

> Je les ai traversés
> Sans en être blessé.

Ayant un public spécial, très limité, mais très
fidèle, ces revues, qu'elles s'occupent de physique,
de mathématiques, de médecine, d'histoire, de philosophie, sont soutenues par des corps savants,

---

[1] Exemples : La *Revue historique,* la *Révolution française,*
la *Révolution de 1848,* la *Revue de sociologie,* la *Revue
philosophique,* la *Revue de Métaphysique,* là *Revue critique,*
la *Revue rose,* les *Annales historiques de la Révolution française,* etc., etc.

souvent subventionnées par l'Etat ou par une ville, parfois annexées à une maison d'édition. Elles· se sont multipliées sans hâte, sans fracas, et quoique plus d'une ait péri, comme il advint récemment à *La Revue du Mois,* victime de la crise du papier, elles continuent, pour la plupart, leur existence modeste et utile, troublée tout au plus de temps en temps et à la surface par quelque polémique sur une théorie scientifique ou sur un sujet d'érudition.

Les revues littéraires ont une vie plus brillante, une clientèle plus vaste. Bien qu'elles touchent à la politique, elles le font avec une discrétion qui les a presque toujours garanties des coups du pouvoir régnant. Plusieurs et des plus importantes naquirent vers la fin de la Restauration, alors que la lutte entre classiques et romantiques était dans toute sa violence. En 1828, c'était *La Revue Française,* revue juste milieu, comme on disait, corps d'armée dont le journal *Le Globe* était l'avant-garde. Quelques mois plus tard, paraissait *La Revue de Paris,* fondée par Louis Véron, où Lamartine coudoyait Benjamin Constant, où Alfred de Vigny se rencontrait avec Casimir Delavigne, Sainte-Beuve avec Scribe, etc... La même année, venait au jour *La Revue des Deux-Mondes,* qui débutait internationale et fort avancée, mourait au bout de quelques mois, mais ressuscitait, appelait à elle tous les chefs de la jeune littérature et réussissait si bien qu'après avoir mangé un demi-million elle faisait la fortune de son directeur et absorbait en 1836 *La Revue de Paris* [1], son aînée et sa rivale. Aujourd'hui, vénérable douairière, elle a en vieillissant, renoncé à ses hardiesses juvéniles et pris, surtout sous l'impulsion de Brunetière, la défense de toutes les traditions.

Elle avait régné, à peu près sans conteste, pendant tout le *Second Empire* [2]. *La Revue Bleue* qui naquit alors, était obligée, par contrat, de ne point changer de format, pour ne pas nuire à cette voisine ombrageuse ; elle se contentait d'abord de reproduire les cours et conférences, et plus tard, émancipée, elle a gardé ses distances, ans jamais inquiéter celle qui l'avait redoutée et entravée. Mais, sous la troisième République, *La Revue des Deux-Mondes,* qui boudait le nouveau régime, fut menacée d'une concurrence sérieuse par *La Nouvelle Revue,* orientée dans le sens républicain. Mme Edmond Adam, qui la dirigeait avec habileté, réunissait, autour d'elle et de son salon qui était alors le plus couru de Paris, une équipe de jeunes littérateurs, parmi lesquels figuraient Anatole France, Loti, Aycard, Paul Bourget, Lemaître et celui qui écrit ces lignes. Malheureusement, elle

---

1. Des titres disparus renaissent fréquemment. C'est ainsi que la *Revue de Paris* a eu, de nos jours, une seconde incarnation. Elle s'est à son tour dédoublée ; la *Revue de France* en est née par scissiparité.

2 Citons pourtant, nées en 1859, la *Revue germanique* qui devient bientôt la *Revue moderne,* la *Revue indépendante,* etc.

perdait une partie de sa fortune dans le krach de la banque catholique Philippart-Bonthoux ; elle était alors obligée de partager la direction avec d'autres personnes, puis de l'abandonner,. et *La Nouvelle Revue,* qui a depuis lors passé de main en main, n'a plus retrouvé le succès qu'elle avait eu et mérité à ses débuts. *La Revue de Paris,* deuxième du nom, eut ensuite ses jours d'éclat et de prospérité. *La Grande Revue,* subventionnée par M. Rouché, *La Revue* qui s'appela tour à tour *Revue des Revues,* puis *Revue Mondiale* et eut pour directeur Jean Finot, *L'Opinion* avec MM. Colrat et de Tarde, *Le Mercure* sorti de ses cendres avec Rachilde et Rémy de Gourmont, se disputèrent un public singulièrement agrandi. Je demande pardon à celles que je ne nomme pas et qui sont légion. Il n'est pas un petit cénacle qui n'ait eu la sienne, *La Vie, Les Marges, La Forge, La Revue Idéaliste, L'Œuf dur* et, avec des hauts et des bas, avec des disparitions et des renaissances, ces usines littéraires continuent à débiter de la prose et des vers. La province a eu sa part dans cette éclosion. *La France méridionale, la Pensée bretonne, les Annales des Universités* ou des *Sociétés Savantes* font circuler dans toute la France un peu de cette sève intellectuelle qui surabonde dans la capitale.

Les beaux-arts n'ont pas eu la même profusion d'organes ; en revanche, ils ont suscité des périodiques plus coûteux, parce qu'ils font appel au

talent des graveurs. C'est à partir du règne de
Louis-Philippe qu'ils se développèrent, à l'imitation des magazines anglais. *Le Magasin pittoresque*
date de 1831, et il engendre bientôt *L'Univers pittoresque, La Mosaïque, Le Musée des familles.* En
1843, commence *L'Illustration,* qui aura pour pendants et concurrents en 1857 et 1858, *Le Tour du
Monde, Le Monde Illustré* et *L'Univers Illustré.*

Depuis lors, le courant n'a cessé de couler, mais
dans deux directions différentes ; tantôt s'acheminant vers des publications de luxe, comme *La
Gazette des Beaux-Arts* ou *Le Livre* d'Octave
Uzanne, tantôt apportant à la foule et surtout
aux enfants des journaux pour rire, des chromolithographies qui ont à peu près supplanté les
images d'Epinal et quantité de revues qui s'efforcent d'instruire en amusant.

Plus bruyantes, plus exposées aux accidents
sont les revues qui veulent exercer une action
politique, qui se rangent sous le drapeau d'un
parti. Comme types, on peut choisir deux rivales
qui, sous la Restauration, se firent une guerre
acharnée, toutes deux, afin de se dérober à la
censure qui frappait les journaux, paraissant à
intervalles irréguliers, toutes deux tuées en 1820
par une loi nouvelle qui les atteignait. L'une était
libérale et se nommait *La Minerve Française.* Avec
quelque exagération, Lamartine l'a comparée à *La
Satire Ménippée,* de glorieuse mémoire : elle eut,
en effet, grand effet sur les contemporains, et

tailla bien des croupières au gouvernement des Bourbons. L'autre s'intitula *Le Conservateur* ; ce fut, pour ainsi dire, *La Minerve Blanche*, faite sur le modèle de son ennemie, mais rédigée par l'élite des écrivains royalistes.

Sous tous les régimes, les partis d'opposition se servent de brûlots destinés à faire sauter le trône ou à blesser à mort la République. C'est tantôt la satire armée à la fois de la plume et du crayon, comme la représentent, sous Louis-Philippe, *Le Charivari* avec Gavarni et Daumier, *Le Lampion* en 1848, *La Lune* avec André Gill sous Napoléon III, et, dans la République actuelle, les dessins de Forain ou, dans le sens opposé, *Le Chambard* avec Steinlen et *Le Progrès civique* avec Gassier[1]. Tantôt aussi, c'est un seul homme qui attaque en franc-tireur les puissances du moment ; ainsi firent, sous Louis-Philippe, Alphonse Karr, qui intitula son pamphlet hebdomadaire *Les Guêpes* (un titre qui revient sur l'eau de temps en temps) ; Balzac, qui, dans *La Revue parisienne*, exposa ses idées politiques en épanchant ses haines littéraires, surtout contre Sainte-Beuve ; sous le Second Empire,

---

[1] Les petits journaux satiriques : *Le Nain jaune*, où collabora le roi LOUIS XVIII, le *Satan*, la *Bohême*, le *Mousquetaire*, d'Alexandre DUMAS père qui publie, en 1853, cet avis : « *Ce journal ne reçoit pas de réclame des théâtres ni des libraires: il paye ses loyers et il achète ses livres* », et, de nos jours, *Le Cri de Paris*, le *Merle blanc*, *La Grimace*, le *Grand Guignol*, etc., ont de tout temps foisonné à Paris.

Rochefort, avec sa fameuse *Lanterne* ; soûs la troisième République, M. Clémenceau, quand il s'avisa de jeter à la tête de ses adversaires *Le Bloc*, Péguy avec ses *Cahiers de la quinzaine*, Ch. Guyesse avec ses *Pages Libres*. On comprend que ces périodiques, aussi personnels qu'agressifs, vaillent aux auteurs de violentes ripostes.

Des publications plus graves, plus pondérées, suivant de près les travaux des Chambres, répondent aux différents groupes qui se partagent le monde politique. Telles sont *L'Action Nationale, La Revue politique et parlementaire, Le Parlement et l'Opinion*, qui ont le plus souvent pour rédacteurs des sénateurs, des députés et parfois pour inspirateurs des ministres ou même des présidents de la République. Elles ont plus de poids et moins d'action sur le public que leurs sœurs aventureuses.

Les revues à caractère confessionnel ' ont été plus épargnées, peut-être parce qu'elles sont plus modérées de ton, peut-être aussi parce qu'elles participent du respect traditionnel dont bénéficient les écrits religieux. Les plus anciens et les plus vivaces de ces périodiques ont eu leur berceau dans l'époque où l'Eglise catholique crut pouvoir reprendre la haute main sur l'Etat, c'est-à-dire de 1815 à 1830. *Le Correspondant* pourra bientôt célébrer son centenaire en même temps que *La Revue des Deux-Mondes. Les Annales de Phi-*

losophie chrétienne ont à peu près le même âge.

Une place doit être réservée aux revues qui ont un caractère social. Economistes et socialistes ont rivalisé d'ardeur pour en créer. C'est sous le règne de Louis-Philippe qu'elles ont leur premier essor. Pierre Leroux, dans *La Revue Indépendante*, publie ses propres ouvrages et les romans de George Sand à tendance socialiste. Plus tard, dans son imprimerie de Boussac (Creuse), il édite *La Revue sociale*. Mais c'est surtout sous la troisième République que ces périodiques, travaillant soit au maintien soit à la transformation de notre constitution économique, ont eu une expansion et un rôle considérables. Citons, d'une part, *L'Economiste Français*, *La Revue d'Economie politique*, *L'Economiste européen*, *Le Journal des Economistes* ; de l'autre, *La Revue socialiste*, très éclectique, qui, de 1885 à 1914, sous la direction de Benoit Malon, puis sous la mienne et sous celle de Fournière et d'Albert Thomas, a eu pour collaborateurs Jaurès, Millerand, Viviani, Gustave Geffroy, Ajalbert, Lafargue, Pelloutier et bien d'autres réformateurs. Au reste, chaque école, parmi ceux qui veulent une refonte de la ociété actuelle, a tenu à avoir son périodique pour y exposer ses doctrines : les marxistes, les anarchistes ont eu *Le Socialiste*, *L'Humanité nouvelle*, comme les syndicalistes de la C.G.T. ont *L'Atelier*, comme les protestants réformistes ont *Le Christianisme social et l'Espoir du monde*, comme les

israélites ont *La Tribune juive,* comme les catholiques, empêchés par le Pape de se déclarer socialistes, ont eu avec Albert de Mun *L'Association
catholique,* comme les coopérateurs ont *L'Eman-
cipation* qui paraît à Nîmes et *La Revue des
Etudes coopératives,* comme les pacifistes ont *La
paix par le droit,* et *Les Etats-Unis d'Europe* qui
paraissent à Berne. Si vous joignez à cela les bulletins des sociétés qui ont pour but d'étendre la
protection légale des travailleurs ou de lutter contre le chômage, les publications très
sérieusement documentées qui émanent du Bureau
International du Travail siégeant à Genève, ou de
nos différents ministères, ou encore, comme *La
Vie urbaine,* de la ville de Paris, vous aurez
une idée, non pas complète assurément, mais
à peu près suffisante, des ressources qu'offre à
l'étude des problèmes les plus brûlants d'aujour-
d'hui cette série de périodiques, animés pour la
plupart d'une foi ardente en l'avenir et d'un désir
sincère d'améliorer la condition humaine [1].

Mais arrêtons ici une énumération qui risque-
rait vite de devenir fastidieuse et qui peut-être
paraîtra déjà trop longue et trop sèche. Disons
seulement qu'à Paris le nombre de ces périodiques
dépasse le millier et que des Revues prospèrent
aussi dans la province, où nous allons faire maintenant une rapide excursion.

---

[1] Voir à ce sujet un article de Jules VÉRAN, dans *Le
Producteur,* de décembre 1920.

§ 9. — LA PRESSE DE PROVINCE

A la fin de juillet 1789, le mois où la Bastille venait d'être prise, l'anglais Arthur Young, voyageant en France, arrivait à Besançon, ville de 25.000 âmes et capitale d'une grande province. Il était avide de nouvelles ; or, il n'avait pu avoir un journal depuis Strasbourg. Il demande où est le cabinet littéraire. Il n'y en a point. Où sont les gazettes ? Dans les cafés. Il y court ; mais il n'y trouve que *La Gazette de France,* pour laquellle, dit-il, un homme qui a le sens commun ne donnerait pas un sou dans le moment actuel. On lui offre bien *Le Courrier de l'Europe,* mais il a quinze jours de date. Impossible d'être renseigné sur ce qui se passe aux Etats généraux. La poste à Besançon ne vient que trois fois par semaine.

Les choses ont bien changé avec l'amélioration des voies de transport. Cependant, sous la troisième République, un ministre a dit un jour : « Il y a quatre grands journaux à Paris. Il faut les avoir pour soi. Les autres ne comptent pas ».

C'est là un souvenir de temps révolus. La chose pouvait être vraie sous Louis-Philippe. Elle serait aujourd'hui une grosse erreur. La presse de province fait à la presse parisienne une concurrence victorieuse.

Ce qui l'a fait sortir de son insignifiance, c'est

d'abord le suffrage universel qui, en une certaine mesure, a décapitalisé Paris, en lui enlevant la direction des affaires publiques qui a passé à la majorité formée par les départements. C'est ensuite le télégraphe, permettant aux nouvelles de courir d'un bout à l'autre de la France avec la rapidité de l'éclair. C'est enfin, dans ces derniers temps, un réveil régional qui commence à faire circuler dans tout le corps de la nation la vie trop exclusivement concentrée dans la tête, réveil qui se marque par la résurrection d'universités longtemps endormies, par des unions d'intérêts économiques, par des associations de presse rayonnant sur une grande ville ou sur un département [1].

Les journaux de province, ainsi émancipés, approvisionnés et groupés, ont gardé quelques restes de timidité. Beaucoup d'entre eux vivent encore les yeux fixés sur Paris et sè modèlent sur leurs confrères parisiens. Ils les citent plus souvent qu'ils ne sont cités par eux. Il n'y a guère que *Le Matin*, *L'Action Française* et *Le Quotidien*, qui daignent, à Paris, mentionner l'opinion de ces organes provinciaux. Ils ont aussi une plus faible part dans les distributions de publicité financière, ce qui est peut-être fâcheux pour leur caisse, mais à coup sûr bon pour leur propreté et leur indé-

---

[1] M. Arthur MEYER (*Ce que mes yeux ont vu*) attribue l'origine des grands régionaux à la nécessité où fut la province d'être renseignée pendant la Commune (p. 365).

pendance. En revanche, ils exercent sur leur entourage une grosse influence bien supérieure à celle que peuvent avoir les journaux parisiens sur leurs lecteurs. Ce sont eux vraiment qui font les élections. Ils sont des puissances locales que ménagent les préfets et les ministres intelligents. De plus, ils ont en général une stabilité qu'ignore la presse plongée dans le tourbillon parisien [1].

Ils demeurent de longues années dans les mains d'un parti et parfois d'une famille. Ils sont bien moins exposés à ces révolutions de palais qui font que les directeurs des journaux de Paris paraissent et disparaissent comme des personnages de lanterne magique et que leurs feuilles changent de couleur comme des caméléons. Ainsi, vers. 1910 [2], quelqu'un faisait remarquer que *Le*

---

[1] D'après un article d'Ernest BAUGUITTE (14 avril 1901), dans *La Lanterne* : « Un certain nombre d'organes de province sont centenaires, et au-delà. Ainsi le *Journal du Havre* a aujourd'hui 150 ans ; le *Journal de Rouen*, 139 ans (la Normandie conserve, il faut croire) ; le *Journal de Maine-et-Loire*, Angers, 127 ans.

Viennent ensuite le *Courrier du Loiret*, Pithiviers, 112 ans ; le *Journal de Lot-et-Garonne*, d'Agen, 110 ans ; le *Journal de Meurthe-et-Moselle*, de Nancy, 104 ans, le *Journal d'Indre-et-Loire*, de Tours, 102 ans.

Viennent ensuite, oscillant entre 90 et 100 ans, le *Courrier du Pas-de-Calais*, les *Tablettes des Deux-Charentes*, le *Journal de Toulouse*, le *Journal du Cher*, le *Journal de la Marne*, l'*Echo de l'Est*, l'*Abeille d'Etampes*.

Voilà, n'est-il pas vrai, de vénérables confrères ? »

Il paraît que le record d'âge est tenu par le *Journal du Loiret*, fondé en 1742 par COURET DE VILLENEUVE et entré dans sa 181e année en 1923.

[2] Voir Henri DE ROUVRE : *La Presse d'aujourd'hui et la Presse de demain* (Bibl. Nationale), 8° L¹C-107.

Figaro avait failli devenir la propriété d'un syndicat d'Allemands, que l'aventurier Rochette fut arrêté au moment où il allait se rendre maître du *Petit Journal,* que *L'Eclair,* de radical, devenait conservateur, que *La Petite République,* jadis socialiste, devenait radicale et bourgeoise, que *L'Echo de Paris,* longtemps boulevardier et sans couleur précise, se transformait en défenseur de la religion et de la monarchie. Ces métamorphoses, qui s'opèrent le plus souvent sous la baguette magique d'un financier, sont beaucoup plus rares en province.

Naturellement il s'y rencontre de grands et petits journaux. Les petits, qui paraissent une, deux ou trois fois par semaine, vivent en bonne partie des annonces judiciaires et des annonces du commerce local qui remplissent leur quatrième page, quand ils en ont une. Ils retiennent leur public en lui donnant les nouvelles de la ville et des environs, en relatant les accidents, les vols de poules et de lapins, les jugements des tribunaux, les arrêtés de la préfecture ou de la sous-préfecture, la liste des décès, des naissances, des mariages, des objets trouvés et perdus, le programme de la musique qui se fera entendre sur la place ou la promenade, l'ordre et la marche des cérémonies municipales, les débats du Conseil municipal, etc. Cela est complété par quelque polémique avec une feuille d'un autre parti, par l'éloge ou l'attaque d'un homme politique du crû, par la reproduction d'informations et d'articles empruntés aux journaux parisiens, de romans déjà publiés ou même, pour que cela coûte moins cher, tombés dans le domaine public.

Il en est tout autrement des journaux que l'on appelle les *grands régionaux*. Il existe à Paris, boulevard Bonne-Nouvelle, un dépôt général qui porte cette enseigne et où l'on peut se procurer les plus importants d'entre eux. Mais la liste de ceux qu'on y trouve est fort incomplète et il faut faire le tour de la France pour signaler ceux qui méritent l'attention.

Qu'on me passe encore cette énumération : elle est nécessaire.

Si nous commençons par la région Sud-Est, nous rencontrons à Lyon deux journaux avancés : *Le Progrès* qui a soixante et un ans d'existence et quinze éditions par jour, et *Le Lyon républicain*, fondé voici une quarantaine d'années par les frères jumeaux Auguste et Prosper Ferrouillat, dirigé aujourd'hui par M. Soustelle, et qui, lui aussi, a une quinzaine d'éditions pour la ville et la campagne. Il a pu faire connaître l'élection de M. Millerand à la présidence 39 secondes après qu'elle était proclamée au Congrès. Ces deux organes républicains sont en concurrence avec *Le Nouvelliste* et *Le Salut Public* qui représentent l'opinion conservatrice. Ils ont, comme leurs confrères de Paris, un hall avec entrée libre, avec des panneaux où sont enregistrés à mesure qu'ils arrivent télégrammes et résultats électoraux, avec des gravures et des photographies représentant les personnes dont on parle et les pays où il se passe quelque chose de « sensationnel », comme on dit en langage de journaliste.

A Marseille, qui dispute à Lyon le rang de seconde ville de France, nous avons le *Petit Marseillais,* républicain modéré, dont les Samat sont les maîtres, et *Le Petit Provençal,* radical-socialiste qui, à eux deux, contrebalancent et même dépassent en influence le vieux *Sémaphore,* qui a la spécialité des nouvelles maritimes et demeure orienté dans le sens conservateur.

A Montpellier, *L'Eclair,* fondé en 1890, paraît illustré, se vante de ses informations rapides qui justifient son titre, et, quoique réactionnaire, réussit dans une région républicaine où il a pour adversaire *Le Petit Méridional,* qui est à peu près le seul à citer ses confrères de province.

A Nice, *L'Eclaireur,* qui a quarante ans d'existence et pour directeur Léon Garibaldi, paraît le matin et le soir, et publie quatre éditions chaque jour avec un supplément le dimanche.

Grenoble possède côte à côte *La Dépêche dauphinoise, Le Petit Dauphinois, La République de l'Isère,* qui sont tous trois des quotidiens.

La région du Sud-Ouest n'est pas moins bien partagée avec deux centres principaux : Toulouse et Bordeaux.

A Toulouse, le grand organe radical-socialiste, qui s'appelle *La Dépêche,* est né en 1870, en pleine guerre, pour donner et commenter les communiqués officiels. Elle a grandi sans discontinuer, en dépit ou à cause des procès qu'elle eut à subir au temps de l'Ordre moral. Elle a eu pour directeurs successifs Louis Braud, Cousinet et Sens. Elle est dirigée aujourd'hui par Arthur Huc, qui signe Pierre et Paul. Elle a un bureau à Paris rue du Faubourg-Montmartre et deux directeurs parisiens, MM. Maurice Sarraut, sénateur, et Rebuffat. Elle tire à 500.000 ou 600.000 environ. Elle a jusqu'à 19 éditions qui s'étendent sur 19 départements. Elle a son hôtel particulier à Toulouse et fut la première à adopter les machines linotypes. Ses adversaires toulousains ordinaires sont ou furent *Le Télégramme* et *L'Express du Midi*.

A Bordeaux, nous trouvons *La France de l'Ouest* qui appartient à l'opinion radicale, sous la direction de Lucien-Victor Meunier, et *La Petite Gironde* qui fut d'abord un organe bonapartiste, puis est devenue républicaine, ayant été rachetée par le grand imprimeur Gounouilhou. Avant la guerre, celle-ci se vendait 5 centimes et avait 15 éditions. *Le Nouvelliste* est leur concurrent conservateur.

Dans la même région, il convient de ne pas omettre *L'Indépendant des Pyrénées-Orientales*, qui date de 1845, fut supprimé par la réaction qui sévit dans les dernières années de notre seconde République, reparut en 1868 et a pour directeur Jules Escarguel.

La région du Centre a des journaux moins éclatants. Il faut pourtant nommer *La Dépêche* de Tours, *La Charente, La Tribune* et *La Loire républicaine* qui paraissent à Saint-Etienne, les journaux du Loiret dont deux républicains et un catholique, et à Limoges, ville remuante et laborieuse, *Le Courrier* et surtout *Le Populaire du Centre,* qui fut un des organes les plus vivants du socialisme unifié.

La région de l'Est, qui est depuis longtemps un foyer d'idées républicaines, ne pouvait manquer d'avoir une presse active. A Nancy, *L'Est républicain* s'était établi depuis 1889 dans une superbe installation. Bombardé pendant la guerre, il n'a point faibli ni quitté son poste, non plus que *L'Eclaireur de L'Est* parmi les ruines de Reims. Au reste, il y a dans toute cette contrée une pléiade de journaux qui comptent, ce sont : *Le Petit Troyen, Le Briard,* qui paraît à Provins et qui avec *Le Démocrate* de Coulommiers, représente le radicalisme en Seine-et-Marne ; *Le Bourguignon* à Auxerre, *Le Progrès de la Côte-d'Or* à Dijon, *Le Progrès de Saône-et-Loire* à Mâcon, *La Dépêche républicaine* et *Le Petit Comtois* à Besançon.

Dans l'Alsace reconquise, *Le Courrier du Bas-Rhin* remplace *Le Journal d'Alsace-Lorraine* et *Les Dernières Nouvelles de Strasbourg, La Revue d'Alsace* l'aident à soutenir une lutte pacifique avec les journaux en langue allemande qui sont les plus lus parmi la population alsacienne.

La région du Nord nous offre à Amiens *Le Pro-*

grès de la Somme et à Lille *Le Réveil* et *Le Progrès,*
lequel, fondé en 1869 à Bruxelles, parmi les exilés
du second Empire, fut suspendu en 1870 pendant
l'occupation allemande, eut le même sort en 1914
et a ressuscité sous la direction de Martin Mamy.

Enfin la région de l'Ouest peut montrer des
organes de nuances très variées : *La Dépêche de
Rouen* où les lettres d'Alain ont eu pendant la
guerre un vif succès ; *Le Phare de la Loire,* à
Nantes, qui jouit d'une vieille renommée, rayonne
sur plusieurs départements et a conquis, sous la
direction de Marcel Schwob, une réelle autorité ;
L'Ouest-Eclair, à Rennes, que dirige dans le sens
d'une république modérée un abbé fort mal vu des
royalistes, et à Brest, *La Dépêche,* qui ne craint
pas la couleur rouge foncée.

Voilà bien des noms ! J'ai cependant laissé de
côté nombre de journaux qui, dans un sens ou dans
l'autre, exercent en un cercle restreint une action
qui n'est pas négligeable. Mais je ne saurais oublier
les *Croix,* qui, au nombre de 108, défendent dans
presque tous les départements la politique cléricale.

Il faudrait ajouter, dans nos colonies ou pays
de protectorat. *La Dépêche algérienne,* qui a trente-
neuf ans d'existence, *L'Echo d'Oran, La Dépêche
de Constantine, La Dépêche tunisienne,* qui sont
approvisionnées en commun par *L'Agence afri-
caine* et reçoivent les dépêches par câble, et, à
Paris même, deux journaux *La Dépêche coloniale*
et *L'Autre France,* dirigée par Etienne Richet.

L'attention risque fort de s'éparpiller entre tous ces périodiques. Il est temps de la concentrer sur les traits communs aux grands régionaux.

Que signifie d'abord la quinzaine d'éditions que plusieurs publient chaque jour ? Cela veut dire que, sur leurs six ou huit pages, ils en composent trois ou quatre qui sont identiques pour toutes les éditions, et deux ou trois, dont le texte est différent selon les départements où elles doivent aller. Ce texte contient une chronique locale appropriée ou bien des dépêches qui sont insérées au fur et à mesure de leur heure d'arrivée. Pour ces chroniques locales, le journal est renseigné par des correspondants qui résident dans les différents départements formant son terrain de diffusion. Ils envoient leurs courriers dans des enveloppes rouges, qui sont dites « hors sac » et remises directement à l'employé du journal qui est chargé de les prendre à la poste ou à la gare. Il ne reste plus aux rédacteurs qu'à émonder et abréger ces correspondances en général abondamment délayées et contenant, à côté de nouvelles intéressantes, des commérages insignifiants ou des polémiques de clocher.

Quant aux premières pages, elles sont remplies par des rédacteurs, dont beaucoup habitent Paris. Par exemple, à *La Dépêche de Toulouse,* nous sommes une trentaine, dont chacun, deux fois par mois, envoie des articles destinés à paraître en tête du numéro. C'est là qu'ont trouvé asile les articles de doctrine et d'éducation politiques. L'abonné de province a le temps de lire et de réfléchir. Il lui faut autre chose que les informations hâtives et la crème fouettée qu'on lui sert trop souvent à Paris. Des écrivains connus, des professeurs, des hommes politiques de premier plan rédigent ces articles de fond. *La Dépêche de Toulouse,* que je cite volontiers, parce que je la connais mieux, y écrivant depuis plus de dix ans, a compté ou compte encore parmi ses fournisseurs d'articles de tête des chefs de partis comme Jaurès, Camille Pelletan, Paul-Boncour, Raymond Poincaré, des littérateurs comme Rosny aîné, Gustave Geffroy, Camille Mauclair, Pierre Mille, des professeurs de la Sorbonne comme Aulard, Bouglé, Séailles, etc. On rencontre des équipes analogues, quoique un peu moins nombreuses ou moins brillantes, au *Lyon républicain,* au *Progrès de Lyon,* au *Petit Provençal,* à *La Petite Gironde,* etc.

En dehors de ces leaders, les grands régionaux ont tout un bataillon de rédacteurs spéciaux : ils attachent une légitime importance à la vie agricole, industrielle et intellectuelle de leur région ; et, comme les journaux de Paris, ils ont des feuilletons, voire même des feuilletons-cinémas, des contes, des variétés de tout genre pour les petits et pour les grands et des illustrations.

Mais cela n'implique pas qu'ils négligent l'information. Ils tiennent à être renseignés sûrement et rapidement. Comment font-ils pour l'être ? Beaucoup sont reliés à Paris par un fil spécial qui part de leurs bureaux parisiens. Cela leur coûte plusieurs centaines de milliers de francs. Mais, grâce à ce fil dont ils ont la libre disposition, ils transmettent chaque nuit toutes les dépêches qui leur arrivent des agences et, avec cela, le résumé, parfois même le texte intégral des principaux articles qui ont paru le soir à Paris ou même qui doivent y paraître le lendemain matin. Ainsi, aux bureaux que *La Dépêche de Toulouse* a faubourg Montmartre, on apporte, vers deux ou trois heures du matin, les épreuves des journaux parisiens toutes fraîches encore de l'impression. L'essentiel de ce qu'elles contiennent est télégraphié aussitôt à Toulouse, si bien que le Toulousain, à 8 heures du matin, peut lire non seulement les nouvelles locales, mais ce qui se lit à la même heure dans les rues de Paris.

Quand le journal n'est pas assez riche pour acheter un fil qui lui appartienne en propre, il utilise un fil loué, qui part du bureau central de la Bourse. Cette location est encore assez coûteuse. En 1914, elle se faisait à raison de 18 francs l'heure. *L'Ouest-Eclair*, qui paraît à Rennes, paye 80.000 francs, *Le Nouvelliste de Lyon* 100.000 francs pour le loyer de son fil.

La Petite Gironde, en 41 ans, a dépensé de ce chef plus d'un million, et elle ne pouvait disposer de son fil que de 2 heures de l'après-midi à 11 heures du matin. Quelquefois, pour diminuer les frais, deux journaux paient chacun une partie du trajet. Ainsi *Le Nouvelliste*, ci-dessus nommé, paie son fil jusqu'à Lyon et *L'Eclair,* qui emploie le même fil, paie de Lyon à Montpellier.

De même plusieurs journaux s'associent pour avoir à Paris une agence commune. *Le Lyon républicain, La Petite Gironde, Le Petit Marseillais, La Dépêche de Brest,* quoique de nuances assez différentes, entretiennent ensemble, boulevard des Capucines, une agence qui est reliée directement à l'agence Havas, aux Courses, et qui leur transmet à son tour toutes les dépêches. Cette *Agence républicaine* (c'est le nom qu'elle porte) trie pour ces journaux les nouvelles qui intéressent la région ou répondent à la politique de chacun d'eux.

Cet aperçu sur l'organisation de la presse de province suffit, je pense, à faire comprendre quelle concurrence elle fait aux journaux de Paris et combien il serait sot de la dédaigner.

§ 10. — L'AVENIR DE LA PRESSE FRANÇAISE

Je ne saurais mieux terminer cette étude de la presse française qu'en recherchant les qualités et les défauts qu'il est juste de lui reconnaître et les améliorations qu'il est sage de lui souhaiter.

A plusieurs reprises des enquêtes ont été faites à ce sujet. En 1897-98, dans *La Revue Bleue,* M. Henry Bérenger a interrogé sur ce point des écrivains connus, parmi lesquels je citerai MM. Poincaré, Clémenceau, des disparus comme Barrès, Zola, Drumont, Jaurès, le philosophe Fouillée, l'historien Gabriel Monod. Il me fit aussi l'honneur de me mettre au nombre de ceux dont il voulut avoir l'avis.

En 1900, *La Revue naturiste* répéta ce coup de sonde [1]. En 1914, dans les *Ecrits français* parut une étude sur *Les nations d'après leurs journaux* [2]. Tout récemment, en 1922, un jeune journaliste de talent, M. Tisserand, a renouvelé les tentatives antérieures en posant cette question insidieuse : *Etes-vous content de votre journal ?* à une quantité de personnes de toute couleur et de toute taille, depuis les potentats que sont les directeurs du *Petit Parisien,* du *Matin,* du *Gaulois,* de *L'Intransigeant,* du *Populaire,* jusqu'aux représentants de l'honnête et solide presse de province, comme les directeurs du *Phare de la Loire* et du *Progrès du Nord,* et à de simples rédacteurs, comme Pierre Mille et moi-même. Les réponses des enquêtés et les conclusions de l'enquêteur ont paru dans neuf numéros de la revue hebdomadaire *L'Opinion,* dont le dernier est daté du 22 juillet 1922.

Les matériaux ne manquent donc pas à qui veut

---

1 Voir Henri AVENEL : *La Presse française au XXe siècle,* avec préface de Jules CLARETIE (Paris, 1901).

2 BOSSARD, éditeur. On pourrait y joindre des enquêtes partielles spécialisées , comme celle que *La Vie* a instituée sur *La Littérature dans la Presse* (1923).

savoir ce que nos contemporains pensent de la presse française. Je n'entends pas discuter ici des réponses qui sont souvent contradictoires ; je veux seulement résumer, à ma façon, ce qui me paraît s'en dégager.

Avant tout, notre presse, exception faite pour M. Arthur Meyer, directeur du *Gaulois*, qui l'aurait vue volontiers soumise de nouveau à des règles autoritaires, réclame son indépendance politique. Elle est jalouse de sa liberté ; elle veut le maintien des lois qui la lui assurent. Mais sur trois points ses rapports avec les autorités lui semblent prêter à discussion :

1° N'y a-t-il pas lieu d'abroger ou de réviser tout au moins la loi de 1894 sur les menées anarchistes, loi qui laisse trop libre carrière à l'arbitraire gouvernemental ?

2° De même, dans l'intérêt des individus et de la bonne renommée des journaux, les dispositions relatives à la diffamation ne pouraient-elles être amendées ?

3° Enfin et surtout, la presse, dont un des offices est de contrôler la conduite des affaires de la nation, n'est-elle point gênée dans ce rôle, soit parce que les agences d'information dépendent des ministres, soit parce que beaucoup de journaux, subventionnés ou aidés sous main par les pouvoirs publics, sont devenus en tapinois des organes officieux ayant abdiqué leur droit de critique ?

Mais l'indépendance économique de la presse est

encore bien plus en danger que son indépendance politique. Reine de l'opinion, a-t-on dit d'elle, mais reine-esclave, qui est trop souvent la servante docile des grandes banques et des grandes compagnies industrielles et commerciales. La domination financière s'exerce sur elle avec âpreté et s'affiche parfois avec cynisme. On a cité [1] ce télégramme laconique et impérieux d'un directeur à son rédacteur en chef : « Changez politique, c'est moi qui paie. » Or celui qui paie n'est pas toujours très recommandable. Il y a de l'argent qui sent mauvais. M. de la Fouchardière écrivait, le 23 octobre 1920 [2] : « Il y a deux professions pour lesquelles aucune référence n'est exigée et qu'un repris de justice peut exercer avec sérénité : la profession du journaliste qui dispose de l'honneur de ses contemporains ; la profession du banquier qui dispose de leur argent. » C'est là une des tares les plus graves de la presse actuelle. On a parlé d'une sorte de conseil de discipline élu par la corporation des journalistes et comprenant des honnêtes gens de tous les partis, qui s'opposerait à ces abus de pouvoir dictatoriaux et mettrait rédacteurs et abonnés à l'abri de ces sautes de vent [3]. Mais le

---

[1] Enquête de *L'Opinion* (n° IX).

[2] Voir *Les Aphorismes du Progrès civique*, p. 303.

[3] Le mal n'est pas particulier à la France, témoin cette dépêche du *Matin* (19 juin 1923) :

Berlin, 18 juin. — M. Georg BERNHARDT constate, dans la *Gazette de Voss*, que 90 % des journaux allemands sont entre

syndicat des directeurs est peu favorable à cette diminution de l'autorité patronale et les syndicats professionnels, fondés par les rédacteurs, ne sont pas encore assez forts pour imposer ces mesures de salubrité. Il s'est créé, en 1923, une *Ligue républicaine pour l'épuration de la presse,* qui a pour secrétaire général M. Laisant et pour siège social le numéro 11 de la rue Roquépine. Aura-t-elle la force suffisante pour mener à bien la besogne ardue qu'elle entreprend ? On peut le souhaiter, mais craindre que cette suprématie de l'argent sur la pensée ne dure encore longtemps. La réforme de la presse — sur ce point-là — ne peut guère s'accomplir que par une réforme sociale qui ne paraît pas près de se réaliser.

En attendant mieux, puisqu'un journal est aujourd'hui une grosse entreprise commerciale qui ne peut vivre que par la publicité, il faut souhaiter du moins que cette publicité soit franche et loyale, qu'elle ne se cache pas sous une apparence mensongère, qu'elle ne glisse pas l'éloge tarifié dans la partie réservée aux articles désintéressés.

---

les mains des grands industriels, de même que les agences de presse qui alimentent ces organes.

Les rois de la presse allemande sont, dit l'auteur de l'article, MM. Hugenberg et Stinnes qui, par leurs quotidiens, leurs journaux amusants et leurs journaux à l'usage des femmes, dominent toute l'opinion publique allemande.

Voilà, conclut M. Georg Bernhard, le danger qui menace la presse allemande (*Havas*).

Cela dit sur la troublante question d'argent, dont l'influence est corruptrice et démoralisante, il convient de se demander quelles fonctions doit remplir le journal ; et l'on peut, à mon avis, en distinguer quatre principales. Il doit être un organe d'*information*, un organe d'*éducation*, un organe de *récréation*, un organe d'*action*.

Ces quatre fonctions ont toutes leur raison d'être. L'une ou l'autre peut prédominer. Mais, en général, elles co-existent côte à côte ; elles se mêlent, s'enchevêtrent et tantôt s'entr'aident, tantôt se nuisent réciproquement. Les séparer complètement est difficile, sinon impossible ; mais il est permis de désirer que chacune demeure confinée dans le domaine qui est le sien et n'empiète pas sur celui de la voisine. Quoi qu'il en soit, nous allons les passer en revue tour à tour.

Le journal est, en premier lieu, un *organe d'information*. Il est le grand fournisseur de nouvelles. Mais il faut à ces nouvelles trois qualités essentielles : abondance, rapidité, vérité. Or, à ce triple point de vue, la presse française est-elle bien outillée ? On est obligé d'avouer qu'elle pourrait l'être mieux.

Sans doute nos Agences sont de bonnes récolteuses et approvisionneuses de nouvelles, sans compter que plusieurs de nos grands journaux reçoivent directement des télégrammes. Mais notre information télégraphique, en ce qui concerne les affaires extérieures, est pour les trois quarts de source étrangère, surtout anglaise et américaine. Elle a par suite une couleur particulière qui n'est pas toujours celle du drapeau français. Notre presse souffre en outre d'une disette de bons correspondants, résidant dans les pays voisins ou lointains. Les rares journaux qui se font envoyer des correspondances originales sont copiés par les autres. De plus les nouvelles ainsi obtenues sont présentées pêle-mêle au lieu d'être classées par ordre de matières et d'importance. En revanche, pour les choses de l'intérieur, on peut regretter l'abus du reportage, les faits-divers gonflés outre mesure, surtout les crimes et les débats judiciaires tirés en longueur pour retenir les lecteurs par un attrait de curiosité malsaine.

Il y aurait de ce côté des progrès à faire. La télégraphie sans fil, avec ses installations nouvelles à la tour Eiffel et surtout à Sainte-Assise en Seine-et-Marne, permet heureusement de nous affranchir en grande partie du tribut bénévole que la France payait à l'étranger, et il n'est pas au-dessus des capacités financières de nos grands quotidiens d'avoir dans les principales villes de tous les continents des correspondants, le jour où le public français comprendra la nécessité pour notre sécurité, pour notre empire colonial, pour notre expansion économique, d'être copieusement renseigné sur ce qui se passe dans le monde entier.

En ce qui concerne *la rapidité,* nous avons aussi à corriger des habitudes fâcheuses. On a pu faire cette remarque [1] : « Pendant la guerre, jusqu'à la création de l'Agence Radio, nous ne sûmes rien de ce qui se passait en Allemagne que par les soins de l'Agence Wolf (de Berlin). » Imaginez le retard et la teneur suspecte de nos renseignements ! Récemment encore (août 1922), la transmission des dépêches officielles de Paris à Strasbourg fut si lente au moment où M. Poincaré ordonnait de mettre la main sur certains fonds allemands restés en Alsace-Lorraine, que les intéressés eurent le temps de les retirer des banques et de les faire passer en Suisse, ce qui réduisait presque à rien les gages que le gouvernement voulait saisir.

Enfin *pour la vérité*, qui est la qualité maîtresse des nouvelles, il serait bon que les Agences ne fussent plus sous la coupe du gouvernement qui trie celles qu'il lui plaît de laisser connaître ; qu'elles renonçassent à la coutume de les déformer de façon tendancieuse pour les accommoder aux opinions des journaux abonnés. Je ne crois pas beaucoup à l'efficacité d'un ministère spécial, dont quelques personnes [2] ont demandé la création et qui serait chargé de vivifier et d'encourager les Agences existantes ; je crains plutôt l'ingérence gouvernementale en ce domaine. Mais il serait utile d'avoir sur ces Agences un contrôle qui pourrait

---

1 Albert MILHAUD, dans *Le Parlement et l'Opinion* (5 août 1921, p. 1529). Voir aussi *Les Aphorismes du Progrès civique*, pp. 305-307.

2 M. NOBLEMAIRE. Enquête TISSERAND.

être exercé par des journalistes professionnels et empêcherait l'éclosion des fausses nouvelles dont l'origine est souvent le désir d'opérer un coup de bourse, comme il est arrivé au début de la guerre de 1870, ou de faire pièce à un ministère, comme ce fut le cas de la fameuse dépêche de Pertinax à *L'Echo de Paris* prêtant à M. Briand des paroles injurieuses pour l'armée italienne.

On peut concevoir des journaux qui, dans une page spéciale, publieraient les faits bruts, les nouvelles toutes nues, et qui renverraient à une autre page les commentaires et les critiques auxquels ils ou elles peuvent donner lieu. On éviterait ainsi un mélange équivoque dont pâtit la vérité. En un mot ils pourraient de la sorte soumettre au public les pièces de tous les débats, la matière de toutes les questions à l'ordre du jour, lui fournir les moyens de se faire par lui-même une opinion, quitte, dans des articles d'idées, à expliquer, apprécier, discuter, à rendre assimilable et digestible toute cette masse d'informations, en indiquant ce qu'ils en pensent.

Que vaut maintenant notre presse comme *organe d'éducation ?* Elle aurait là un beau rôle à jouer et elle pourrait le remplir avec aisance et supériorité. Malheureusement certaines réserves s'imposent ; il est trop aisé de remarquer que certains journaux enseignent mauvais langage et mauvaises mœurs ; qu'ils poussent des criminels au cabotinisme du crime ; qu'ils peuvent être dangereux à

laisser sur la table de famille à portée des jeunes-
filles et des enfants. On a pu relever sans peine
des preuves de cette influence pernicieuse [1] : « L'affaire Troppman, en 1870, donna lieu à une exploitation inouïe des bas instincts de la foule. Tel
journal se vanta d'avoir eu l'un de ses rédacteurs
parmi les aides du bourreau. Après l'exécution, le
rédacteur en chef du *Petit Moniteur universel*
visita la cellule du supplicié : « J'ai voulu voir,
écrivait-il, le lit sur lequel il avait reposé ; j'ai
voulu marcher, pour ainsi dire, dans ses pas. »
Le bâtonnier Henri Robert, le philosophe Fouillée
et bien d'autres ont dénoncé la contagion propagée
dans les âmes juvéniles par l'indiscrète publicité
dont on gratifie les moindres faits et gestes de tel
misérable héros de cour d'assises.

Mais disons tout de suite, pour contrebalancer
cette fâcheuse constatation, que le journal et la
revue sont les grands vulgarisateurs. C'est par
dizaines qu'on pourrait citer les périodiques qui
savent rendre compréhensibles et attrayantes pour
les gens de culture moyenne, voire même pour la
jeunesse curieuse de s'instruire, les notions les
plus abstruses de la science, les inventions les plus
compliquées de l'industrie, les leçons les plus aus-
tères de l'histoire, les questions les plus controversées de la philosophie ou de l'économie politique.
De ce côté, la presse française est en bonne pos-

---

[1] Charles RIEBEN : *Le journal est-il coupable ?* (Lausanne,
La Bibliothèque Universelle, août et septembre 1922).

ture. Elle maintient fermement une des meilleures et des plus nobles traditions de la langue et de l'esprit français, qui est d'être un filtre merveilleux de la pensée humaine. Revues savantes et techniques, journaux corporatifs, périodiques illustrés ou non, rivalisent d'exactitude et d'efforts pour intéresser leurs lecteurs et méritent une place d'honneur parmi les publications qui répandent au loin la renommée de la France. Il n'y a qu'à émettre le vœu que leur diffusion soit encouragée par ceux qui ont mission de propager à l'étranger nos goûts, nos idées et nos découvertes. Et, sans sortir de notre pays, pour combien de gens le journal n'est-il pas leur seul aliment intellectuel, depuis le jour où ils ont quitté l'école ? Pour combien d'autres n'est-il pas l'excitant à penser, le réveil-matin de l'esprit endormi par le train monotone de la vie journalière ?

Si nous considérons maintenant sa *fonction récréative,* on n'accusera certes pas la presse française d'avoir négligé cette partie de sa tâche. On serait plutôt tenté de lui reprocher de l'avoir exagérée. Nos journaux, sauf de rares exceptions [1], ne passent point pour ennuyeux. Romans-feuilletons, nouvelles, chroniques, caricatures, mots pour rire, variétés de tout genre répondent à ce besoin de distraction, d'amusement qui est puissant au cœur de

---

[1] Adrien HÉBRARD disait, paraît-il, à ses rédacteurs : « Soyons embêtants, Messieurs ! » (*Le monde des journaux,* p. 15).

l'homme et peut-être encore davantage à celui de la femme. Je ne connais pas de pays où l'on donne plus de place que chez nous aux choses et aux gens de théâtre ; et si la critique sérieuse des livres a été souvent supplantée par des réclames effrontées d'auteurs et d'éditeurs, elle a eu aussi, témoin les *Lundis* de Sainte-Beuve, et elle peut avoir encore ses beaux jours. Le public français, il faut le dire à sa louange, n'est pas insensible à l'article joliment troussé, et il ne se contenterait pas d'une feuille lourde et pâteuse, fût-elle pleine de renseignements utiles et précis.

Toutefois il faut confesser que, sous prétexte d'amuser le lecteur, tantôt on lui sert les paradoxes de la blague boulevardière, cet acide corrosif qui n'épargne rien ni personne, tantôt des romans faisandés destinés à chatouiller sa sensualité ou bien des feuilletons invraisemblables conçus et écrits à la diable. Les directeurs, quand on se permet de le leur reprocher, répondent qu'il faut servir au public les plats qu'il demande ; on pourrait le contester, leur répondre que le devoir de l'homme qui tient une plume et, à plus forte raison, de celui qui dirige un journal, serait d'élever les gens à son niveau et non pas de se rabaisser au leur. Mais ce n'est pas assez dire. Je pense, pour ma part, qu'ils calomnient le public, et qu'ils l'amèneraient parfaitement à eux, s'ils prenaient la peine de lui fournir des aliments moins grossiers, de lui apprendre peu à peu à goûter des œuvres, je ne dis pas raffinées et quintessenciées, mais ayant une véritable valeur et une solide santé littéraires. Il serait à souhaiter, pour notre bon renom à l'étranger, qu'on ne jugeât pas les mœurs et la littérature françaises d'après nos feuilletons policiers soi-disant populaires ou d'après certains journaux trop friands de gaudrioles et de récits pimentés. C'est ici que le souci éducatif devrait faire échec dans le journal à son désir d'être un amuseur patenté.

Reste à considérer le journal comme *organe d'action,* c'est-à-dire comme tâchant d'incliner ses lecteurs dans un sens déterminé. C'est le but de ce qu'on appelle d'ordinaire le *journal d'opinion.*

Quelques pessimistes ont prédit sa mort. Prédiction aventureuse ! Pure illusion ! Qu'on regarde autour de nous ! *L'Action Française* à l'extrême droite, *L'Humanité* à l'extrême gauche, et dans l'intervalle des journaux radicaux-socialistes comme *La Dépêche de Toulouse,* radicaux comme *Le Phare de la Loire,* républicains modérés comme *Le Temps* et *Les Débats,* catholiques comme *La Croix,* n'ont pas l'air d'être malades et peuvent dire à ceux qui font leur oraison funèbre :

Les gens que vous tuez se portent assez bien.

Le fait est que, tant qu'il y aura en France division des esprits sur les matières politiques, économiques, religieuses, voire littéraires et artistiques, les journaux d'opinion ont chance de vivre et de prospérer. C'est dire qu'ils ont devant eux une longue existence.

Comme ils s'opposent forcément les uns aux

autres, on ne peut guère réclamer d'eux, en fait de caractères communs désirables, que ceux-ci : d'abord le respect de la vérité, ensuite la loyauté et la courtoisie dans la polémique. L'opinion publique, qui est ici le seul et souverain juge, devrait disqualifier tout journal qui, pour discréditer ses adversaires, use de la calomnie, du mensonge, et aussi tout rédacteur qui injurie et insulte ceux qui ont le tort de penser autrement que lui. Les journaux français des divers partis s'interdisent-ils ces jets de vitriol à la face de leurs adversaires ? La question pourrait sembler une ironie. Il est certain que l'élévation morale, qui peut mettre un frein à ces façons de portefaix en querelle, est une denrée assez rare, et je n'ose croire à la disparition prochaine de ces duels au couteau entre rédacteurs de partis différents ; on me permettra pourtant de la déclarer souhaitable.

Je ne pousserai pas plus loin cet examen sommaire des qualités et des tares de la presse française contemporaine. Telle quelle, on ne peut nier qu'elle soit très variée, très vivante, très laborieuse et dans son ensemble très brillante. Elle demeurera sans doute imparfaite et divisée comme la société dont elle est le reflet. Mais elle est en passe de grandir et de se perfectionner avec la démocratie même, qui fut son émancipatrice et qui est pour elle le milieu vital le plus favorable.

APPENDICE

Parmi les maisons d'édition, outre celles que j'ai indiquées (troisième partie, chapitre I, § 3), on peut citer comme ayant eu depuis 1870 une notoriété plus ou moins grande :

Pour la poésie, *Lemerre,* qui fut l'éditeur du *Parnasse contemporain, Vanier, Maurice Dreyfous, Grasset.*

Pour le roman, *Charpentier,* qui a pour successeur *Fasquelle* et qui publia les principales œuvres de Zola et d'Alphonse Daudet ; *Calmann Lévy,* chez qui ont paru les œuvres de George Sand, d'Alexandre Dumas père, d'Anatole France et une collection célèbre à 2 francs le volume ; *Dentu* à qui *Fayard* a succédé ; *Flammarion,* qui a plusieurs magasins de vente dans Paris, qui a publié bon nombre d'œuvres de Rosny aîné, et de plus une *Bibliothèque de Philosophie scientifique ; Plon et Nourrit,* chez qui Paul Bourget est l'auteur principal ; *Didier,* remplacé par *Perrin,* dont la maison porte ce titre significatif : Librairie académique ; les œuvres de René Doumic figurent à son catalogue; *Rouveyre,* qui eut Maupassant pour fournisseur de copie ; *Ollendorff,* qui connut de beaux profits avec les ouvrages de Georges Ohnet; *Juven,* à qui se rattache Marcel Prévost ; *Albin Michel,* qui a obtenu des succès retentissants avec Pierre Benoît et Victor Margueritte ; *Sansot,* à qui Paul Margueritte a donné plusieurs volumes ; puis quantité de maisons éclectiques où le roman, l'histoire, la poésie, ont place côte à côte : *Grasset, Havard, Crès, Emile-Paul, Ferenczy, Simonis, Empis, René Kieffer, Baudinière,* etc., etc.

Pour les livres classiques :

Didot, Paul Lacroix, Dezobry, Armand Colin, Belin, Delagrave, Delalain, Garnier frères, Larousse, Nathan.

Pour les livres de prix :

Gédalge, Alcide Picard.

Pour les livres religieux :

Mame, Lethielleux (catholiques), *Fischbacher* (protestant).

Pour les livres touchant à l'histoire, à la politique, aux sciences sociales :

Mantoux et Charavay, Giard et Brière, Rivière, Schleicher, Savine, Cornély, Ernest Leroux, J.-B. Baillière, Rieder, Steinheil, Rouff, Emile Nourry, Quillet.

Pour le droit : *Laroze.*

Pour le commerce : *Dunod, Rousseau.*

Pour les écrits militaires : *Lavauzelle.*

Pour les sciences : *Gauthier-Villars, Reinwald.*

Pour la médecine : *Masson.*

Pour les pièces de théâtre : *Stock.*

Pour la musique : *Durand, Leduc.*

Pour les livres d'art et de luxe :
Bachelin, Techner, Claudin, Benassis, Wilhem, Aubry, Glady, Jouaust, Laurens, Quantin, Excoffier, Brocherioux.

Je termine ici cette liste, fort incomplète, en demandant pardon aux éditeurs que je n'ai point nommés et en rappelant que j'ai voulu seulement donner une idée de la riche variété que présente leur corporation.

TABLE DES MATIERES

DEUXIÈME PARTIE

L'ÉVOLUTION TECHNIQUE DU LIVRE ET DU JOURNAL

TROISIÈME PARTIE

L'ÉVOLUTION ÉCONOMIQUE DU LIVRE ET DU JOURNAL

CHAPITRE PREMIER

Histoire sommaire de la librairie

CHAPITRE II

L'évolution économique de la presse périodique

IMPRIMERIE DU COMMERCE. 3. RUE SAINT-MAURILLE, ANGERS

www.ingramcontent.com/pod-product-compliance
Lightning Source LLC
LaVergne TN
LVHW050956200726
843508LV00001B/74